图书馆战略管理

柯平　编著

海洋出版社

2015年 · 北京

图书在版编目（CIP）数据

图书馆战略管理/柯平编著. —北京：海洋出版社，2015. 1
（新型图书情报人员能力培训丛书/初景利主编）
ISBN 978-7-5027-8829-2

Ⅰ.①图… Ⅱ.①柯… Ⅲ.①院校图书馆-战略管理-研究 Ⅳ.①G258.6

中国版本图书馆 CIP 数据核字（2014）第 043372 号

责任编辑：杨海萍
责任印制：赵麟苏

海洋出版社　出版发行

http：//www.oceanpress.com.cn
北京市海淀区大慧寺路 8 号　邮编：100081
北京旺都印务有限公司印刷　新华书店发行所经销
2015 年 1 月第 1 版　2015 年 1 月北京第 1 次印刷
开本：787mm×1092mm　1/16　印张：21.5
字数：360 千字　定价：48.00 元
发行部：62132549　邮购部：68038093　总编室：62114335
海洋版图书印、装错误可随时退换

主编弁言

由海洋出版社出版的《新型图书情报人员能力培训丛书》历时一年多的策划、组织、撰写，终于与广大读者见面了！

近些年来，由于信息技术和信息环境的飞速变化，图书情报工作也面临着许多的困难、压力和挑战。读者到馆的人数在下降，图书外借和参考咨询量也在下降，图书情报人员的职业形象受到严重影响。图书情报机构似乎从未遭遇如此的寒冷期，似乎越来越被边缘化，甚至到了生存危机的程度。

同时，我们也应该看到，信息技术和信息环境的变革带来的冲击和影响不仅仅波及图书情报机构，而是整个社会，是对社会各行业提出了新的应变要求，也带来了全新的发展机遇和生存空间，图书情报机构同样如此。如果传统的图书情报工作模式、机制、能力不主动适应变革，那只能被边缘化，只能死路一条。相反，如果我们主动应变，敢于创新，大胆探索，将图书情报业务与新的技术、新的需求、新的能力紧密结合，就有可能走出一条新的道路，走向新的辉煌。

为此，《图书情报工作》杂志社自2012年开始每年组织"新型图书馆员能力提升培训班"，旨在动员业内学者专家的力量，通过系列培训的形式，根据图书情报工作新的业务生长点和当前与未来的发展要求，对图书情报人员在新的形势和环境下所应具备的能力进行培养，在业内产生了良好的反响。同时，我们又感到，仅仅靠培训，影响的面是有限的，更需要系统地总结和凝练，编撰出版相应的专业教材，为从业人员提供自学的工具。

这一想法与海洋出版社一拍即合。出版社还专门成立了由我牵头的图情图书出版专家委员会。这套丛书就是通过专家委员会一起讨论、策划、组织的结果。第一辑共10本，将于2014年陆续出版，第二辑也已初步策划完成，正在组织专家撰写，年内和今后陆续地推向市场。

这一丛书将涉及图书情报机构转型变革和图书情报工作创新发展的方

方面面，从理论到技术，从资源到服务，从实践到应用，从方法到案例，动员了全国多个图书情报机构的业务骨干和专家学者。我们力求注重丛书的实用性和前瞻性，理论联系实际，强调务实和可操作性，以便对当前各级各类图书情报机构的业务工作具有一定的指导和推动作用。

这是一项比较庞大的工程，自第一本出版到最后一本，也许不知要延续多少年。但我们坚信，凭借这些专家的专业智慧和对图书情报工作未来发展的领悟，对于图书情报机构转型和创新发展一定会起到应有的作用。图书出版并不是目的，我们的期望是通过图书出版，能为图书情报工作未来发展提供启迪和参考，对推动图书情报机构转型变革有所助益。

海洋出版社出版图情类图书已有多年的历史，对图情学科和实践一直有着重要的贡献。在此，特别感谢海洋出版社能再次慨允出版丛书，为图情理论与实践助力。感谢为丛书的策划与组织付出辛苦的多位专家学者。当然，特别感谢为每一本书撰写内容的每一位作者，他们所付出的汗水，我们作为读者也都能感受得到。

因为所有的作者都在从事教学、科研或图书情报实际工作，撰写图书都是在业余时间完成的。时间紧、任务急，而且很多方面都是探索性的，其难度也是很大的。如果有不足也在所难免，诚望专家和广大读者批评指正。

期待这套丛书在推动图书情报机构转型发展中发挥积极的作用。

初景利
《图书情报工作》杂志社社长、主编、博士生导师
2014年1月26日 北京中关村

前　言

　　图书馆管理是一门科学，也是一门艺术。自从有图书馆以来，就有了图书馆管理活动，但早期的管理只是针对图书馆业务和操作层面的活动，直到19世纪末20世纪初泰勒的科学管理和法约尔、韦伯的管理组织产生以后，图书馆管理才从经验管理上升到科学管理，真正成为一门科学和艺术。长期以来，图书馆科学管理主要是围绕业务的专门管理，包括流程管理、制度管理、经费管理、组织结构、图书馆统计等方面。在管理学理论和图书馆学理论的双重影响下，图书馆管理发展为针对图书馆复杂问题的解决方案，包括目标管理、定量管理、全面质量管理、人力资源管理等等。随着图书馆事业发展和图书馆面临的内外部环境的深刻影响，人们开始关注更宽广的视阈与更高的层次，包括图书馆政策法律、图书馆评估、图书馆知识管理、图书馆战略管理。图书馆管理的这样一个发展轨迹，形成了由微观管理、中观管理与宏观管理三个层次构成的体系，也体现着从简单到复杂、从低级到高级的逻辑发展规律。

　　改革开放以后，我国图书馆进入了一个科学管理时代，经历了图书馆工作的科学化、制度化与体系化建设过程，管理升级导向人本管理、知识管理和战略管理三大高层次管理领域。战略管理是图书馆管理的必由之路和最高层次，在我国图书馆管理从科学管理向战略管理迈进的过程中，产生了三次战略热潮。

　　第一次是1986年前后，图书馆界产生过一阵"战略热"。开始引入国外战略和战略规划概念，如介绍国外战略规划著作，翻译部分文献，如里格斯的《图书馆管理者的战略规划》等。这一时期，开始重视国家图书馆事业发展战略，比较有影响的是1982年文化部图书馆事业管理局召开的图书馆事业发展规划座谈会讨论并起草了图书馆事业发展规划，以及1986年全国高等学校图书馆工作委员会召开的"高校图书情报事业发展战略研讨会"并出版论文集。《图书馆》杂志编辑部推波助澜，1986年举办了"图书馆事业发展战略研究"征文和评选活动。在区域制订文化战略（如《关于上海文化发展战略的汇报提纲》、《广州文化发展战略构想（1986－2000）》）的同时，各地区也开始重视图书馆发展战略问题，湖南、广东、北京等地纷纷召开发展战略座谈会，有的着手规划制定，如《黑龙江省公共图书馆事业发展战略及规划》、《山西省高等学校图书馆事业1985－1990年发展规划》。总体来看，图书馆战略在理论上还停留在国外的介绍上，实践上还停留在事业整体层面，具体到各图书馆普遍缺乏战略意识与战略规划制定。

第二次是20世纪90年代中期，图书馆界出现"发展战略热"。一方面是加强了战略研究，主要成果有《中国科学院文献情报工作发展战略研究》（中国科学院文献情报中心，1991年）、《当代中国的图书馆事业》（杜克主编，当代中国出版社，1995年）、《中国图书馆发展战略研讨会论文集》（书目文献出版社，1996年）等。另一方面，在国家发展的"九五"期间，图书馆规划进入了初级发展时期，如《广东省公共图书馆计算机信息系统"八五"规划》（1990年6月）和《关于建立广东省公共图书馆自动化网络的意见——"九五"规划》（1993年7月）、《辽宁省公共图书馆事业"九五"发展规划》（辽文字〔1996〕15号）。虽然图书馆战略意识增强，发展规划数量增多，但对战略的理解还很肤浅，大多数规划是以往工作计划的加工版，缺乏战略规划理论指导，大部分发展规划也没有得到真正实施。

第三次是21世纪以来，战略理论研究和实践全面发展，形成了"战略管理热"。在理论上，从战略、战略规划研究发展到战略理论模型研究，有新时期图书馆事业整体发展战略研究，如《21世纪图书馆可持续发展战略》（中国图书馆学会编，北京图书馆出版社，2001年）、《战略思考：图书馆发展十大热门话题》（吴建中主编，上海科学技术文献出版社，2002年）、《国家可持续发展的图书情报事业战略》（胡昌平，北京图书馆出版社，2006年）等；有图书馆专门战略研究，如《图书馆知识服务战略研究》（初景利和邵正荣主编，北京图书馆出版社，2004年）、《图书馆创新服务战略研究》（张晓林主编，北京图书馆出版社，2005年）、《国家图书馆数字战略研究》（索传军，国家图书馆出版社，2011年）等；有不同类型图书馆战略研究，如《理性探索：中国社区乡镇图书馆发展战略研究》（王荣国，沈阳民族出版社，2003年）、《公共图书馆发展战略思考》（吴建中，北京图书馆出版社，2007年）等；有地区图书馆战略研究，如《河南图书情报事业跨世纪发展战略研究》（崔慕岳主编，大象出版社，2000年）、《二十一世纪初期澳门图书馆事业发展规划之研究》（王国强，澳门图书馆暨资讯管理协会，2003年）、《四川省公共图书馆现状分析与发展战略》（李忠昊和王嘉陵，北京图书馆出版社，2007年）、《西部县级公共图书馆发展战略研究》（祝丽君，电子科技大学出版社，2008年)、《广州图书馆国际化发展战略研究》(胡俊荣，暨南大学出版社，2010年)、《西北地区图书馆发展战略研究》(郭向东、董隽，甘肃人民出版社，2010年)等。特别是战略管理的理论研究，如柯平主持的国家社科基金重点项目《公共文化服务体系中的图书馆战略规划模型与实证研究》产生了系列成果，陆续出版了《图书馆战略规划流程研究》(赵益民著，国家图书馆出版社，2011年)、《公共图书馆战略制定影响因素研究》(陈昊琳著，吉林人民出版社，2012年)、《图书馆战略规划：理论、模型与实证》(柯平等著，国家图书馆出版社，2013年)三部著作和数十篇论文。在实践上，图书馆发展规划从事业层面到个体层面都有了较大的发展。随着《国家重大信息化工程建设规划（2011-2015）高等教育数字图书馆项目建设规划概要》(2010)、《CASHL中长期发展计划（2010—2020）》(2010)、《国家科技图书文献中心NSTL"十二五"发展规划》(2011)和《全国公共图书馆事业发展"十二五"规划》(2011)的陆续出台，事业发展的战略管理提到了议事日程。一些图书馆也纷纷开始研制本馆的"十一五"和"十二五"发展规划，比较突出的有CASHL中长期战略规划和北大图书馆中长期战略规划、广州图书馆2011—2015年发展规划、东南大学图书馆"十二五"（2011-2015年）发展规划和中长期发展规划（2010-2020年）以及天津市高等教育文献保障体系"十二五"发展规划等。

本书就是在这样的背景下产生的。这本书是为各类型图书馆馆长们写的，目的在于更好地领导图书馆制定与实施战略规划，通过战略管理促进图书馆的全面可持续发展；这本书也是为广大的图书馆员工写的，目的在于员工们更好地参与到战略管理中，促进战略管理与各项业务工作的融合；这本书还是为所有想学习和了解图书馆学知识的人写的，目的在于更好地理解图书馆高层次管理，展现图书馆的战略图卷。

亲爱的读者，让我为你打开这扇战略管理大门。

目　录

第一章　图书馆战略管理的意义 (1)
第一节　图书馆需要战略管理的十个理由 (1)
一、信息环境的巨大变化与挑战需要战略管理 (1)
二、图书馆经费紧张的局面需要战略管理 (3)
三、图书馆面临的竞争环境需要战略管理 (4)
四、读者与用户不断变化的需求需要战略管理 (5)
五、图书馆事业的发展需要战略管理 (5)
六、图书馆学理论需要战略管理 (7)
七、图书馆业务运行与创新需要战略管理 (7)
八、图书馆队伍建设需要战略管理 (8)
九、图书馆转型需要战略管理 (9)
十、图书馆未来需要战略管理 (10)

第二节　战略管理对于图书馆的十大作用 (10)
一、战略管理是图书馆在竞争中寻求发展的途径 (10)
二、战略管理是满足社会需求更好地为读者服务的保障 (11)
三、战略管理是图书馆应对技术发展的手段 (11)
四、战略管理是图书馆获得经费支持的重要依据 (12)
五、战略管理是帮助图书馆趋利避害的方法和途径 (13)
六、战略管理是图书馆一切工作的首要依据 (14)
七、战略管理是图书馆管理体系的核心与制高点 (14)
八、战略管理是图书馆馆长的法宝 (15)
九、战略管理是图书馆员工的指南针 (17)
十、战略管理是图书馆通向未来的桥梁 (17)

第二章　战略、战略规划与战略制定 (19)
第一节　战略 (19)
一、从军事战略到企业战略 (19)
二、关于战略的定义 (20)

三、战略的类型 …………………………………………………… (22)
　　四、图书馆战略 …………………………………………………… (24)
  第二节　战略规划 ……………………………………………………… (24)
　　一、什么是战略规划 ……………………………………………… (24)
　　二、战略规划思想的来源 ………………………………………… (25)
　　三、图书馆战略规划 ……………………………………………… (26)
  第三节　战略制定 ……………………………………………………… (27)
　　一、什么是战略制定 ……………………………………………… (27)
　　二、战略制定的范畴与任务 ……………………………………… (27)

第三章　战略管理理论 ………………………………………………… (30)
  第一节　战略管理概念和过程 ………………………………………… (30)
　　一、战略管理的概念 ……………………………………………… (30)
　　二、战略管理的过程 ……………………………………………… (31)
  第二节　战略管理学派 ………………………………………………… (32)
　　一、关于战略管理的主要学派 …………………………………… (32)
　　二、战略管理理论的发展 ………………………………………… (35)
  第四节　图书馆战略管理 ……………………………………………… (37)
　　一、图书馆战略管理不同于企业战略管理 ……………………… (37)
　　二、图书馆战略管理是图书馆管理的最高层次 ………………… (38)
　　三、图书馆战略管理的概念要素关系 …………………………… (39)
　　四、图书馆战略管理的流程关系 ………………………………… (40)

第四章　战略规划的编制过程 ………………………………………… (42)
  第一节　战略规划编制指南 …………………………………………… (42)
　　一、美国公共图书馆战略规划编制指南 ………………………… (42)
　　二、我国图书馆战略规划编制指南 ……………………………… (49)
  第二节　图书馆战略规划启动与准备阶段 …………………………… (50)
　　一、明确战略规划动因 …………………………………………… (50)
　　二、明确战略规划制定方法 ……………………………………… (51)
　　三、图书馆战略规划制定机构的选择 …………………………… (53)
　　四、成立图书馆战略规划组织 …………………………………… (53)
　　五、制定规划时间表 ……………………………………………… (58)
　　六、规划制定过程中的会议安排 ………………………………… (59)
　　七、确定战略规划保障 …………………………………………… (61)

第三节　图书馆战略规划分析阶段 …………………………… (62)
　　一、历史回顾 ………………………………………………… (62)
　　二、调研分析 ………………………………………………… (63)
　　三、战略方向推导 …………………………………………… (68)
　　四、目标体系构建 …………………………………………… (70)
第四节　图书馆战略规划制定与发布阶段 …………………… (72)
　　一、形成战略方案 …………………………………………… (73)
　　二、编制战略规划文本 ……………………………………… (74)
　　三、规划审定与发布 ………………………………………… (74)

第五章　战略管理方法工具 ……………………………………… (78)
第一节　PEST、五力模型、SWOT 和情景规划 ……………… (78)
　　一、PEST ……………………………………………………… (78)
　　二、五力模型 ………………………………………………… (79)
　　三、SWOT …………………………………………………… (79)
　　四、情景规划 ………………………………………………… (85)
第二节　焦点小组讨论法和关键成功因素分析法 …………… (87)
　　一、焦点小组讨论法 ………………………………………… (87)
　　二、关键成功因素分析法 …………………………………… (88)
第三节　平衡计分卡和定标比超 ……………………………… (90)
　　一、平衡计分卡 ……………………………………………… (90)
　　二、定标比超 ………………………………………………… (93)

第六章　愿景、使命与价值观 …………………………………… (96)
第一节　愿景 …………………………………………………… (96)
　　一、愿景的概念与作用 ……………………………………… (96)
　　二、愿景的基本特征 ………………………………………… (97)
　　三、愿景的形成步骤 ………………………………………… (98)
　　四、各类图书馆的愿景 ……………………………………… (100)
　　五、图书馆的愿景编制要求 ………………………………… (102)
第二节　使命 …………………………………………………… (102)
　　一、什么是使命 ……………………………………………… (102)
　　二、使命陈述 ………………………………………………… (103)
　　三、图书馆使命的编制过程可包括的步骤 ………………… (105)
　　四、各类型图书馆使命 ……………………………………… (106)

第三节 价值观 …………………………………………… (107)
 一、什么是价值观 ………………………………………… (107)
 二、图书馆价值观的编制 ………………………………… (108)
 三、各类型图书馆的价值观 ……………………………… (108)

第七章 目标体系 ……………………………………………… (110)
第一节 战略目标 …………………………………………… (110)
 一、什么是目标 …………………………………………… (110)
 二、目标的分类 …………………………………………… (111)
第二节 目标体系的要素与结构 …………………………… (111)
 一、目标体系 ……………………………………………… (111)
 二、确定目标层级 ………………………………………… (113)
 三、选择目标体系模式 …………………………………… (114)
第三节 如何确定目标体系 ………………………………… (116)
 一、如何确定目标 ………………………………………… (116)
 二、如何确定任务 ………………………………………… (121)
 三、如何确定行动计划 …………………………………… (121)
 四、如何确定实施策略 …………………………………… (123)

第八章 战略规划的文本结构 ………………………………… (124)
第一节 战略规划文本标题 ………………………………… (124)
 一、单标题与双标题 ……………………………………… (124)
 二、使用"战略规划"或其他名称 ……………………… (125)
 三、我国图书馆战略规划的文本标题 …………………… (126)
第二节 文本体例要素 ……………………………………… (126)
 一、文本体例的核心要素 ………………………………… (126)
 二、文本体例的特色要素 ………………………………… (127)
 三、文本体例中的辅助要素 ……………………………… (127)
第三节 文本主题要素 ……………………………………… (131)
 一、文本主题的必备要素 ………………………………… (131)
 二、文本主题的备选要素 ………………………………… (131)
第四节 文本的量化指标与语言 …………………………… (132)
 一、文本的量化指标 ……………………………………… (132)
 二、文本的语言特点 ……………………………………… (133)

第九章　战略规划的发布与宣传 (134)
第一节　战略规划的发布宣传形态 (134)
一、战略规划封面设计 (134)
二、战略规划内容排版 (134)
三、战略规划详本与略本 (134)
四、战略规划宣传册 (135)
第二节　战略规划的发布宣传途径 (139)
一、馆内发布与宣传 (139)
二、网站发布与宣传 (140)

第十章　战略实施与评价 (146)
第一节　战略实施 (146)
一、战略实施的重要性 (146)
二、图书馆战略实施的主要任务 (148)
三、图书馆战略实施的步骤 (150)
第二节　图书馆年度报告 (155)
第三节　战略评价 (156)
一、成功战略方案 (156)
二、战略评价标准 (156)
三、图书战略规划成功的关键要素 (157)
四、图书馆战略规划评估标准 (158)
五、图书馆服务成效评估 (160)

第十一章　战略管理的组织领导 (162)
第一节　图书馆馆长 (162)
一、图书馆馆长的类型与选聘 (162)
二、馆长在战略管理中的作用与地位 (165)
三、战略管理对馆长的素质要求 (166)
第二节　图书馆领导 (172)
一、领导是一个整体 (172)
二、战略管理要求图书馆治理 (173)
三、战略管理要求图书馆领导信息公开 (177)
第三节　战略管理中的领导风格 (178)
一、精明战略家的习惯 (178)
二、战略管理的领导风格 (178)

三、图书馆馆长的领导风格……………………………………（180）
第十二章　战略管理案例……………………………………（181）
　第一节　国外公共图书馆案例…………………………………（181）
　　一、美国欧申赛德公共图书馆的战略管理……………………（181）
　　二、英国布伦特委员会的战略管理……………………………（209）
　　三、加拿大桑德贝公共图书馆的战略管理……………………（245）
　第二节　国外高校图书馆案例…………………………………（253）
　　一、美国佐治亚理工学院图书馆的战略管理…………………（253）
　　二、加拿大英属哥伦比亚大学图书馆的战略管理……………（261）
　　三、澳大利亚昆士兰大学图书馆的战略管理…………………（269）
　第三节　我国图书馆案例………………………………………（287）
　　一、广州图书馆的战略管理……………………………………（287）
　　二、东莞图书馆的战略管理……………………………………（301）
　　三、天津高等教育文献信息中心的战略规划…………………（305）
参考文献………………………………………………………（329）
后记……………………………………………………………（330）

第一章 图书馆战略管理的意义

没有战略的组织就像一艘没有舵的船,将会原地打转。

——乔伊尔·罗斯、迈克尔·加米

第一节 图书馆需要战略管理的十个理由

不少战略管理者引述乔伊尔·罗斯、迈克尔·加米的话,说明企业离不开战略犹如航船离不开舵手一样重要。有位著名企业家曾经说过,没有战略的企业就像一个流浪汉一样。如此看来,一个没有战略的图书馆不也是"无舵之船",不也像一个"流浪汉"吗?

一、信息环境的巨大变化与挑战需要战略管理

信息化技术环境给图书馆以前所未有的巨大挑战,信息无时不在、无处不在,传统图书馆服务受到了严重影响。自从 2005 年 OCLC 关于 3300 多名信息用户的调查发现只有 1% 的人从图书馆网页上开始信息的检索,给图书馆以警醒。进一步,据全球 59 个城市图书馆的调查发现,图书馆对公众的吸引力的确下降了。调查显示,相比 2009 年,2010 年全球图书馆读者的实际访问量下降了 16.8%,网络虚拟访问量减少了 19.1%,而读者对图书馆的信息需求量则降低了 23%。①

网络早已成为图书馆服务的重要载体和空间。被称为第四代媒体的互联网媒体正在与物理空间和社会空间一起,成为图书馆服务的三大空间。图书馆的网络化发展趋势使远程服务量不断增加,通过互联网、手机等信息手段和载体,可以开展不受时空限制的网上书目检索、参考咨询、文献提供和各类知识信息的获取和视听欣赏。在此基础上,网络化与数字化的融合,电信

---

① 中国文化报. 图书馆转型之路:从"书本位"到"人本位"[EB/OL]. [2012 - 07 - 23]. http://culture.gmw.cn/2012 - 07/23/content_ 4612190.htm

网、广电网和互联网的三网融合，使图书馆服务发生了泛在化的变化，即任何读者、在任何时间、任何地点、通过任意信息传播载体以获取其所需要的知识信息。

不仅如此，图书馆的各种外部环境都发生了深刻的改变，正如卡内基·梅隆大学图书馆所描述的：信息量每两到三年翻一番，而不是每十年；万维网的出现改变了学生获取信息资源的途径，但只有5%的网上信息是经过审查的；信息过剩已经代替信息匮乏成为信息检索面临的新挑战，在计算机专家的帮助下，图书馆员必须帮助读者致力于获得最相关的信息；数字图书馆的出现要求本地图书馆为读者提供高水平的终端计算机，并且根据穆尔定律的规定，这些机器至少要每两年更新一次；图书馆40%的经费用于购买书籍、期刊和许可的电子资源，其价格受到外部控制；图书馆期刊的花费在过去的二十年间已经增长了6倍，比经济通货膨胀率高4至5倍；图书馆在科学与学术交流系统中扮演第三方的角色；最高产的科学技术和商业出版商可以获得40%—55%的利润；现刊电子版的价格是印本期刊的1.25至2倍以上；随着带宽和存储容量的增加，载体形式的多样化，如幻灯片、视频文件、计算机程序、CD光盘等，在技术上是可行的，但将要求图书馆制订新的策略；计算机存储将不再受到限制，现在1 024 GB可以存储十亿本书的内容（比所有已出版的书还要多）；版权法的修订可能取消合理使用的条款，使得科学学术团体自由地共享信息。

英国国家图书馆2008—2011年战略规划指出："在技术发展的推动下，我们所处的环境在过去的二十年已经发生了比前两个世纪还要大的变革。这种变革促使学者由依赖于传统的实体图书馆作为满足研究需求的主要信息源，逐渐转向可以有多种获取方式、多种权限和深度的复杂网络。"美国莱文沃思公共图书馆认为，在过去的十几年，技术和因特网已经给公共图书馆服务带来了巨大的影响。能否跟上这些变化，适应目前的趋势决定了公共图书馆是否能够成为社区的重要组成部分。为了帮助图书馆在未来3年中适应环境的变化，图书馆开始进行战略规划工作。伊利诺伊大学斯普林菲尔德分校布鲁肯斯图书馆认为：在20世纪最后15年带来了前所未有的变化，如我们所看到的，图书馆目录卡首先被"停用"，然后被电脑取代，互联网成为获取信息的途径。在同一时期，国家拨款给高等教育的资金开始削减，而与此同时图书馆资源的价格（许多资源已经数字化）却仍未降低。图书馆的政策和做法还没有跟上技术的迅速变化或对现有的预算做出改变。此外，图书馆一般都没有为用户行为习惯的变化做好准备，特别是在某种程度上大学生已经接受了如今能利用的网络和各种数字化工具。因此,在这个时期拿出一份战略进程规划是再好不过了。它提供了一个机会让图书馆可以重新构想它未来的30年。这一计划的核心主题是人们一起工作并创造性地使用技术,为研究型社会巧妙地提供优质的图书馆资源和服务。一个问题悬而未决——图书馆建筑物仍然需要存在么?答案是肯定而有力的。图书馆是最能体现学习、探索精神的校园建筑,也是思考界定文化教育的一种反映。洛伦岑总结说,在过去几十年中战略规划是高校图书馆应对快速变化的信息环境的重要结果,未来图书馆不可避免地面临更多变化,需要对未来进行规划。①

二、图书馆经费紧张的局面需要战略管理

2008年美国金融危机产生了巨大影响,美国各地方政府不得不削减公共开支,图书馆和其他机构一样受到了财政的影响。2011年7月,美国得克萨斯州决定在2012至2013财年将所有州立图书馆的地方财政拨款减少64%。政府拨款减少,迫使各图书馆减少采购、裁减人员、缩短营业时间甚至关闭部分分馆。根据美国《图书馆杂志》2012年初的调查,受访的388家公共图书馆每周平均营业时间从2008年的60小时下降到2011年的49小时,服务100万人以上的大型图书馆仅2011年每家平均就减少了32.6个全职工作岗位。美国图书馆协会2012年初曾发表声明,批评世界最大的综合性出版集团兰登书屋向图书馆出售电子图书时的涨价行为。该协会认为,由于空前的预算紧缩,任何针对图书馆的涨价行为都将立即影响到图书馆的服务。这些现象都反映出金融危机对当前美国公共图书馆所带来的运营困境。

在英国,据英国《卫报》网站2013年8月29日报道,英国伯明翰市建成并开放的新图书馆耗资1.88亿英镑,拥有40万册新图书,几乎是原来馆藏的两倍,由荷兰梅卡隆事务所设计的图书馆外观颇受关注。与此同时,在英国其他地方,一些市镇政务委员会正在大幅削减对专业图书管理员的支出,或是将图书馆交给志愿者团体管理。有关方面人士预计在未来三年将会有400家图书馆被迫闭馆。针对削减图书馆运营资金的情况,英国多地的活动家和当局进行争论,包括赫里福德、林肯郡、纽卡斯尔和森德兰等。

国外一些组织在应对财政紧缩和不确定环境时,充分发挥战略规划的作用。在一项更为准确的研究中,随机从104个艺术组织和38个精神护理机构

---

① Lorenzen, Michael. Strategic Planning for Academic Library Instructional Programming. Illinois Libraries; Summer2006, Vol. 86 Issue 2, p22-29, 8p.

中抽取的44个非营利组织，仅有8个尚未开展正式的战略规划。另外一项研究也表明，在差不多200个非营利组织的抽样中，有一半以上的组织采用了许多特定的战略去对付财政紧缩和不确定的环境。①

三、图书馆面临的竞争环境需要战略管理

在20世纪竞争加剧的基础上，21世纪成为"超竞争"（Hyper‐Competition）环境。德爱芬尼在其《超竞争》（1994）一书中指出，超竞争是由全球各地那些勇于创新的竞争者采取的战略行动而引起的。这是一场愈演愈烈的"战斗"，竞争者人人都想得到最佳性能价格比，或创造自己的专有技术来争取市场领先者地位，从而保护或侵占现有的产品或地域市场。这同时也是一场金钱的较量，因此便产生了合作联盟。联盟战略的概念是由美国DEC公司总裁简·霍普兰德和管理学家罗杰·奈杰尔提出的。这种网络化组织以其边界模糊、关系松散、灵活机动、运作高效等特征使不同的组织共同分担风险、共享资源、获取知识、进入新市场等，成为最广泛使用的战略之一。例如，比尔·盖茨通过与IBM的战略联盟使微软公司迅速走向成功，微软与英特尔组织的Wintel联盟后实现双赢，占据了世界电脑业的大半江山。1986—1995年间美国合资企业的数目递增了423%。

长期以来，图书馆作为一个事业单位，没有竞争的压力，这也使图书馆个体的发展缺少一种强劲的动力。然而，随着图书馆事业改革的深入，以及图书馆发展形势的变化，引入竞争机制，这使图书馆面临着一个竞争的新环境。

图书馆面临的竞争环境既有竞争也有合作，一个是来自行业内部的竞争与合作，各类型各地区图书馆之间存在着竞争与合作关系，另一个是来自行业外部的竞争与合作。以图书馆与互联网在信息服务中的竞争为例，2008年3月，用户的Internet查寻一个月达到6 676 120 288项，而全美所有公共图书馆2005年一年的参考咨询只有302 513 000项，比网络查寻少了0.4个百分点②。图书馆在竞争环境中，如何占有重要地位是图书馆的一个重要目标，因而必须有新的战略管理。而要实现这一目标，必须使图书馆获得竞争优势。

---

① Bryson John M. Strategic Planning for Public and Nonprofit Organization. San Francisco：Jossey‐Bass Publishers，1995：5.

② Nelson S S. Implementing for results：Your strategic plan in action ［M］. Chicago：American Library Association，2009：6.

四、读者与用户不断变化的需求需要战略管理

21 世纪,图书馆社会需求和读者发生了巨大的变化,据 Business 2.0 和国际电信联盟的统计数据,全球互联网用户人数 2001 年大约为 4 亿人(其中,北美约有 1.67 亿人,欧洲约有 1.05 亿人,亚太地区约为 1.22 亿人,拉丁美洲约为 2 100 万人,其他地区约为 700 万人),2003 年达到 6 至 7 亿,至 2010 年底超过 20 亿;手机用户数 2010 年底达到 53 亿,3G 注册用户 2010 年底达到 9.4 亿。在中国,截止 2010 年底,中国网民已达 4.57 亿,手机网民规模达 3.03 亿,均居世界首位。

由于读者与用户的变化,传统的服务体制与模式不能适应新的读者与用户的需要,如不少图书馆的服务方式与方法是基于 20 世纪下半叶的读者与用户群体分析而确定的,这些方式与方法与新一代的读者与用户需要相去甚远。Google 一代和 Y 一代是当代图书馆的重要服务对象。要运用战略管理,研究面向 Google 一代的服务,图书馆应当根据 Y 一代和 Google 一代用户的特征重组服务,要调查研究 Y 一代和 Google 一代用户的需求与变化规律,要针对 Y 一代和 Google 一代用户需求开展服务,Library 2.0 技术开发也要适应 Y 一代和 Google 一代,让 Y 一代和 Google 一代参与图书馆管理与服务,还要研究预测 Y 一代和 Google 一代用户的未来。

五、图书馆事业的发展需要战略管理

国外图书馆事业起步早、规模大,发展比较成熟。据 2004 年的统计资料,全美有 9207 个公共图书馆系统,其中 1546 个图书馆有分馆,711 个图书馆有流动点;大多数(7441 家或 81%)为独立建制的图书馆,这些公共图书馆系统共有 17393 个场馆,其中中心图书馆 9047 个,分馆 7502 个,流动点 844 个。[①] 到 2012 年 6 月底,美国各级各类图书馆共计 121 169 家[②],全国总人口 3.11 亿[③],平均每 2 567 余人就有 1 家图书馆,图书馆从业人员共计 342 343 人,其中 8 951 家公共图书馆的从业人员达 145 244 人。随着社会的发展,诸如人口老化,多媒体服务和电子利用服务,越来越多的公共休闲时

[①] 蒋永福. 图书馆学通论 [M]. 哈尔滨:黑龙江大学出版社,2009:243.

[②] American Library Association. ALA Library Fact Sheet1:Number of Libraries in the United States [EB/OL] . : http://www.ala.org/tools/libfactsheets/alalibraryfactsheet01,2013 - 01 - 08.

[③] U.S. Census Bureau,Population Division. World Population Stunmary [EB/OL] . : http://www.census.gov/ipc/wwwidb/worldpopinfo.php,2013 - 01 - 08.

间及政务联合等问题对公共信息服务提出了挑战，2000年4月，英国的4 500个博物馆、1 300个档案馆和5 000多个图书馆成立了一个简称"Resource"的理事会，这个公共的战略性组织有三大目标：提供战略指导、推动交流；作为权威的倡导者和行业的领导者；建议最好的范例以及提供具体的目标。

国外图书馆事业发展有两大关键因素特别值得注意。一个是图书馆法的作用，世界上第一部公共图书馆法是美国马萨诸塞州议会于1848年通过的在波士顿建立公共图书馆的法案，世界上第一部全国性的图书馆立法是英国于1850年8月14日由国王批准颁布的《公共图书馆暨博物馆法》。目前，世界上已有80多个国家出台了250多部图书馆法律法规。[①] 立法不仅给图书馆事业提供了公共预算保障，而且规范了图书馆的行为及其管理。另一个是图书馆战略管理，20世纪60年代末国外图书馆界开始将战略规划引入图书馆，70年代以后，战略规划成为图书馆的普遍行动和经常性工作，战略推动了图书馆事业紧跟时代，创新驱动，健康发展。

改革开放以来，我国图书馆事业快速发展。据上海图书馆馆长吴建中所说，改革开放以来，我们国家每3.7天就有一个新馆开馆，本世纪初，第一个10年，仅公共图书馆就保持了这样一个节奏，这两年还出现了面积10万平方米左右的湖北省馆、辽宁省馆和广州市图书馆，还有6万多平方米的区级的浦东图书馆。根据文化部最新统计数据，2012年，全国共有县级以上独立建制的公共图书馆3 076个；全国公共图书馆总藏量达7.89亿册（件），人均拥有公共图书馆藏书0.58册，比2007年增长49%；各级财政对公共图书馆财政拨款总数达93.49亿元，其中购书专项经费14.13亿元，人均购书经费1.09元，全国公共图书馆总流通人次达4.34亿，文献外借册数达到33 191万册次。

根据《中国图书馆事业发展报告2012》，县县有图书馆的目标基本实现，县级以上公共图书馆服务网络基本形成；文化部、财政部拨专款支持图书馆向社会免费开放；启动数字图书馆推广工程，加快建设覆盖全国的数字图书馆服务网络；第一个公共图书馆服务国家标准《公共图书馆服务规范》正式发布；手机图书馆、24小时自助图书馆等新的服务形式发展迅速；总分馆、流动图书馆、图书馆联盟等多种图书馆服务体系建设模式日趋成熟；图书馆新馆建设持续升温，出现了一批具有国际一流水平、堪称城市标志性建筑的图书馆。但报告也显示，截至2011年底，我国平均每44万人才拥有一所公

---

① 汪东波主编．公共图书馆概论［M］．北京：国家图书馆出版社，2012：42．

共图书馆，平均每3201平方公里才拥有一所公共图书馆。国际图联规定，公共图书馆人均藏书量应为1.5册到2.5册，而2011年我国人均拥有图书仅为0.52册，其中，人均拥有图书最高的地区（2.94册）与人均拥有图书最低的地区（0.19册）之间，相差达14.5倍；人均购书费最高的地区（7.65元）与人均购书费最低的地区（0.27元）之间，相差达27倍。公共图书馆资源总量的不足与配置的不平衡，使免费开放效益的发挥受到局限。中西部欠发达地区的一些基层图书馆办馆条件相对落后，资金短缺，藏书量少、新书不足，也成为亟待解决的问题。

事业的发展既需要各个图书馆通过战略管理，适应事业发展的新要求，更需要从整体上加强图书馆事业发展战略研究，通过战略管理解决各类型图书馆事业发展的不平衡问题，缩小图书馆事业发展中的地区差距和城乡差距。

六、图书馆学理论需要战略管理

尽管20世纪80年代以来，关于图书馆管理或图书馆管理学的著作不断增多，管理学的各种新理论也不断引入，但图书馆管理的科学体系并不成熟，图书馆管理理论与方法不能满足快速变化的图书馆资源与用户服务的需求，并落后于我国图书馆事业的发展，也是不争的事实。当国外管理学早已从古典管理理论发展到近代的组织管理理论、行为科学理论到现代的管理学各门学派，图书馆也早已从科学管理发展到现代管理。而我国图书馆管理，从实践上主要局限于图书馆人、财、物的管理，从理论上则热衷于管理学理论方法的移植、管理思潮的关注，以及图书馆法、图书馆事业管理、信息资源管理等的低层次重复性研究中。更为严重的是，理论与实践的脱节在图书馆管理上尤其显著。虽然借鉴和模仿国外图书馆界的管理经验与方法有一定的现实效果，但又存在着简单照搬、取之皮毛、名不符实以及管理上的文化冲突等一系列问题，以至于我国图书馆事业始终处于一个经费人员困境和图书馆法规滞后的瓶颈，图书馆管理始终处于一个传统科学管理的低层次，不仅图书馆管理教材和著作中不论战略管理，而且图书馆实践中也不讲战略规划，图书馆界缺乏对战略理论的重视，图书馆员甚至图书馆馆长广泛缺乏战略意识，图书馆战略规划理论与实践十分落后，已成为我国图书馆管理与国外图书馆管理的最为突出的差距之一。

七、图书馆业务运行与创新需要战略管理

不少人对图书馆工作和战略管理有这样的认识误区：认为图书馆只有做

好当前业务就足够了，因而重视业务流程和人、财、物的管理；认为战略管理离现实太远，不能解决业务问题，从而轻视战略管理。这是不了解战略管理，不懂战略管理真谛的表现。实际上，图书馆战略管理，不仅要面向未来，也要基于现状，是针对现实问题与未来需求相结合的解决方案；不仅体现了务虚与宏观的思维，而且也体现了务实与微观的思维，是将图书馆业务运行与创新相结合的有效方法。

图书馆业务工作不能停止不前，必须不断创新，这就需要战略管理。企业战略管理是最好的借鉴。企业战略管理萌芽于20世纪20年代，当时杜邦和通用电气公司率先将战略职能引进管理组织系统。1977年由美国500强盈利企业的首席执行官参与的一项调查证明了战略规划在企业界的重要性。受访者受访的问题之一是作为首席执行官最重要的是什么。战略规划在所有公司的回答中位列第一，接下来的顺序是选择机制/管理发展、资金分配/利润分配、政策决定、激发员工热情。①

八、图书馆队伍建设需要战略管理

改革开放以来我国各类型图书馆干部队伍都有了较快的发展，但也存在与事业发展不相适应的问题。1985年全国公共图书馆2 344个，从业人员29 350人；十年后的1995年，图书馆增长到2 615个，从业人员增长到45 323人。2011年图书馆数量2 952个，从业人员数54 475人，中级职称比例为31.4%，高级职称比例为8.5%；2012年，图书馆数量达到3 076个，从业人员数量达到54 997人，东部江苏省有图书馆112个、从业人员2901人，而西部宁夏只有图书馆26个、从业人员545人。据全国高校图工委的统计，截止2007年底，拥有具备博士学位正式职工的高校馆达到166所，拥有具备硕士学位正式职工的高校馆达393所，平均每个馆超过6人。据2008年统计，147所高校图书馆拥有博士学位职工共243人，473所高校图书馆拥有硕士学位职工共3 335人。到2011年，501所高校图书馆中，152所拥有博士馆员340人，68.4%的高校馆没有博士馆员，398所拥有硕士馆员3 896人，17.3%的高校馆没有硕士馆员，平均每个馆达到8.1人。②

现代图书馆需要图书馆员有战略思维。Davis如此描述战略思维的重要

---

① Riggs, Donald E. Strategic Planning for Library Managers [M]. Phoenix: Oryx Press, 1984: 4.
② 周和平主编. 中国图书馆事业发展报告2012 [R]. 北京：国家图书馆出版社，2013：93 - 94.

性：在平和的传统图书馆界，战略思维是一种不必要、完全陌生的观念，甚至不能被理解。图书馆的业务工作要使其用户满意。在不稳定的、资源缺乏的现代图书馆事业环境中，战略规划必不可少。然而，大多数馆员不会培养自己的战略思维，这就需要使他们转换思维。可以从行动预测到结果的前瞻性思维要将焦点放在对未来理想结果的方向分析和即时需求上。大多数管理者需要培养战略思考能力，然而，他们很少这么做。①

九、图书馆转型需要战略管理

自从计算机和网络产生之后，传统的图书馆已改变为与信息化紧密相联的现代化图书馆，形成了第三代图书馆的概念。

今天，图书馆的传统角色、传统工作方式已不能适应时代，图书馆重新定义新的角色成为必须和可能。正如尝试在城市中心区域重新定义图书馆和档案的伯明翰图书馆服务负责人所说"150年来图书馆的角色就是使图书和信息的使用民主化，让那些买不起书的人也能看得起书，现在这种功能受到了挑战。我们可以用Google，我们也有亚马逊购书网站，超市里都能买到《哈里·波特》，许多地方都开始卖书，我们需要一个图书馆拥有更多功能，我们的角色是让用户有更少的交易和让他们获得更多的转变"。②

一方面，社会环境和信息技术正在改变图书馆的结构与形态，促进传统图书馆向新型图书馆的转变。数字图书馆和复合图书馆是否是促成图书馆更新换代的必由之路，移动图书馆、结合图书馆、第三空间、智慧图书馆是否会彻底改变图书馆，无论从理论还是从实践角度，都需要战略管理。

另一方面，战略管理正是成为推进图书馆重新定义的工具。英国国家图书馆2005—2008年战略规划曾以"重新定义图书馆"为主题引起世界关注。2007年，荷兰阿姆斯特丹公共图书馆对人们印象中的图书馆重新定义，利用AquaBrowser Library重新构建了图书馆服务网站。2009年8月国际图联在意大利都灵召开卫星会议，其主题为"作为场所与空间的图书馆"。2010年6月，美国研究图书馆协会（ACRL）发布《2010年学术型图书馆十大趋势调研报告》，其中第十个趋势是"图书馆的定义将随着物理空间的重塑和虚拟空间的

---

① Davis, Peter. Libraries at the turning point: issues in proactive planning [J]. Journal of Library Administration, 1980 (12): 11 - 24.

② 徐佳和编译. 重新定义图书馆：并不仅仅是读书 [EB/OL]. 中国新闻网. [2013 - 07 - 07]. http://www.chinanews.com/cul/news/2009/04 - 07/1633881.shtml.

拓展而改变"。2013年西雅图图书馆提出重新定义，设计风格更具时代感，西雅图人为它赋予了一个神圣的称谓"全民图书馆"。

十、图书馆未来需要战略管理

2011年1月2日，美国艾尔弗莱特大学辅导馆员Brian T. Sullivan在美国一家报纸上刊发一篇名为《2050年学术图书馆遗体解剖》，语出惊人："大学图书馆已经死掉了。尽管早就开始寻医问药，可是它又肆无忌惮的否认越来越严重的病情，这让它病入膏肓，进而一命呜呼。大学图书馆独自死去，那个曾经把它尊崇为'大学的心脏'的世界，此刻也几乎忘掉了它。在它行将就木之际，你能听到它对Google的低声诅咒，和它低声呼喊一个叫'阮冈纳赞'的图书馆先知的喃喃自语。"并指出其死因为：馆藏图书无人问津；图书馆培训多此一举；信息素质进入大学课程；图书馆和图书馆员进入信息技术部门；参考咨询工作销声匿迹；经济战胜了质量。

未来图书馆是否存在？如果存在，图书馆会是什么样？有关图书馆的未来一直是图书馆人关心的话题。2001年，美国的一个图书馆馆长赫林在《美国图书馆》上发表了题为"互联网不能代替图书馆的10个理由"，引起很大的反响。2011年4月14日，著名的博客网站BoingBoing上传了印有这10个理由的图片，引来围观，在众多的评论中出现了一些质疑的声音。第二天，ALA（美国图书馆协会）进行了回应，向协会的读者征集问题"你认为当今图书馆仍然重要的原因"的答案。5月4日，ALA从读者的回复中总结出了题为"数字时代图书馆发挥重要作用的10种方式"。

第二节 战略管理对于图书馆的十大作用

一、战略管理是图书馆在竞争中寻求发展的途径

我国古代军事家孙子曾说："昔日善战者，先为不可胜，以待敌之可胜"，就是说，善于用兵打仗的人，总是先创造条件，使自己不被敌人战胜，然后等待和寻求敌人可能被我战胜的时机。在欧美，很多企业经理认为战略规划是设计与实施提高企业竞争力战略的唯一最佳途径①。日本战略学家大前研一认为，经营战略就是如何实现竞争优势。如果没有竞争对手，就没有必要制

---

① 周三多，邹统钎. 战略管理思想史 [M]. 上海：复旦大学出版社，2003：37-38.

定战略。制定战略的唯一目标就是使企业尽可能有效地比竞争对手占有持久的优势。

在一个竞争的环境中，战略对于一个组织十分重要。美国威斯康星州立大学麦迪逊商学院教授和领导艺术与企业应用研究中心主任罗杰·法米萨诺将战略形象地比喻为企业的"参赛计划"，企业竞争与体育比赛十分类似，始终居于不败之地的企业在战略准备、战略计划以及战略实施方面都要更胜一筹，他们把握自身的战略形势，明确自己的战略目标，确定实现该目标的最佳方案。①

按照这种理解，那么，图书馆战略可看作是图书馆的"参赛计划"。Joseph R. Matthews 在分析了众多战略规划的定义后，总结出战略规划就是关于组织如何成长、如何满足用户、如何赢得竞争、如何应对市场变化以及如何管理组织的一系列具体的目标。②

二、战略管理是满足社会需求更好地为读者服务的保障

如何研究用户群体的变化，把握社会需求的新特征，更好地服务于网络原住民读者，战略管理将提出用户研究和服务优化的重要保障。

国外图书馆认为，战略规划过程对图书馆来说是一个检验它所提供的服务质量以及识别图书馆优势和劣势的机会。图书馆将利用这一规划过程定义社区的需求和兴趣，在此基础上发展服务。③

马克辛认为战略规划可以比喻为旅途中的地图、指导原则、里程碑、通往未来的台阶，战略规划的目标是建立一个以用户为中心而不是以图书馆为中心的新图书馆。④

三、战略管理是图书馆应对技术发展的手段

图书馆历来受到技术的影响而不断变化，但是在今天，技术更成为一种

---

① 罗杰·法米萨诺（Roger A. Formisano）著，郑明等译. 战略管理 [M]. 北京：机械工业出版社，2005：2.

② Joseph R. Matthews. Strategic Planning and Management for Library Managers. Libraries Unlimited, 2005：3-5.

③ 莱文沃思公共图书馆战略规划 2004-2006 [EB/OL]. [2012-03-16]. http://skyways. lib. ks. us/library/leavenworth/Latest_ News/strategic_ plan. html.

④ Maxine Brodie, Meredith Martinelli. Creating a new library for Macquarie University: are we there yet? Library Management Vol. 28 No. 8/9, 2007 pp. 557-568.

具有历史性和革命性的驱动力,直接决定着图书馆业务的内容和管理模式,从根本上主宰着图书馆的前途和命运。

每一次技术同图书馆的结合都对图书馆管理实践产生巨大影响,数字技术在图书馆中应用便产生了数字图书馆,而数字图书馆的管理成为了图书馆管理学研究的新问题;在 RFID 技术的影响下有了自助图书馆的产生,自助图书馆的管理将会对图书馆的组织人员管理和图书馆的服务管理产生变革;继报纸、广播、电视、互联网之后的第五媒体发展,促进了手机图书馆的产生,有关移动媒体技术在图书馆中的应用、移动终端设备的管理和图书馆移动服务的管理等都将成为影响图书馆管理体系发展的重要因素。

在技术发展变化加速的形势下,技术应用要求图书馆管理者必须更新其知识结构,掌握技术知识,做出技术管理的正确决策。今天的图书馆不能被动地应对,必须主动采取战略管理手段,积极引进应用新技术以满足新的技术需求,并且,可以根据技术的发展趋势,调节技术应用的路径,实施技术战略,使技术助力图书馆长期发展。

四、战略管理是图书馆获得经费支持的重要依据

Johanna 探讨了研究型图书馆在经费筹措方面的战略优势及其在校园发展战略中的基本定位。① 佛罗里达州州立大学的罗伊斯特等通过对 103 个机构的问卷调查,讨论了战略规划是如何在长达 10 年的时间里影响图书馆馆长获取经费支持的能力。统计分析的结果显示无论是目标管理、长期计划还是战略规划与这种能力都存在显著相关关系,同时也能肯定战略规划对事业成功的导向作用。②

柏索尔指出,战略规划为图书馆提供了绝妙的公共关系机会,是图书馆以更加动态的方式存在、提升形象、加强公共资源乃至经费竞争力的方式之一。③

---

① Johanna O. Alexander, Fundraising for the evolving academic library: The strategic small shop advantage [J]. The Journal of Academic Librarianship, 1998 (3): 131 – 138.
② Royster, Vivian Joan Hall. An investigation of the relationship of selected planning strategies and success in funding library programs at historically Black colleges and universities: 1982 – 1992: Dissertation of Ph. D. The Florida State University, 1998.
③ Birdsall G D. Strategic Planning in Academic Libraries: A Political Perspective [EB/OL]. [2009 – 06 – 07]. http://cv.uoc.es/cdocent/IBY6R1GX6FK_YAX9946O.pdf#page=30.

五、战略管理是帮助图书馆趋利避害的方法和途径

唐纳德·E·里格斯认为战略规划不是偶然，它是一个需要很多准备和组织的复杂过程。战略规划不是为图书馆摆脱风险建立一个机制，而是一种帮助图书馆趋利避害的方法和途径。与其说它是一门科学，不如说它更像是一门艺术。[1]

针对图书馆面临的种种困难与问题，最重要的解决途径就是建立新的战略。例如，根据美国研究图书馆协会（ARL）公布的资料，如果美国和加拿大的 100 个最大的研究型图书馆把期刊经费削减五分之一，那么每个图书馆从直接采购费和装订费中每年可节省 50 万美元，[2] 合作藏书建设成为趋利避害的重要战略之一。

在企业，为趋利避害，制定战略规划之前，高层管理者必须知道他们要从规划系统中收获什么。乔治·斯坦纳列出了一些正式的战略规划可实现目标。它们并不是互相排斥的，而是相互包含与联系的关系。以下排列不分重要性。他提出的建议目标如下所示：（1）改变公司方向；（2）加速公司成长，提高公司收益；（3）淘汰部门中表现不佳的员工；（4）为高层管理解决战略问题；（5）将资源集中在重要的事物上，研发新产品时指导部门和研究人员将资产分配到最有潜力的领域；（6）为高层管理者做出良好的决策提供有益信息；（7）构建预算参考框架，制定短期经营计划；（8）根据公司的优势和劣势进行机遇与风险的形势分析以认清公司潜质；（9）加强活动内部协调；（10）加强交流沟通；（11）加强运营控制；（12）加强处于变化环境中的管理者的安全意识和公司的适应能力；（13）大胆思维；（14）对管理者进行培训；（15）提供线路图以展示公司的发展动向和方式；（16）制定更现实、可实现的目标；（17）评审当前活动，以根据变化的环境和公司目标做出适当调整；（18）增强应对环境变化的意识以更好地适应它；（19）稳步前进；（20）另辟蹊径。[3]

---

[1] Riggs, Donald E. Strategic Planning for Library Managers [M]. Phoenix: Oryx Press, 1984: 2.
[2] 史密斯，艾尔德雷；约翰逊，佩吉著，李顺华译. 图书馆战略探究——为了将来如何保存现有的图书体系 [J]. 牡丹江师范学院学报，1995（1）：77-80.
[3] Steiner, George A. Strategic Planning: What Every Manager Must Know [M]. New York: Free Press, 1979: 58.

六、战略管理是图书馆一切工作的首要依据

图书馆一切工作都要有科学的依据,战略管理成为一切工作的首要依据。从制度设计来说,图书馆工作不仅要有各项具体的业务制度,包括服务制度和管理制度,而且要围绕重大问题制订相应的政策。

当前图书馆的工作中,既缺乏战术观,更缺乏战略观。战略比战术更为重要,二战中巴顿将军擅长坦克战,这是他比竞争对手更擅长的方面即战术;而西南航空公司只有"单一舱级",这导出了它廉价短程飞行的战略,获得空前成功。

关于图书馆战略与图书馆战术的关系,参考美国杰克·特劳特的论述①,可总结如下表1.1。

表1.1 图书馆战略与图书馆战术比较

	图书馆战术	图书馆战略
要素方面	单一要素或概念	围绕战术的多要素
时间方面	脱离于时间范畴之外,相对静态	有时间概念,相对动态
竞争方面	一种竞争优势	达成与保持竞争优势的规则
组织方面	独立于服务和图书馆之外的外部范畴	属于图书馆内部范畴
导向方面	以传播为导向	以服务或图书馆发展为导向

图书馆战略应源自实际可行的战术,图书馆战术是指如何进入用户心智,让用户接受概念,极富差异性;相比之下,图书馆战略则可以是普遍平常的,整合所有的资源和运营活动,以促进战术的实现,如果把战术看成是瞄准用户心智的钉子,那么战略就是挥动势能的锤子。例如,有的图书馆为宣传推广服务推出"图书馆服务月"是一种战术,而图书馆实施"图书馆服务承诺制"是一种战略。

七、战略管理是图书馆管理体系的核心与制高点

美国亚拉巴马大学著名战略管理教授小阿瑟·A·汤普森和 A·J·斯克里克兰三世在《战略管理(第13版)》一书开篇指出"制定、实施和执行战

---

① (美)杰克·特劳特(Jack Trout)著,火华强译. 什么是战略[M]. 北京:中国财政经济出版社,2004:77-81.

略管理的任务是公司管理的核心和灵魂所在。"为什么呢?"制定战略、实施战略和执行战略是核心的管理职能,这主要出于两方面的原因。首先,公司必须预先积极地规划出公司业务的未来经营之路。公司管理层的责任就是实施战略领导,使企业以某种而不是其他的方式开展商业活动。没有战略,公司就丧失了开展业务的规范,失去了借以获取竞争优势的途径,也就失去了培养顾客的忠诚度并取得杰出的公司绩效的蓝图。没有一个经过精心策划制定的战略,无疑会使公司的行动缺乏一致性,竞争行为平庸无奇并使得最终的业务绩效黯淡无光。其次,同样重要的另外一点是,公司必须努力将不同分部、部门、管理者和群体的活动整合成一种彼此协调的、相互一致的模式。公司内不同部门所从事的活动——研发、设计与制造、生产、营销、顾客服务、人力资源、信息技术和财务——都必须是彼此支持的。如果整个公司没有一个目的明确战略的话,管理者也就没有将整个组织内的所有活动和决策整合成一个连贯的整体的理论基础,也就没有什么根据将不同部门的活动联系起来并形成一种团队性的努力,从而也就无法形成能够创造利润的商业模式"。①

八、战略管理是图书馆馆长的法宝

中外图书馆战略规划的比较发现,国外图书馆战略规划十分普遍,而我国图书馆战略规划寥寥无几。笔者进一步在与一些图书馆馆长的交谈中发现,图书馆馆长缺乏战略规划意识具有普遍性,更令人吃惊的是,一些近几年颇受关注颇有影响的图书馆馆长对战略规划反应冷淡,甚至不认为一个图书馆需要战略规划,以致于在业界对他们的新馆和"政绩"大加称赞时,我只能说那不是真正懂管理的优秀的馆长。

事实上,这些年,我们关注到了图书馆繁荣和发展的表象,却没有从整体上从战略上去谋划图书馆的长久未来;恰逢赶上了图书馆事业的100年(百年馆庆)、60年(国庆)、30年(改革开放),我们为图书馆的历史变化和现实成就而沾沾自喜,津津乐道于图书馆的资源问题、服务问题、经费问题、共享问题等,少有关于忧患、关于未来、关于战略的深入思考。一个没有战略思维的馆长和一个没有战略规划的图书馆,不符合图书馆的发展规律,图书馆的科学发展和可持续发展也是难以实现的。

---

① 小阿瑟·A·汤普森和A·J·斯克里克兰三世著,段盛华等译. 战略管理(第13版)[M]. 北京:中国财政经济出版社,2005:1.

对战略管理来说，有两个有利的形势。一方面是图书馆馆长群体在学历结构、年龄结构、知识结构诸方面逐步优化。就学历而言，据《中国图书馆事业发展报告》，2008年报送统计数据的629所高校图书馆中，109所的正馆长拥有博士学位，150所的正馆长拥有硕士学位；① 2009年468所高校图书馆中，99位馆长拥有博士学位，113位馆长拥有硕士学位，237位馆长拥有本科学历，19位馆长拥有大专及以下学历；② 2010年514所高校图书馆中，97位馆长拥有博士学位，145位馆长拥有硕士学位，257位馆长拥有本科学历，15位馆长拥有大专及以下学历；③ 2011年501所高校图书馆中，拥有博士学位馆长的比例是20.3%，拥有硕士学位馆长的比例是27.4%。④ 高校图书馆馆领导逐渐趋向为高学历化，硕士以上学历将成为馆长的主体。就年龄来言，据方太强对20世纪80年代末的统计数据，在618名馆长和副馆长中，268位馆长初任馆长的平均年龄为56.9岁，初任副馆长时的平均年龄为51.6岁。⑤ 而据刘云惠对110所"211高校"图书馆的调查结果：40—49岁39人，50—59岁44人，60—69岁10人，40—59岁占75.45%。⑥ 高校图书馆馆领导逐渐年轻化，有利于图书馆管理观念的更新与管理变革。

另一方面是社会各界开始强化战略意识，形成社会化战略环境，如国家图书馆2009年开始启动战略规划研究，将在全国图书馆界起着示范与带动作用；国家"十二五"规划也催生了各地各单位制订图书馆发展规划。

图书馆馆长要懂管理，特别要懂得战略管理，战略管理能力是衡量一个图书馆馆长管理水平的关键要素。具体来说，馆长通过强烈的战略意识和战略思维思考图书馆的一切问题，从战略的高度把握每一个业务环节和具体工作，着眼长远解决一切问题，使图书馆工作上升到战略和长远利益，而不是着眼眼前，陷入"头疼医头，脚疼医脚"的境地。馆长将战略作为图书馆的最高境界，领导全体员工向着理想的目标奋进，让每一个员工从中获得鼓励

---

① 中国图书馆学会，国家图书馆.中国图书馆事业发展报告2009 [R]. 北京：国家图书馆出版社，2010：71.
② 中国图书馆学会，国家图书馆.中国图书馆事业发展报告2010 [R]. 北京：国家图书馆出版社，2011：92.
③ 中国图书馆学会，国家图书馆.中国图书馆事业发展报告2011 [R]. 北京：国家图书馆出版社，2012：101.
④ 周和平主编.中国图书馆事业发展报告2012 [R]. 北京：国家图书馆出版社，2013：95.
⑤ 方太强.对中美大学图书馆馆长的分析比较.大学图书馆学报，1992 (2)：40－41，31.
⑥ 刘云惠.对我国大学图书馆馆长选拔与任职资格的探讨 [J]. 农业图书情报学刊，2010，22 (1)：232－235.

和力量，并找到发挥作用的空间和恰当的发展机会。战略规划是馆长治馆方略之首，馆长通过战略制定与战略实施，解决图书馆发展中的关键问题，特别是关系经费、文献资源建设、队伍建设、制度建设等重大问题。许多馆长忙于找钱管人，处理工作中的难题，不如抓紧战略管理这个法宝，纲举目张，从整体上协调各职能、各部门的工作，处理好长远与眼前的关系，从根本上解决存在的问题。

九、战略管理是图书馆员工的指南针

美国图书馆界曾就各个因素在图书馆服务中所起的作用进行分析，结果显示：图书馆建筑占5%、信息资料占20%、图书馆员占75%。图书馆员工是图书馆各项业务工作的执行者，也是图书馆建设与发展的重要力量。对于一个部门来说，每个部门虽然有明确的职能，但日常工作不等于部门的工作目标，而从战略管理看，一个部门的目标任务既需要每一个员工的参与制定，也需要得到员工的理解和支持，更需要员工的执行与实现。每一项业务是图书馆业务管理的细胞，每一个岗位是图书馆行政管理的细胞，每一个员工是图书馆人力资源管理的细胞，如果没有战略管理，就像今天的许多图书馆一样，员工努力工作而不知道方向，坚守本分而不顾与其他部门、岗位与工作的关联性，只知道照指令执行而不知道为了什么。

战略管理是图书馆员工的指南针，有了战略管理，员工就有了方向，业务工作就有了依据。每个员工一旦具有战略意识，就会用战略的眼光看问题，就会从长远的角度解决问题，从而避免一切工作的盲目性。员工一旦有了战略素养，就会积极主动地参与战略制定，就会更好地配合战略实施，在战略管理中发挥重要作用。

十、战略管理是图书馆通向未来的桥梁

里格斯指出：战略规划的目的之一是确定未来活动区域和未来行动方向，这些会决定图书馆目标的实现程度。此外，战略规划过程可以为图书馆方方面面的规划和决策提供一套战略框架。[1] 1997年7月，英国文化、传媒和体育部图书馆情报委员会发表《新图书馆：人民的网络》研究报告描述未来图书馆的前景："明天的新图书馆将成为使各年龄层次的人都能够在信息社会获得成功的重要基地""明天的新图书馆将成为新的国民教育体系中的一个有机

---

[1] Riggs, Donald E. Strategic Planning for Library Managers [M]. Phoenix: Oryx Press, 1984: 2.

组成部分"等等。2000年12月荷兰公共图书馆协会的"2040年的图书馆"将24小时旅馆图书馆、家庭图书馆、荷尔蒙图书馆、探险图书馆、幸存者图书馆、虚拟图书馆、布拉邦图书馆这七种图书馆作为未来图书馆的模式,给予人们关于图书馆未来的美丽想象。如果说,图书馆的未来很美好,那么,战略是图书馆发展的基石,战略管理是图书馆走向未来的必由之路。

第二章 战略、战略规划与战略制定

> 战略不是计划的结果，恰恰相反，它是起点。
> ——亨利·明茨伯格，组织管理大师

第一节 战　略

一、从军事战略到企业战略

"战略"最早是一个军事术语，是指导战争全局的筹划和谋略。我国早在春秋末年的《左传》一书就出现"战略"一词。公元前360年前伟大的军事战略家孙武的《孙子兵法》最早对于战略进行过论述。《辞海》对战略的解释是"战争的方略。泛指重大的、带全局性或决定全局的谋划"。

古希腊语"strategos"指"将军"[①]或"权力"，也有"军队"、"指挥"的意思。"strategos"是动词，意为"对资源的有效使用加以规划以摧毁敌人"。英语"strategy"指战略、战略学、兵法等。19世纪初期，若米尼在其《战争艺术》一书中，把战略定义为"在地图上进行战争的艺术"。德国著名军事战略家克劳塞维茨将军曾在《战略论》说过："战略是为了达到战略目的而对战斗的运用。战略必须为整个军事行动规定一个适应战略目的的目标"。

战略引用到企业管理中，最早是在19世纪下半叶的第二次工业革命时代，而其广泛应用普遍认为是到20世纪五六十年代。哈佛大学工商管理研究生院的杰梅沃特教授在其出版的《战略管理和商业景致》一书中所描述的在美国企业战略思想产生的背景很具有代表性：19世纪下半叶，美国爆发的第二次工业革命，把"战略"视为规范市场、改善竞争环境的手段。著名历史学家钱德勒在一些资本密集型产业里进一步补充了亚当·斯密的"看不见的手"观点——他把职业经理人比作"看得见的手"。

---

① The Oxford English Dictionary. Vol. 10. Oxford：The Clarendon Press，1933：1087.

20世纪30年代,美国经济学家切斯特·巴纳德在《经营者的职能》一书中首次使用了战略概念,提出经理人应该特别地密切注意那些基于"个人和组织行为"的战略要素,把战略观念引入企业管理理论与实践。第二次世界大战使整个经济范围内的稀有资源配置问题更加突出,这刺激了战略思想如同军事领域一样在企业中迅猛发展。新的运算技术(如线性规划)的发明,为战略计划运用数量分析方法铺平了道路。1944年,约翰·诺曼和奥斯卡·莫扎斯特出版了他们的经典著作《博弈论与经济行为》。与此同时,"学习曲线"现象于20世纪20年代到30年代发现于一个军用飞机制造厂。纽曼和摩根斯顿最早将战略引入商业管理领域(1947)。

在20世纪60年代之前,企业战略思想的产生是由于垄断竞争结构的产生;在60年代之后,战略思想的演变和新的战略思想的产生是由于企业市场力的强大和市场竞争的日益加剧。

在20世纪中期,随着商学院"经营政策"课程向"战略管理"课程的转化,战略一词逐渐成为商界的热门词[1]。1962年之后,美国著名管理学者艾尔弗雷德·D·钱德勒出版了《战略与结构——美国工业企业史的考证》一书,揭示了企业战略理论研究的序幕,他是研究在环境——战略——结构之间相互关系的开山鼻祖。

二、关于战略的定义

国内外关于战略的定义众多,兹举要如下:

艾尔弗雷德·钱德勒第一次明确定义战略为"确定企业基本长期目标、选择行动途径和实现这些目标进行资源分配"。[2]

杰克·特劳特给出的战略定义是:"战略就是让你的企业和产品与众不同,形成核心竞争力。对受众而言,即是鲜明地建立品牌"。[3]

罗杰·法米萨诺认为,战略是"我们借以取胜的一个详细计划,是我们为实现长期目标而做出的一系列决策和行动。战略也是我们选择的一条路径。每一个组织都必须根据其产品、客户及经营活动弄清它要实现什么目标,如

---

[1] 李玉刚. 战略管理[M]. 北京:科学出版社,2005:1.
[2] 艾尔弗雷德·D·钱德勒. 战略与重构[M]. 昆明:云南人民出版社,2002:14.
[3] (美)杰克·特劳特(Jack Trout)著,火华强译. 什么是战略[M]. 北京:中国财政经济出版社,2004:77-.

何实现目标"。①

"战略是一个组织长期的发展方向和范围,它通过在不断变化的环境中调整资源配置来取得竞争优势,从而实现利益相关者的期望。"②

亚拉巴马州立大学小阿瑟·A·汤普森等认为:"公司战略是管理人员使命的一种策略,用来保持市场地位,吸引并取悦顾客,成功地竞争,管理经营,并实现组织的目标"。③

宾法尼亚州立大学 SMEAL 管理学院的唐纳德·汉布里克和奥斯汀德州大学麦克布斯商学院的詹姆斯·弗雷德里克林提出,战略是企业在特定的环境中所确定的核心目标、达到目标的关键路径、行动、企业盈利的经济逻辑、与竞争对手的不同的差别化特征五个要素的协同组合④。

关于战略的概念化理解,加拿大麦吉尔大学亨利·明茨伯格等提出的战略的 5P 模型,即战略是一种计划(Plan)、战略是一种计策(Ploy)、战略是一种模式(Pattern)、战略是一种定位(Position) 和战略是一种观念(Perspective)。⑤

关于战略,英国的一位企业管理顾问理查德·科克还给出两个简化的理解⑥。

定义1:战略 = 长期决策 + 发展方向

这一定义包含着两大特征,一是明确了决策与计划的区别,决策和计划并无必然关联,有无决策都可实施计划,但决策是解决问题的关键所在;二是决策的执行或者目标明确的战略未必总能决定着企业的未来发展。由此可见,成为领头羊的决策并非就是真正意义上的战略,它可能是战略性计划,而战略则包含着推动企业持续发展的众多决策。

定义2:优胜战略 = 独特战略

这一定义是在上一定义解决什么是战略的基础上,如何制定一个能实现

---

① 罗杰·法米萨诺(Roger A. Formisano)著,郑明等译. 战略管理 [M]. 北京:机械工业出版社,2005:2.
② [英] 格里·约翰逊,斯万·斯科尔斯. 战略管理 [M]. 王军等译. 北京:人民邮电出版社,2004:7.
③ 小阿瑟·A·汤普森,约翰·E·甘布尔,A·J·斯克里克兰三世著,蓝海林等译. 战略管理:获取竞争优势 [M]. 北京:机械工业出版社,2006:2.
④ Donald Hambrick, James Fredrickson, 你确定你有战略吗? [J], 北大商业评论, 2008 (4).
⑤ Henry Mintzberg: Five Ps for Strategy [J], California Management Review, Fall 1987: 11 – 24.
⑥ [英] 理查德·科克著,李欣,李景华译. 企业战略 [M]. 北京:中国大百科全书出版社,2004:2 – 5.

预期目标的有效战略。要想使战略获得较高的回报，你的决策必须与众不同，出类拔萃。

除以上观点外，我国关于战略概念还有以下补充：

李福海等在总结国外的观点后认为战略在一定时期具有稳定性，是企业的总体部署和总体规划①。

李玉刚认为"企业战略是有关企业发展方向和活动范围的决策，以追求可持续的竞争优势。这一定义回答了有关企业发展的三个问题：发展方向问题、发展途径和范围问题、持续发展问题"。②

三、战略的类型

战略按照内容和功能的不同可以分为总体战略、竞争战略、职能战略和具体运营战略等。杰里米·戴维斯和蒂莫西·德文尼将战略划分为两大类：规划战略（或预期战略）和实用战略（或实现战略）。

组织战略对一个组织来说是至关重要的。企业战略的重要性表现在以下方面：企业经营战略是决定企业经营活动成败的关键性因素；企业经营战略能够为企业指明前进的方向；企业经营战略是企业长久高效发展的重要基础；企业经营战略是企业竞争力的有效保证；企业经营战略是企业及其所有企业员工的行动纲领。总之，经营战略的选择直接关系到企业成败，是决定企业兴衰的一个关键性因素。

每个企业都应该能够用一句话或者几个词总结出自己的方向、目标和战略，这就被精练地称为"主打战略"，见表2.1。

表 2.1 著名公司主打战略一览表

公司	主打战略
3M	创新为您而实现
苹果公司	头脑的工具，用于娱乐休闲的电脑
宝马汽车公司	终极驾驶机器
Body Shop	特许授权的"绿色"化妆品
波士顿咨询集团公司	为公司提供突破性的理念
英国航空公司	全世界最棒的航空公司

---

① 李福海主编. 战略管理学 [M]. 成都：四川大学出版社，2004.8：4.
② 李玉刚. 战略管理 [M]. 北京：科学出版社，2005：3.

第二章 战略、战略规划与战略制定

续表

公司	主打战略
戴尔电脑公司	无需中间人的直销
迪斯尼公司	欢迎全家都参加的娱乐,激发全家的想像力
达美乐比萨公司	30 分钟内比萨到您家
杜邦（自 20 世纪初）	服务大众的新产品（比如尼龙）
Egon Zehrider	专业化的猎头公司
联邦快递公司	放心的 24 小时速递
福特汽车公司	汽车大众化
通用汽车公司（自 20 世纪 20 年代）	生产适合每一个收入人群的汽车
惠普公司	为了更好的产品,实行协同作业、共享技术
本田汽车公司	世界上最好的发动机
宜家家居	为年轻家庭提供时尚又低价的家具
强生公司	为医疗社区服务,跨越种族界限
L. L. Bean	对待客户像对朋友一样
麦当劳	因为热爱汉堡包（快快行动！）
Marks & Spencer	提升上班族们的穿着标准
梅赛得斯	拥有最佳设计的汽车
微软公司	为人类赢得自由的软件
NEC（自 20 世纪 60 年代）	计算机和通讯产品相结合
比萨比萨	花一个比萨的钱买两个比萨
斯堪第那维亚航空公司	利用信任赢得客户
索尼公司	精制小巧的新型电子产品
西南航空公司	方便又经济的点对点飞行服务
星巴克	咖啡的热爱者
丰田汽车公司	成为世界上最大的汽车公司
维京唱片公司	打破陈规,经营快乐
沃尔沃汽车公司	安全耐用的汽车
Waterstones Booksellers	很棒的店面,产品丰富,长时间营业

资料来源：(英) 理查德·科克著, 李欣, 李景华译. 企业战略 [M]. 北京：中国大百科全书出版社, 2004：66 - 67.

四、图书馆战略

图书馆战略是关于图书馆未来或长期行动的指导,在对内外环境深刻分析后,为决策过程和随后的行动提供参考。

图书馆战略与企业战略虽然有着许多共同点,但还存在着较大的差异。主要反映在以下方面:从目的上看,企业战略是为了建立公司在其市场领域中的位置,成功地同其竞争对手进行竞争,吸引并满足顾客的需求,以取得公司业绩;而图书馆战略是为了提升影响与社会地位,提高服务质量与服务绩效吸引,以实现图书馆的功能与价值。从类型上看,企业战略一般从企业整体、业务单位、组织运营多个层面划分,有公司战略、业务战略或竞争战略和职能战略等多种类型;而图书馆战略一般从图书馆个体和图书馆事业整体两个层面划分,作为个体的图书馆战略是指图书馆个体组织的发展战略,要从图书馆实际出发,面向未来考虑图书馆的发展,其具体又可分为图书馆组织整体战略和图书馆部门战略;图书馆事业战略是指整个图书馆事业的发展战略,包括图书馆联盟发展战略、一个地区图书馆发展战略,一个国家图书馆事业发展战略乃至全球图书馆发展战略,还可分为城市图书馆事业战略、农村图书馆事业战略和国际组织(包括学会、协会等)图书馆事业战略,按图书馆类型可分为国家图书馆战略、公共图书馆战略、高校图书馆战略、专业图书馆战略、党校图书馆战略、中小学图书馆战略等。

从战略本身而言,图书馆的具体战略很多,比较常见而有效的战略如:人才战略;品牌战略;特色化战略(差异化战略);联盟战略等。

第二节 战略规划

一、什么是战略规划

"战略规划"(Strategic Planning)的概念最早来自企业,企业关于战略规划的定义可以参考:

战略规划就是对组织目标、目标的调整、实现目标所需资源以及这些资源的获取、使用和分配的管理政策做决策的过程。[1]

战略规划是人们在对未来了解的最大程度的基础上,制定当前系统的企

---

[1] Anthony, Robert N. Management Control Systems [M]. Homewood, IL: Richard D. Irwin, 1965: 4.

业（风险）决策的持续过程；战略规划系统组织所需工作以实施决策，并通过组织反馈衡量这些决策带来的超出预期的结果。①

战略规划主要应对组织目标、方向、未来产品和服务以及处理有助于组织实现目标的执行政策制定的组织工作。②

战略规划是一个一体化决策系统的形成、产生，进而导致连贯协调结果的正规化程序。③

战略规划是制定组织的长期目标并将其付诸实施，它是一个正式的过程和仪式。④

二、战略规划思想的来源

最早的战略规划思想是 20 世纪初的预算思想，这种思想的核心是控制偏差与管理复杂难题。50 年代出现长期规划（Long Range Planning）思想。长期规划的重点是预测增长和管理复杂难题。这时常用的一种分析方法就是差距分析（Gap Analysis），差距就是实际销售量、利润与预定目标的出入。企业要根据这些差距调整战略，如增强销售力量或扩大厂房规模以保证预定目标的实现，或调整不合乎实际的企业目标。

到 60 年代，企业环境出现的最大变化是欧美国家由卖方市场逐渐转变为买方市场。企业兴起多元化经营浪潮，大多数大公司采取多元化经营战略。60 年代初期，安东尼、安索夫和安德鲁斯奠定了战略规划的基础，他们重点阐述了如何把商业机会与公司资源有效匹配，并论述了战略规划的作用。三者的研究构成了战略思想的"三安模式"。60 年代是战略规划兴起的年代，企业经理们甚至认为战略规划是设计、实施能够提高企业竞争力的战略的唯一最佳途径。

60 年代到 70 年代初，规划思想占据着战略的核心地位。规划（Planning）通常兼有两种含义：一是指刻意去实现某种任务，一是指为实现某些任务把各种行动纳入某些有条理的顺序中。前者是规划所包含的内容，后者是规划

---

① Drucker, Peter F. Management: Tasks, Responsibilities and Practice [M]. New York: Harper & Row, 1973: 125.

② King, William R.; Cleland, David I.. Strategic Planning and Policy [M]. New York: Van Nostrand Reinhold, 1978: 6.

③ Mintzberg Henry. The Fall and Rise of Strategic Planning [J]. Harvard Business Review, 1994 (1-2): 107-114.

④ 乔治·斯坦纳著，李先柏译. 战略规划 [M]. 北京：华夏出版社，2005：7.

通过什么手段来实现。最早的战略规划被认为是单向的、静态的、经过周密考虑的、理性的过程。后来发展成为一个循环动态的过程。安索夫认为战略规划不能囊括经营中所遇到的所有战略问题，他提出了一个 $2 \times 2 \times 3$ 矩阵。其中第一维变量是管理问题，包括外部关联与内部构型；第二维变量是过程，包括规划与实施；第三维变量是环境，包括技术——经济——信息因素、心理因素和政治因素。

三、图书馆战略规划

图书馆界对于战略规划的理解主要有以下观点：

战略规划为图书馆设定了目标并提供了达成目标的方法。[1]

比较权威的观点认为，战略规划是一种持续过程，始于组织价值的确立，经由战略实施和评价循环往复，见图2.1。

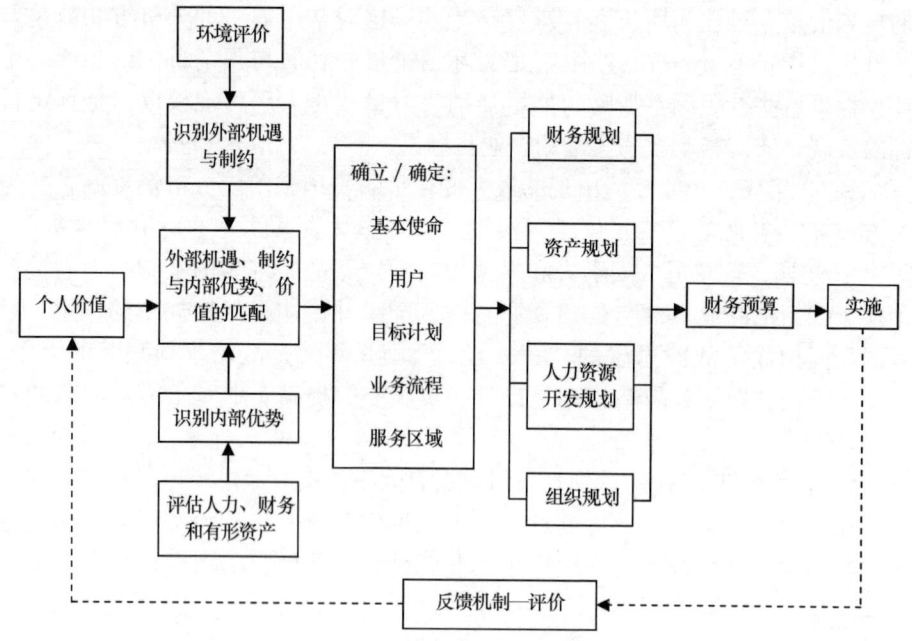

图 2.1 战略规划是一个持续过程

资料来源：Stueart, Robert D., and Moran, Barbara B. Library and Information Center Management (6 edition) [M]. Englewood: Libraries Unlimited, 2002: 93.

---

[1] Riggs, Donald E. Strategic Planning for Library Managers [M]. Phoenix: Oryx Press, 1984: 2.

第三节 战略制定

一、什么是战略制定

安索夫的《企业战略》也明确指出，战略制定要求企业首先确定自身的经营性质，进而考虑如何在这一领域参与竞争。企业在确定自身经营性质过程中，蕴含着一条"共同的经营主线"，即企业现有的产品和市场与未来的产品和市场之间的内在联系，其将企业组织与外部环境有机结合在一起，指引企业的未来发展方向，也指导企业的内部管理[1]。

明茨伯格认为，战略制定过程应该是把经理从各方面掌握的信息综合成一个关于企业应该追求的大方向的愿景。

约翰逊和斯科尔斯指出，战略制定需要多方考虑，外部环境、内部资源和能力以及利益相关者期望与影响都会对战略制定产生深刻影响[2]。

二、战略制定的范畴与任务

战略制定（strategy development）通常被等同于战略规划体系（strategic planning system）。约翰逊和斯科尔斯比较了战略制定的三种不同视角，成为战略规划的重要理论依据（见表2.2）。

表2.2 三种战略视角

	战略作为		
	设计	经验	创意
概述/结论	通过理性、分析、结构化和指导性过程，谨慎进行战略定位	作为个人和集体的经验及"本应如此"假设的结果而出现的渐进式发展	由于机构内外的差异与多样性所产生秩序与创新
关于组织的假设	机械的，分等级的，有逻辑的	文化根源于历史、正统和过去的成功	差异性和多样性的复杂体系

---

[1] Ansoff, H. I. Corporate Strategy [M]. New York: McGraw-Hill, 1965: 35-62.
[2] [英]格里·约翰逊，斯万·斯科尔斯. 战略管理（第6版）[M] 王军等译. 人民邮电出版社，2004: 11.

续表

	战略作为		
	设计	经验	创意
最高管理层的作用	战略决策者	经验利用者	"教练",环境的开拓者与创意的支持者
变化的含义	变化＝执行所计划的战略	渐进式变化,抵制发生重大变化	渐进式变化但偶尔突然变化
基础理论	经济学,决策科学	制度化理论;文化理论;心理学	复杂性理论和进化论

资料来源:约翰逊和斯科尔斯著,陈敏、王军等译注. 战略管理(双语教学版,第6版)[M].北京:人民邮电出版社,2005:60.

表2.2中,设计视角认为战略的制定是要通过理性的、结构化的、指导性的分析程序对组织进行定位,这一视角有利于掌握战略管理全貌以及处理战略管理的复杂性;经验视角认为战略是在组织经验和历史文化遗产的基础上渐进形成的,而且公司里战略变革的发生远远不会像设计视角所解释的那样简单;创意视角认为战略是在组织内部和外部存在的差异性和多样性的基础上生成的秩序和创新,有助于理解创新战略的产生及组织如何应付动态的环境。

美国田纳西大学阿瑟·汤普森和乔治亚州立大学斯迪克兰德提出战略制定的三项任务:(1)提出公司的战略展望和业务使命;(2)建立公司的业绩目标体系;(3)制定公司的战略以实现既定的目标。[1]

小阿瑟·A·汤普森、约翰·E·甘布尔等认为:制定和执行公司战略的管理过程由五个相关而完整的阶段组成:(1)形成公司需要朝什么方向发展的战略愿景。(2)设立目标,将战略愿景转变成公司要实现的明确绩效目标。(3)制定实现目标的战略,然后让公司朝它想去的方向发展。(4)贯彻执行所选择的战略,讲求效果和效率。(5)评估绩效,并根据实际经历、变化的环境、新思想和新机会,在远见、长期方向、目标、战略或执行方面主动进

---

[1] [美]阿瑟.汤普森(Thompson, A. A),斯迪克兰德(A. J Strickland)著,段盛华等译.战略管理:概念与案例(第10版)[M].北京:北京大学出版社,2004:24.

行调整。①

　　关于战略规划与战略制定的关系，狭义地说，战略规划就是战略制定，但从更广义的角度，战略制定除战略规划外，还包括各种长期计划、战略研究等内容。明茨伯格还特别强调了规划和战略制定的区别，前者是规划战略，后者是精心设计战略；前者是形式化系统，后者是非正式的；前者以日期为准，后者是任何时候；前者由上至下，后者由所有经理参与；前者是分析，后者是综合；前者是硬数据，后者是软数据；前者根据历史推断，后者寻求间断性的；前者是传统的、遵循的，后者是分歧的、异端的；前者是客观、理性的，后者是斗争性的；前者是知识性的，后者是实践性的、有远见的；前者是思考者，后者是行动者；前者是左脑、逻辑性的，后者是右脑、创造性、直觉性的；前者是教条的，后者是机会主义的；前者是刻板的，后者是能够接纳回馈的；前者是正确的计划，后者是实验性。②

---

①　小阿瑟·A·汤普森，约翰·E·甘布尔，A·J·斯克里克兰三世著，蓝海林等译. 战略管理：获取竞争优势 [M]. 北京：机械工业出版社，2006：2.
②　(英) 理查德·科克著，李欣，李景华译. 企业战略 [M]. 北京：中国大百科全书出版社，2004：48.

第三章 战略管理理论

女士们,先生们,快过来看战略管理这只大象。　　——亨利·明茨伯格

第一节　战略管理概念和过程

一、战略管理的概念

加拿大麦吉尔大学亨利·明茨伯格等将"盲人摸象"的寓言故事作为《战略历程——纵览战略管理学派》(1998)一书的开篇,认为人们对战略形成的认识如同盲人摸象,因为从未有人具备这种完整的审视大象的眼光,每个人都仅仅认识到战略形成的一部分,对其余认识不到的地方则一无所知。

1972年安索夫在《企业经营决策》杂志发表的"战略管理思想"一文正式提出了"战略管理"的概念,由此企业战略管理理论开始发展、充实和完善。

彼得·德鲁克认为"战略管理并不是一系列的诀窍,也不是什么技术;它是一种分析型思维以及利用资源采取的行动"。[1]

斯坦纳认为"企业战略管理是确定企业使命,根据企业外部环境和内部经营要素确定企业目标,保证目标的正确落实并使企业最终实现的一个动态过程"。[2]

项保华把战略管理定义为:让人愉快高效地做正确的事并取得成果。[3]

张东生和李艳双给企业战略管理的定义是:确定企业的长远目标,并为实现这个目标安排企业战略性资源的过程。[4]

---

[1] 小阿瑟·A·汤普森和A·J·斯克里克兰三世著,段盛华等译.战略管理(第13版)[M].北京:中国财政经济出版社,2005:1.
[2] 陈幼其.战略管理教程(第二版)[M].上海:立信会计出版社,2009:13.
[3] 项保华.战略管理——艺术与实务[M].北京:华夏出版社,2002.
[4] 张东生,李艳双.企业战略管理[M].北京:机械工业出版社,2005:59.

二、战略管理的过程

欧洲排名第一的战略教材、英国著名的战略管理学教授格里·约翰逊博士和斯科尔斯咨询公司首席合伙人凯万·斯科尔斯博士合著的《战略管理》第六版将战略管理分为战略定位、战略选择、战略实施三个主要要素①。战略定位需要考虑很多方面，如外部环境、内部资源和能力以及利益相关方的期望和影响，由此产生的一系列问题对制定未来发展战略是至关重要的。战略选择是指了解公司层面战略和业务单位战略的制定基础，并识别未来战略的发展方向和方法。战略实施就是确保战略转化为实践。

我国管理学界对战略管理过程的最基本认识围绕战略制定与战略实施两大范畴展开的，李玉刚将战略管理分为三个主要环节：战略分析、战略选择、战略实施（如图3.1）。

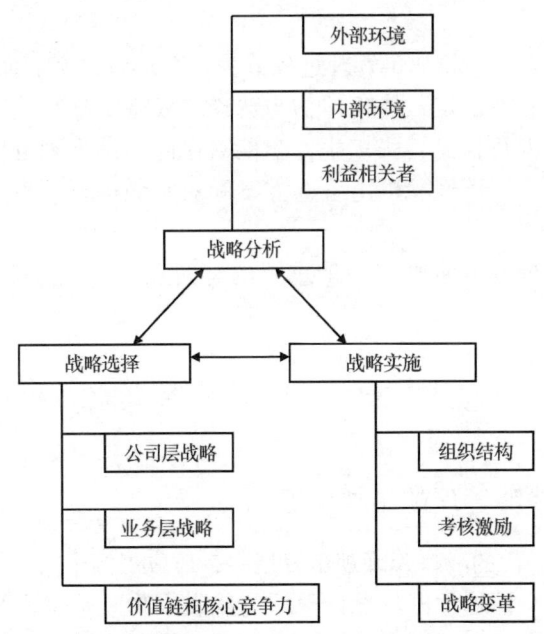

图 3.1 战略管理过程和内容

资料来源：李玉刚. 战略管理 [M]. 北京：科学出版社，2005：10.

---

① 约翰逊和斯科尔斯，王军等译. 战略管理 [M]. 第6版. 北京：人民邮电出版社，2004：11.

更多的战略管理认识是重视了战略实施后的环节，一种称之为评估或评价阶段。比较典型的是将战略管理分为战略设计、战略实施和战略评估三大阶段①。邹昭晞在其《企业战略分析》一书中将战略管理过程分为战略制定、战略实施和战略评价三个阶段。

另一种称之为控制阶段。如将战略管理过程（如图 3.2）区分五个具体阶段。

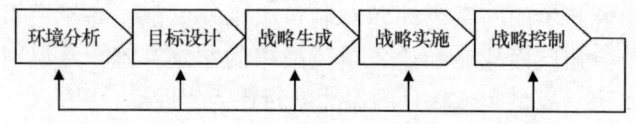

图 3.2　战略管理的过程模式

资料来源：王迎军，柳茂平主编，战略管理［M］．天津：南开大学出版社，2003：25．

周三多在其著作中将战略管理过程分为七个环节：企业使命、企业目标、战略态势分析、战略制定、战略评估与选择、战略实施和战略控制，战略控制对前六个环节进行控制。张东生，李艳双在此基础上划分为六个环节：意识到战略问题、分析环境、提出备选方案和对它们进行评价、实施战略和战略控制。

无论如何划分，战略管理中最重要的有两点，一是战略的制定与形成，二是战略的实施。

第二节　战略管理学派

一、关于战略管理的主要学派

20 世纪 60 年代的战略管理理论发展中，形成了两个关于战略构造问题的学派：设计学派与计划学派。设计学派的代表人物是哈佛商学院的著名教授安德鲁斯及其同事。他们提出的基本模型是将战略构造分为制订和实施两大部分。计划学派的代表人物是安索夫，其 1965 年发表的《公司战略》一书，首次将战略划分为企业总体战略和经营战略两大类。1979 年，安索夫《战略

---

① 百度百科．战略管理［EB/OL］．2010 - 08 - 26．http：//baike.baidu.com/view/57774.htm？fr = ala0_ 1．

管理》一书出版，系统提出了战略管理模式，认为战略行为是一个组织对其环境的交互过程以及由此而引起的组织内部结构变化的过程。

加拿大麦吉尔大学的战略管理学教授亨利·明茨伯格等将现有的战略管理研究归纳为 10 个学派：

1. 设计学派

设计学派将战略形成看作是一个概念作用的过程。认为"战略是一种匹配——经济战略就是在企业所处环境中能够决定其地位的机遇与限定条件之间的匹配"。著名的 SWOT 分析是设计学派的经典模型。

2. 计划学派

计划学派将战略形成看作是一个正式的过程。认为"战略是一项长期的计划，即在企业战略意图的指导下，对企业的资源和活动进行规划，使企业形成一个高度计划性的、有机的整体，从而提高企业的经营效率"。主要特征是其大规模的战略规划，即将企业的战略意图进行全面的、系统的分解，使其成为一个完整的、庞大的计划体系；强调计算，注重财务的价值分析。

3. 定位学派

定位学派将战略形成看作是一个分析的过程。认为"战略是一种定位，即寻找一个良好的产业定位，从而使企业获得高于平均收益水平的资本回报，同时避免相互模仿而发生恶性竞争、进而导致收益水平下降"。

定位之父杰克·特劳特 1972 年在《广告时代》以一篇名为《定位时代》的文章提出了定位观念，特劳特和里斯原来出自广告界，但他们的理论广泛适用于企业战略，两位提出的定位就是指借助持续、简单的信息在顾客心智立足，占据一个位置。如同沃尔沃代表"安全"，英特尔代表"微处理器"一样让企业在顾客心智中拥有一个字眼。特劳特在《什么是战略》一书中将关于战略的观点概括为 8 个方面：(1) 战略就是生存之道；(2) 战略就是建立认知；(3) 战略就是与众不同；(4) 战略就是打败对手；(5) 战略就是选择焦点；(6) 战略就是追求简单；(7) 战略就是领导方向；(8) 战略就是实事求是。[1]

这一学派以迈克尔·波特为代表，以分析为特征。波士顿咨询集团矩阵（BCG）、竞争要素的五力模型、产业结构分析等是这一学派的重要理论成果。

---

[1] （美）杰克·特劳特（Jack Trout）著，火华强译. 什么是战略 [M]. 北京：中国财政经济出版社，2004：77 –.

《哈佛商业评论》1996年11月号发表哈佛大学迈克尔·波特《什么是战略》一文，论述了所谓战略就是创造一种独特的、有利的定位，涉及不同的运营活动的观点，被商业界誉为是与杜拉克《经营之道》齐名的"管理学史上的奠基之作"。

4. 企业家学派

企业家学派将战略形成看作是一个预测的过程。强调企业家的直觉和判断，强调企业家的远见卓识。

5. 认知学派

认知学派将战略形成看作是一个心理过程。在认知心理学基础上发展而来；经验决定知识，知识决定行动，行动决定后来的经验。这一学派是沟通较为客观的设计、计划、定位、企业家四个学派和较为主观的学习、权力、环境三个学派之间的一座桥梁。认知学派有两个分支：实证主义的和主观主义的。

6. 学习学派

学习学派将战略形成看作是一个应急的过程。认为"战略是一种意图，同时战略又是一种革命"。强调对变化的管理。干中学、学中干，是这一学派的基本战略思想。先行动，后思考，是学习学派的行为特征。

7. 权利学派

权利学派将战略形成看作是一个协商的过程。从人性的角度来解释战略形成机制。

8. 文化学派

文化学派将战略形成看作是一个集体思维的过程，它是权利学派的近亲。如果说权力学派着眼于个体利益或小团体利益，文化学派则着眼于集体的共同利益。

9. 环境学派

环境学派将战略形成看作是一个反应的过程。认为战略形成的真正主角是环境。

10. 结构学派

结构学派将战略形成看作是一个变革的过程，它是对上述学派的综合。"结构"（组织及其外部分环境）与"转变"（从一种战略状态飞跃到另一种状态）是结构学派理论的两个核心内容。

周三多教授在其《战略管理思想史》中把从60年代开始到现在的战略思想的演变划分为四个学派：战略规划学派；环境适应学派；产业组织理论学派；资源基础理论学派。这四个学派的思想都是与企业当时所处的环境相适应的，都是环境的产物。

环境适应学派的相关理论有自然选择论与适应进化论、逻辑渐进主义、学习模型、愿景论和文化论等。环境适应学派虽然弥补了战略规划学派的缺陷，但它也存在着局限性：带有深厚的生态类比色彩，且缺乏有效的分析工具。

随着大规模生产方式的出现，企业兼并浪潮导致市场结构越来越集中，一些产业组织的力量完全可以超过其所处的外部经济环境的力量。产业结构的变化导致企业发展战略的改变，战略家们纷纷从适应环境的框架中跳出来，转向寻找吸引力的产业，从成本与产品的差异化上来寻找竞争优势。从而出现了贝恩的 SCP 分析范式、PIMS 与波特的竞争战略理论。对这一学派的主要批评是它过于强调企业外部因素的影响，而忽视了对企业本身的分析。

80年代当产业组织理论学派占主导地位时，战略的核心就是选择高吸引力的产业并通过成本领先或产品差异化来赢得竞争优势；80年代后期，当资源基础理论学派流行时企业战略的核心又转变成挖掘与培养公司有价值的、无法仿制的、难以替代的资源。

二、战略管理理论的发展

20世纪60年代在哈佛商学院，安德鲁斯和克里斯滕森使用单向法形成了战略规划的基本理论体系。战略规划阶段的战略管理分析工具主要有两类：预测工具和匹配工具。包括 SOWT 分析、波士顿矩阵、SPACE 矩阵等。战略规划理论在后来遭到了一些战略专家的批评，其中以明茨伯格的意见最具有代表性。他指出战略规划理论存在以下三种谬误：预测是可能的；战略具有可分离性；战略是明确的、详细的、常规的未来计划。他认为，战略不是规划师做出来的，而是在规划师的帮助下由经理做出来的，规划只起到一种催化酶的作用。他还认为，战略规划不是战略思考，前者强调分析，后者注重综合。

70年代企业环境的最大特征是环境变化的突发性，1973年石油危机，全球化竞争加剧，战略规划关于未来可测、可以计划的思想受到了怀疑和挑战。以环境不确定为基础的适应学派应运而生。这一学派的主要特点是强调战略的动态变化，最适合的战略制定与决策过程依赖于环境波动的程度，因此企业要不断调整其战略以适应环境的变化。调整包括两个方面：战略方向（strategic thrust），如开发新产品市场；或战略能力（strategic capability），例如加强研发和培养竞争能力。20世纪50年代，德鲁克的目标管理就是重视愿景的作用。20世纪70年代管理学者更认识到企业宗旨是企业战略管理过程的一个重要部分。

从20世纪30—70年代，可概括为以环境因素为基础的传统战略管理理论。当时的理论研究主要集中在：一是研究战略与环境的关系，分析企业能否赢得高额利润；二是战略应从上至下；三是战略应该通过正式计划予以实施。传统战略管理实质是一个组织对其环境的适应过程以及由此引发的组织内部结构化过程。

由于传统战略管理理论忽视了对企业行业和竞争环境的分析，企业处于一种被动适应企业外部环境的状态。为弥补这一缺陷，迈克尔·波特根据产业经济学中的结构——行为——绩效理论，提出了以产业竞争结构分析为基础的竞争战略理论。在整个20世纪80年代，迈克尔·波特的著作《竞争战略》(1980)和《竞争优势》(1985)对战略管理的理论和实践产生了巨大影响，并成为这一时期的系统模式——波特模型。与传统战略理论相比，竞争战略理论有一定的进步，但产业边界的模糊性以及产业结构稳定性差的局限，使得竞争战略理论仍缺乏对企业内部环境的综合分析考虑，只停留在对可流动竞争资源的分析上，而对差异资源未能深入分析。

以资源为基础的核心竞争力理论的出现，标志着战略管理理论的重心已经从对短期、外在的竞争优势的追求转向持久的、内在的竞争优势的追求，已由产业和产品的竞争转向为创造未来而竞争，克服了迈克尔·波特的竞争模型的局限性，着力培养企业的新的核心竞争力。

以能力和战略为基础的战略能力理论，吸收了波特的竞争战略理论、普拉哈拉德和哈默尔的核心能力理论、科斯的交易成本理论、熊彼特的创新理论以及马歇尔的组织协调理论等企业研究的理论成果，从战略和能力的结合角度来研究企业的持续竞争优势问题，把"无形"的能力培养和"有形"的战略业务结合起来，使战略能力既具有前瞻性和指导性，又具有现实性和操作性。

第四节 图书馆战略管理

一、图书馆战略管理不同于企业战略管理

图书馆战略管理是战略管理原理在图书馆应用的一个重要领域，它与企业战略管理既有内在的联系，也有重要的区别，见表3.1。

表 3.1 图书馆战略管理与企业战略管理的区别

	企业战略管理	图书馆战略管理
组织性质	营利性	非营利性
竞争	强调竞争性	强调合作共享
理论流派	形成多学派	未形成学派
人的要素	董事，企业领导者，经理，员工，供应商，客户	馆领导，部门主任，员工，供应商，读者或用户
文化要素	经营哲学，企业家精神，个人价值	团队协作，奉献精神，社会价值
常用战略	竞争战略	人才战略；资源战略

一般来说，图书馆战略管理可分为组织战略管理和职能战略管理两个层次。与企业战略管理相比，图书馆因为组织层次较为简单，罕有全权分支经营机构，战略管理结构也适当地简化为两个层次。组织战略是图书馆总体的、最高层次的战略，也可成为竞争战略，对应企业战略管理的公司战略与竞争战略，一方面侧重解决图书馆的核心业务是什么，图书馆管理层应在什么样基础上进行竞争，以取得更多的社会资源，获得更高的绩效；另一方面在核心业务指导下，提出相应的发展方向并进行资源分配，实现整体战略意图。职能战略是产生于图书馆各业务职能部门，如采编、阅览、古籍与地方文献、数字资源、参考咨询、人事等，由部门管理人员制定的短期目标与计划，其目的是实现业务部门的战略计划。组织战略与职能战略构成了图书馆的战略层次，它们相互左右，密切联系，根据不同的特点，两个层次的战略管理也体现不同的特点，组织层面的战略管理倾向于价值取向，是一种长期管理，风险性高，成本高，要求宏观性与较大的灵活性；职能层次战略管理具有作业性取向与可操作性取向，资源利用小，风险相对较低，要求可操作性强。

二、图书馆战略管理是图书馆管理的最高层次

图书馆战略管理是图书馆管理的一个重要组成部分。图书馆战略管理来源于组织的长期目标，它是组织管理的一部分，用来判别和管理组织对外部环境优劣势、所处的地位变化所引起的一系列行动①，是战略分析、制定、实施、评价的循环管理过程。

随着图书馆管理的不断发展，现代图书馆管理内容更为丰富，形成由微观和宏观两个层次组成的图书馆管理体系，具体如图3.3：

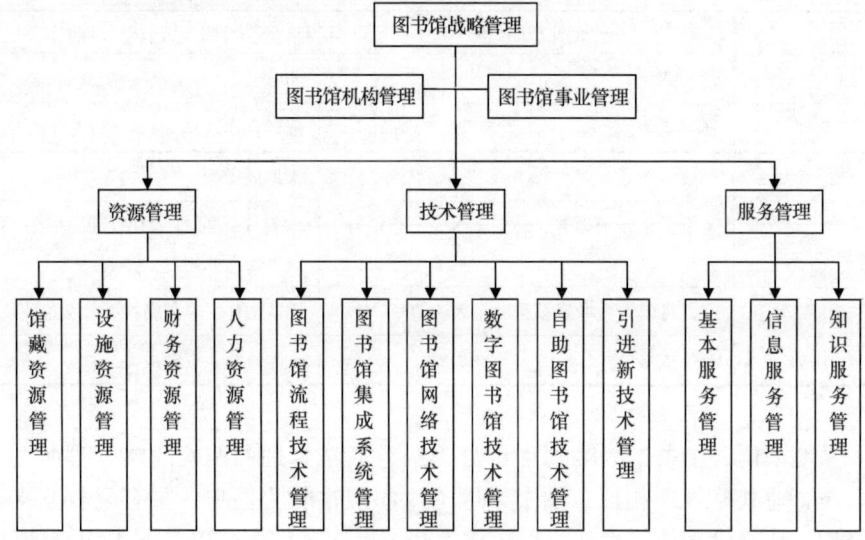

图3.3　现代图书馆管理体系

从图3.3可知，微观管理层次针对图书馆的具体业务，由资源管理、技术管理和服务管理三个部分构成，通常每个具体的图书馆管理都是沿着这三个方面展开的。宏观管理层次则针对整个图书馆业态，由图书馆事业管理、机构管理和战略管理所构成，事业管理包括图书馆法、图书馆职业、图书馆联盟等，机构管理从组织的角度进行管理，包括项目管理、危机管理、知识管理等。是对微观层次理论体系的宏观把握，从宏观层次上给予微观管理层

---

① Hayes D. Robert M，Walter，etc. Strategic Management for Public Libraries：A Handbook［M］. Westport, Connecticut：Greenwood Pres. 1996：3.

次以指导。

图书馆战略管理在整个图书馆管理体系中占有顶层设计的地位，图书馆业务管理是战略管理的基础，业务管理的好坏直接影响着战略管理，而战略管理又为业务管理提供了实施框架，它与图书馆业务管理的区别可由表3.2表示：

表3.2 图书馆战略管理与图书馆业务管理的区别

	图书馆业务管理	图书馆战略管理
管理目标	短期有效运行	长期生存与发展
管理范围	职能部门相关业务	全馆范围内整体性综合
管理环境	相对稳定的	动态变化的
应对环境变化	因应式	预应式
着眼点	现实	未来
管理特性	日常管理	动态管理

将明茨伯格等提出的战略管理的5P模型应用于图书馆战略，首先要理解战略的抽象性，其次要明确战略的动态性，第三要领略战略的指导性。同时，国外发达国家已经较为广泛地运用战略管理的原理制定和实施图书馆战略规划，这些理论上的探讨和实际中的经验均证明了战略管理应用于图书馆的适用性。

三、图书馆战略管理的概念要素关系

战略管理、战略、战略规划是三个相关的概念，他们之间的相互联系，内外作用，促成了组织的战略发展。三者各有特色，在组织管理系统流程中发挥着各自的作用。

从概念的外延范围看，三者的概念内涵范围有所不同。"战略"是谋划，是观念，经过向不同方向的延伸，已经渗透到人类社会的所有活动中，其含义逐步普遍化，在管理领域，战略是战略管理的对象；战略管理是战略与管理的结合，是对各种发展战略、竞争战略、职能战略的管理；战略规划是战略管理的一部分，战略规划属于战略制定过程，是一种态度、工作方式、战略管理的结果，还是一种主要管理分析工具。

战略在图书馆领域并不是一个新鲜词汇，运用战略视角进行管理工作经过了不断演进。最初，图书馆通过对发展趋势的推测和利用过去经验对未来进行分析形成长期定量计划，随后，战略分析与战略计划组成战略规划在图书馆管理领域发展；由于20世纪80年代中期以来，人们越来越倾向于使用"战略管理"而不是"战略规划"这个术语，因此，"图书馆战略管理"的含义更为宽泛，涉及的范围远远超过"图书馆战略规划"。"图书馆战略"、"图书馆战略规划"与"图书馆战略管理"三者的概念关系可以用图3.4表示。

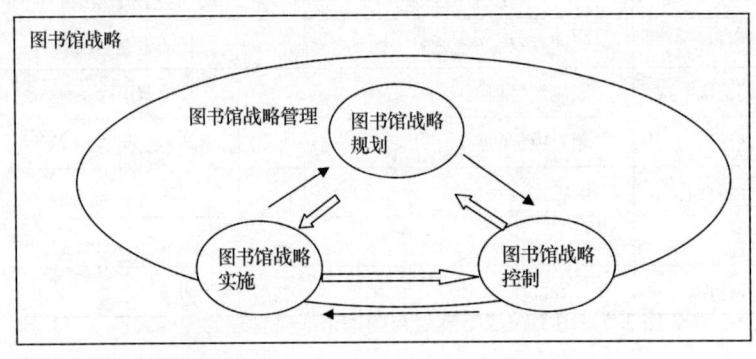

图3.4　图书馆战略、图书馆战略管理与图书馆战略规划的概念关系

四、图书馆战略管理的流程关系

图书馆运作中战略管理与日常普通管理结合在一起，已经很难在具体工作中区分两者，其按照特定的流程，有序地实现自身的功能。在图书馆管理过程中，图书馆战略规划是图书馆战略管理的一部分（如图3.5），战略规划是一个系统化的过程，利用相应的工具与方法，定位组织的核心功能，保证实现组织的重要目标，战略规划是战略准备与制定行程的过程，最终行成战略规划文本。文本是组织战略思路与行动计划的体现，是长期的管理指南文件，也是各类组织活动可依据的文件资源。战略管理在流程上是战略规划与战略实施、战略控制的集合，战略制定只是战略管理的起点，战略实施与控制是组织战略活动的重点，资源建设、人才建设、服务建设、内部资源的整合分配等日常活动都是战略实施的重要部分，是实现组织战略规划的基础，同时严格的质量管理、绩效管理成为考察战略规划目标的重要手段，也是有效的战略控制方法，战略实施与控制过程中不断将信息与遇到的战略问题反

馈,支持战略规划制定与修正。在战略不断的修正发展中,图书馆的核心竞争力得以树立。

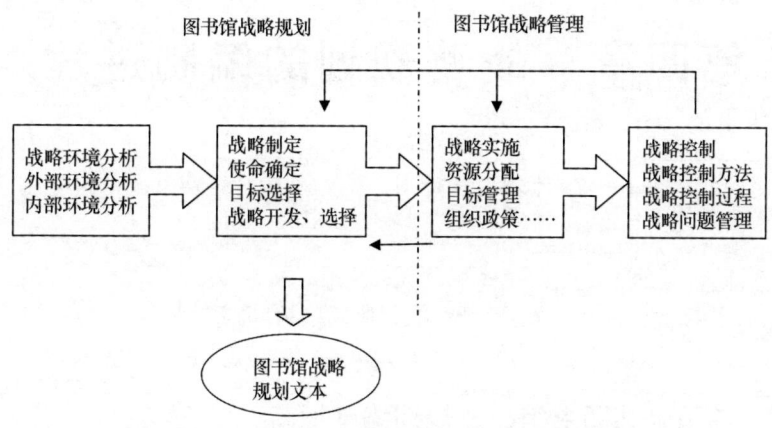

图3.5 图书馆战略规划与图书馆战略管理的流程关系

第四章 战略规划的编制过程

制定计划是一切，但计划只是计划。　　——艾森豪威尔，美国前总统

第一节　战略规划编制指南

一、美国公共图书馆战略规划编制指南

美国公共图书馆协会（PLA）对图书馆规划的关注始于1971年。当时，以罗斯·韦恩斯坦为主席的PLA标准委员会认为"公共图书馆体系最低标准"已无法满足当代图书馆的需要，因而委派了三个工作组以考虑不同年龄组读者的阅读需求。工作组的工作得到了玛丽·乔·林奇和拉尔夫·布拉辛格的响应。玛丽和拉尔夫的评论指出"许多人把标准当成千篇一律的规则"，并且建议"公众目前需要的不是千篇一律的规则，而是能帮助他们分析情况、设置目标、作出决定和评估成效的手段"①。此建议得到了委员会认可，并且在目的和进程方面为PLA后来发表的规划模型创造了条件。每个规划模型都是图书馆员与调研员一起协作努力开发而成的。

为促进图书馆战略规划的规范化，提高公共图书馆战略管理水平，PLA自1980年以来开始编制适合于全国的公共图书馆战略规划的指南，为各图书馆提供指导意见和参考工具。至2009年，已出版了六部规划指南，现分述如下：

1.《公共图书馆规划流程》（1980）

1980年PLA出版了《公共图书馆规划流程》②，由弗农·E·帕梅尔、玛西亚·C·贝拉萨伊、南希·V·德沃特编制。指导委员会由珍妮弗·M·凯

---

① Mary Jo Lynch. "Foreword" in A Planning Process for Public Libraries. Chicago: American Library Association, 1980: Ⅶ.

② Palmour, Vernon E. et al. A planning process for public libraries [M]. Chicago: American Library Association, 1980.

西、艾格尼丝·M·格里芬、玛丽·安·赫尼根、彼得·希亚特、亨利·谢罗斯、约瑟夫·舒伯特、埃拉·盖恩斯·耶茨组成。查尔斯·W·罗宾逊担任顾问。全书共 304 页，除序言和致谢外，正文有 18 章，第 1 章前言和概览；第 2—4 章为准备规划部分；第 5—11 章为规划流程部分；第 12—18 章为收集和使用数据部分；最后是 4 个附录和选择书目。

由于当时很少有图书馆能完成规范的战略规划流程，第一版引入了基于社区的规划（community-based planning）概念，以指导图书馆问卷调查方法，寻求社区对图书馆的需要，以此为基础制定图书馆的使命、目标、任务等，并通过逐年评估图书馆服务，逐年修订目标体系，以达到图书馆更好地与社区相配合。

为配合该指南的使用，1982 年 PLA 出版了《公共图书馆服务成效评估》，设计了 12 项评估方法，以评价图书馆服务是否达到规划的目标并满足社区需要。

2.《公共图书馆规划与角色确定：选项与程序手册》（1987）

1987 年，PLA 对第一版指南进行了修订，出版《公共图书馆规划与角色确定：选项与程序手册》[1]，由查尔斯·R·麦克罗、艾米·欧文、道格拉斯·L·维士格、玛丽·乔·林奇、南希·A·范豪斯编制。新标准工作组由凯琳·克鲁格（主席）、卡罗琳·A·安东尼、凯瑟琳·M·巴尔卡姆、南希·M·博尔特、玛丽·乔·德特威勒、罗纳德·A·杜伯利、詹姆斯·H·费西、琼·M·加西亚、克劳迪娅·B·穆勒、查尔斯·W·罗宾逊、埃利诺·琼·罗杰特、艾略特·谢克洛特组成。全书共 117 页，除序言、致谢和本书介绍外，正文有前言、开始规划、环境识别、阐发角色与使命、拟定目标和任务、采取行动、撰写规划文本、评价结果 8 章；最后是附录、作者信息和索引。

20 世纪 80 年代以前，一些欧洲学者提出了公共图书馆角色选择和排序思想[2]。1983 年 Martin 正式提出角色确定概念，指各图书馆根据所服务社区的情况，从图书馆的角色列表中选择若干项，作为本馆在特定时期的基本角色和辅助角色，然后设计相应活动来实现这些角色的过程[3]。在此基础上，

---

[1] McClure Charles R. Planning and role setting for public libraries: A Manual of options and procedures [M]. Chicago: American Library Association, 1987.

[2] Bertelsen, J. Priorities in the library sector: The municipal resources in a squeeze [J]. Bibliotek, 1983 (20): 553-556.

[3] Martin, L. A. The public library: Middle-age crisis or old age? [J]. Library Journal, 1983, 108 (1): 17-22.

1987年第二版指南创造性地采用"角色确定"(role setting)思想,并将公共图书馆的角色归纳为社区活动中心、社区信息中心、正规教育支持中心、自主学习中心、通俗读物中心、学龄前儿童求知之门、参考中心、研究中心8项,以角色确定为主体向各公共图书馆推荐科学的战略规划。

为配合此1987年版指南的使用,PLA在1987年出版了《公共图书馆服务成效评估》手册第二版,将12项评估方法归纳为五类图书馆服务:图书馆使用评估;图书资料使用评估;图书资料获得率评估;参考服务评估;图书馆活动评估。

3. 《面向结果的规划:公共图书馆转型过程》(1998)

1995年,德布拉·威尔科克斯·约翰逊完成了一项研究,对1987年第二版指南提出了批评。基于此,1996年,PLA成立了修订委员会修订1987年版指南,于1998年3月出版了一版新的指南即《面向结果的规划:公共图书馆转型过程》①,由埃塞尔·希默尔和威廉·詹姆斯·威尔逊编制。修订委员会由桑德拉·内尔森(主席)、罗恩·杜伯利、苏珊·巴尔格·爱泼斯坦、琼·加西亚、托尼·加维、路易斯·赫雷拉、萨姆·莫里森、凯瑟琳·赖夫、查尔斯·罗宾逊、格瑞塔·萨瑟德、巴巴拉·韦弗组成。乔治·德艾利亚博士任评价方法特别顾问。指南分两册,上册是125页的《入门指导》,向人们介绍了各项规划步骤和任务及服务响应,下册是100页的《操作说明》,对如何完成每项任务进行了详细阐述。

1998年第三版指南继续强调社区需求的重要性,提出社区愿景陈述(Community Vision Statement)和图书馆愿景陈述(Library Vision Statement),重视资源分配的整体观。将战略管理中的规划环节细分为考察社区(愿景与需求)、考察图书馆(满足需求、明确愿景)、分析资源、选择服务策略、撰写使命、设定目标、制定计划、优选方案。正是由于公共图书馆的持续变革,促使图书馆规划必须是面向结果的转型过程。

1998年版指南首次引入图书馆服务响应(Service Response),提出服务响应是一个图书馆为公众所做或所提供的、旨在满足社区的一系列明确需要的各种服务,是图书馆为公众服务的特别方式。指南规定战略规划应包括7个服务响应:基本素养、商业和职业信息、共享空间、社区推荐、消费者信息、

---

① Himmel E E, Wilson W J. Planning for results: A public library transformation process [M]. Chicago: American Library Association, 1998.

文化意识、专题信息。

1998 年版指南提出"工作表"（Workforms）是服务于各种目的，其中最显著的目的是提供一个记录信息的场所。工作表的另一重要功能是对需要提供的资料类型提出建议，规划者通常在规划书中很少用到所有的工作表。每个图书馆规划进程都各有特色，如果让规划者制定符合本馆需求的规划，那么一个有效的途径就是从这些工作表中选出那些合乎本馆特定情况的工作表。如果一个工作表有助于简化工作、构思、想法或向他人阐释规划进程，那么就采用它；如果一个工作表看来没什么用，那么就略过、修改或开发一个更加为己所用的工具。1998 年版指南基于整个战略规划的流程，识别服务的优先次序、做好准备、描绘未来和交流计划设计了 50 多个"工作表"。

4.《新的面向结果的规划：条理化方法》（2001）

随着 Internet 和信息技术的影响，规划变得更为重要。鉴于 1998 年版指南较为冗长复杂，上下两册内容本难以分割，且"操作说明"的具体内容差强人意，不利于实际应用，为便于美国公共图书馆有效利用指南，PLA 在 2001 年 1 月出版了《新的面向结果的规划：条理化方法》[①]，由桑德拉·内尔森编制。全书除序言、致谢、前言外，正文分 4 个部分：第一部分 6 章为规划流程；第二部分是公共图书馆服务响应；第三部分是工具包；第四部分是工作表；最后是索引。此前的 PLA 规划指南大约每 7 - 10 年改版一次，但这次更新与上一版间隔不过三年，主要原因是强调"条理化方法"。

2001 年第四版指南保留了 1998 年版的核心要素，关于服务响应的内容原样照搬（第二部分），衡量图书馆进程的三种方式也没有变化。与 1998 年版比较，主要变化有：关于规划进程，1998 年版建议的时间段（time line）是 8 - 10 个月，在信息技术环境下，如果继续这么长的时间，则规划一发表就已过时，于是 2001 年版将规划时间段减少到 4 - 5 个月完成规划。1998 年版中的 23 个规划任务在 2001 年版中已被合并为 12 个。2001 年版在规划的资源配置和监督执行方面也作了内容上调整。1998 年版出版后，PLA 的一个委员会与三位调研员着手编写关于资源配置的姊妹篇——《成效管理：公共图书馆的有效资源配置》，该书于 2000 年 1 月出版，并成为 2001 年版的重要参考。

---

① Nelson S S. The planning for results: A streamlined approach [M]. Chicago: American Library Association, 2001.

5.《面向结果的战略规划》(2008)

2008年，PLA重新修订了2001年版指南，出版了《面向结果的战略规划》①，由桑德拉·内尔森编制。其内容结构与2001年版大体一致，分为规划流程、服务响应、工具包、工作表等部分。

2008年版指南将服务响应增加到18个，即提供信息支持公民参与社会活动、提供商业和非营利支持、增强文化意识、公共互联网接入、培养青年读者、寻根与家族史、表达创造力、快速获取即时参考、了解所在社区、学会阅读写作、帮助选择职业、帮助信息决策、终身学习、阅读视听促进想象力、帮助课外作业、发现评价和利用信息、提供虚拟和实体空间、为新移民提供服务。这18个服务响应是基于2006年举行的ALA年度会议、PLA博客公告和2007年ALA冬季会议举行的最终公开听证会三个会议确定的②。2007年ALA还出版了由琼·加西亚和桑德拉·内尔森编制的《公共图书馆服务响应》单行本。

2008年版指南的"工作表"中包括了社区SWOT分析、图书馆SWOT分析、沟通计划、选择规划委员会成员、社区愿景、环境变化分析、目标分解、资源评价、基准分析、组织能力、结果交流等内容。

6.《面向结果的实施：将你的战略规划付诸行动》(2009)

2009年PLA出版了为配合2008年版的姊妹篇《面向结果的实施：将你的战略规划付诸行动》③，作者仍然是桑德拉·内尔森。2008年版指南提到：前四版指南书的平均篇幅约为250页，其中近13页是有关实施问题，换句话说，以往的规划指南95%的内容均是涉及规划流程，而只有5%的内容聚焦于将规划从理念转为行动；可悲的是，这一比例类似于运用指南开发规划的图书馆数量与完全实施其开发规划的图书馆数量。正因为此，2009年版旨在帮助图书馆将战略规划从梦想变为现实，该版指南的任务和步骤是2008年版任务和步骤的继续。

2009年版指南除致谢和前言外，正文分为六章：(1) 准备变革；(2) 探索可能性；(3) 识别关键活动；(4) 简化和条理化；(5) 考虑时间和其他资源；(6) 使其奏效。正文后是附录、工作表和索引，附录是以电子格式获得

---

① Nelson S S. Strategic planning for results [M]. Chicago：American Library Association，2008.

② Nelson Garcia. An interactive file with links to examples of the service responses [EB/OL]. [2011-08-23]. http：//ourlibraryplace.com/elearn/mod/resource/view.php?id=71.

③ Nelson S S. Implementing for results：Your strategic plan in action [M]. Chicago：American Library Association，2009.

的结果资源配置工作表，工作表有 19 个。

这六版指南之间是随着图书馆环境的变化及图书馆战略实践的发展而持续传承和不断变革的关系，六版指南大体上以"规划流程"、"服务响应"、"工具包"、"工作表"这样一种框架进行构建。

从规划流程看，后期的指南逐渐重视战略规划流程，多以此为主线，将公共图书馆战略规划中制定者和执行者们关心和优先考虑的问题以具体任务的形式展开，并配以相关的工具和图表，使得指南在具体实施过程中具有较好的操作性。

通过表 4.1 比较可以发现：第一，自 1987 年第二版以来，基本沿用"社区需求调研——角色确定——使命陈述——战略目标——具体目标——行动方案"的程式。指南总体由"制定规划的准备"、"设想未来"、"描绘未来"、"交流沟通"和"实施"五大部分构成。尽管其中的名称不一，但其表达的内容基本相同。例如，1998 年版和 2001 年版指南里的"准备：开始规划"在 2008 年版变为"为规划而计划"，而"沟通：通知利益相关者"变为"交流规划"。第二，在构成部分上，任务逐渐由详细到精简。1987 年版指南将规划过程定为 43 步（Step）；而到 1998 年版指南则分为 23 个任务（Planning Task），后来的三版指南则保持 10 到 14 个任务不等，这并不说明图书馆战略规划指南的缩减，而是在将原本相同或类似的制定过程进行合并，其益处是能够在结构上精确明了，让使用者更好地利用指南。第三，各版指南的编制从注重规划过程向实施转变，在指南名称上，从最初的"面向结果的规划"（Planning for results）到后来的"为结果而实施"（Implementing for results）得到体现；在内容结构上，2009 年版指南有了较大的改变，所有核心环节无一不是紧紧围绕着"实施"进行的，这也说明了指南越来越关注战略规划的执行，而只有能够顺利实施的规划才不会偏离制定的初衷。

在 21 世纪的前 10 年，PLA 以"面向结果"为导向指导图书馆战略管理，形成了 9 部"面向结果"指导书，除 2008、2009 两版规划指南外，还有以下 7 部：

《面向结果的管理：为公共图书馆的有效资源配置》，由桑德拉·内尔森、埃伦·奥尔特曼和黛安娜·梅奥编制，ALA 2000 年出版。

《面向结果的人事》，由黛安娜·梅奥和珍妮·古德里奇编制，ALA 2002 年出版。

《面向结果的政策制定：从混乱到明晰》，由桑德拉·内尔森、埃伦·奥尔特曼和黛安娜·梅奥编制，ALA 2003 年出版。

表 4.1 六版规划指南的步骤与任务比较

《公共图书馆规划流程》(1980)	《公共图书馆角色确定：选项与程序手册》(1987)	《公共图书馆规划：公共图书馆转型过程》(1998)	《新的面向结果的规划：条理化方法》(2001)	《面向结果的战略规划》(2008)	《面向结果的实施：将迷你的战略规划付诸行动》(2009)
准备规划 1. 规划委员会 2. 根据图书馆定制流程 3. 规划准备信息 规划流程 1. 社区图书馆需求 1.1 社区相关文档 1.2 现有图书馆资源 1.3 绩效评估 2. 图书馆在社区的角色 2.1 目标 2.2 任务 2.3 确定图书馆服务优先项 3. 结果 3.1 战略发展 3.2 开发战略 3.3 评估战略 3.4 测试战略并开始下一阶段 4. 变革实施 4.1 确定实施任务 4.2 实施效果 4.3 其他收获和投入 4.4 调整和评价流程 4.5 可持续数据收集方法 5. 管理数据 5.1 确定数据需求 5.2 数据收集和责任 5.3 使用数据系统	开始规划 1. 明确规划目的 2. 平衡投入水平 3. 定义职责 4. 分配时间表 5. 建立委员会 6. 培训委员会人员 7. 环境扫描 8. 确定投入水平 9. 准备审视环境的信息 10. 决定需要的信息 11. 收集信息 12. 研究信息 13. 报告结果 14. 确定自身角色 15. 研究自身角色 16. 选择自身使命 17. 撰写使命陈述 18. 拟定目标和任务 19. 确定投入水平 20. 回顾现有信息 21. 生成并审视目标 22. 生成并审视任务 23. 量化任务 24. 生成目标与任务框架 25. 给任务排序 26. 检查系列任务和任务最终陈述 27. 确认投入水平 28. 识别可能的行动 29. 选择行动 30. 改变规划实施 31. 管理实施 32. 调整实施流程 33. 检查任务与行动 撰写规划文本 34. 准备撰写 35. 确定投入水平 36. 撰写文本 37. 检查文本 38. 获得正式批准 39. 发布规划 评价结果 40. 确定投入水平 41. 评价规划 42. 收集资料 43. 信息回收再利用	准备：开始指南和操作说明 1. 阅读指南和操作说明 2. 评估投入水平、设定规划时间表和规划预算 3. 为各方准备前联系 4. 遴选规划委员会 5. 确定规划委员 设计：未来蓝图 6. 明晰社区愿景 7. 社区扫描 8. 识别社区需求 9. 图书馆扫描 10. 确定图书馆应满足哪个社区的需求 11. 撰写陈述 愿景：勾勒未来 12. 遴选服务应 13. 撰写使命陈述 构建：组合未来 14. 设立目标 15. 检查图书馆技术 16. 开发系列任务 17. 选择任务 18. 实施：迈向未来 19. 确认必须可用资源 20. 再度审视影响 沟通：通知相关者 21. 草案汇编 22. 获得最终批准 23. 公布与分发最终方案	准备：开始规划 1. 设计规划流程 2. 筹备理事和规划委员会 愿景：识别社区可能性 3. 确定社区需求 设计：勾勒未来 4. 遴选服务应 5. 撰写目标任务 6. 构建：组合未来 7. 沟通：通知利益相关者 8. 规划批准 9. 撰写基本规划 10. 交流：迈向规划实施结果 11. 资源分配 12. 监督执行	为规划而计划 1. 设计规划流程 2. 开始规划 3. 识别社区需求 4. 考虑图书馆的使命和价值 5. 为变革做好准备 描绘未来 6. 遴选服务应 7. 识别组织能力 8. 交流规划 规划并获得批准 9. 撰写规划 10. 交流规划结果	准备 1. 作好准备 2. 有效沟通 探索可能性 3. 识别各种活动 4. 组织关键活动 5. 评价那些活动 6. 确定优先项 简化和条理化 7. 支持图书馆做的活动 8. 决定无效如何应对 9. 识别无效活动时间和其他 考虑时间和其他资源 10. 识别资源再使得性 11. 分配已获的资源 使其凑效 12. 选择并实施 13. 监控实施 14. 确保变革规范

《面向结果的技术：开发基于服务的规划》，由黛安娜·梅奥编制，ALA 2005年出版。

《证实结果：在你的图书馆使用成效评估》，由雷亚·鲁宾编制，ALA 2006年出版。

《面向结果的设施管理：优化服务空间》，由谢里尔·布赖恩特编制，ALA 2007年出版。

《面向结果的人力资源：为恰当的工作找到恰当的人员》，由珍妮·古德里奇和保罗·M·辛格编制，ALA 2007年出版。

二、我国图书馆战略规划编制指南

由于我国长期以来缺乏战略规划理论与实践，又没有像美国PLA上世纪80年代以来推出的图书馆战略规划系列指南为指导，许多图书馆不知道如何制订战略规划，已经制定的大多数"十一五""十二五"规划离战略规划的标准相去甚远。为此，南开大学国家社会科学基金重点项目"公共文化服务体系中的图书馆战略规划模型与实证研究"课题组以理论指导实践为目标，于2011年9月推出中国第一套《图书馆战略规划编制指南》（见图4.1）。

该指南以"公共文化服务体系中的图书馆战略规划模型与实证研究"课题组构建的图书馆战略规划流程以一般模型为主线，将组织模型、影响因素模型及文本模型融入相应阶段，并参考国外图书馆战略规划指南相关材料及高校与非营利性组织等其他组织机构战略规划指南编制的有效经验而制定。本指南按战略规划流程设定的阶段讨论了战略规划过程中的几个关键阶段，每个阶段形成一章，每个阶段下面会有若干任务项以推进战略规划制定工作。此外，战略规划的实施是战略制定的继续，要保证规划能够真正发挥对图书馆管理活动的指导作用，必须要付诸实践。战略规划的实施过程是一项较为系统、复杂的工作，图书馆在战略实施过程中需要对实施过程进行不断监测，并对实施效果进行阶段评估，对规划不断地进行修订与完善，进而实现图书馆战略规划的动态管理。因此，在指南中增加了战略规划的实施与评价环节。

该指南主要是写给全国各级各类图书馆的馆长或其他参与战略规划制定的相关人员，无论是那些有定期执行新规划习惯的图书馆，还是从未尝试制定过战略规划的图书馆，不论先前的经验如何，全部参与战略规划制定的相关人员都可参考本指南。指南并不是指令性的，也不是要求战略规划的单一化和形式化，而是提供一个战略规划的基本规划和参考方法，以实现各级各类型图书馆战略规划的科学化和个性化。在指南里说明有效操作的范围及原

图 4.1 图书馆战略规划编制指南

理,全国各级各类图书馆战略规划制定过程中,可在仔细考虑本馆自身条件并结合本馆特色做适当调整,自行决定如何以及在多大程度上应用它。

第二节 图书馆战略规划启动与准备阶段

图书馆战略规划工作的第一个阶段是启动与准备阶段。其主要流程见图 4.2 所示。

虽然这一阶段可细分为规划启动、建立规划组织、相关准备与保障三个子阶段,但在实际工作中,并不能严格区分,因此,下面列出了这一阶段的主要内容与任务。

一、明确战略规划动因

图书馆在设计规划过程时首先要明确图书馆通过规划打算实现的目标。

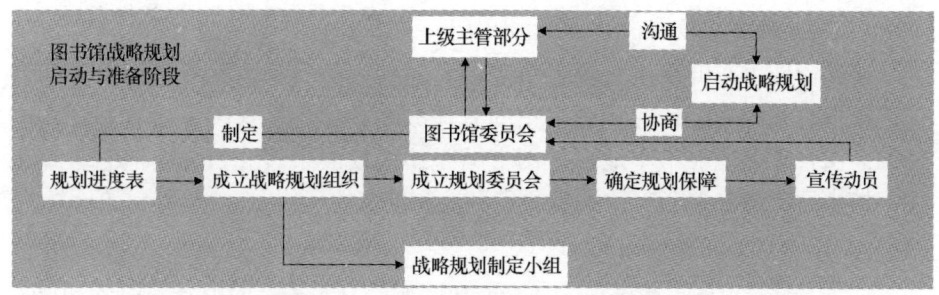

图 4.2　图书馆战略规划启动与准备阶段

确定图书馆战略规划动因是一个复杂的工作过程，需要图书馆召开一次图书馆委员会（馆务会或工作委员会）讨论、确定规划启动原因。

图书馆制定战略规划的原因有：（1）图书馆需要通过制定规划获得更多资源来支持自身的发展；（2）设计蓝图以帮助图书馆未来 3－5 年内为读者提供更优质的服务；（3）为满足读者新的需求设计新的服务和工作计划；（4）对重要的预算增减做出回应；（5）图书馆行业发展出现新趋势或出现新机遇、新威胁需要进行调整保持图书馆发展；（6）图书馆的上级主管机构要求制订新规划以及为了保持现有规划的持续发展而制定新规划。所有规划的可能原因都应当列出和讨论。

图书馆在战略制定过程中可参考回答几个问题有助于明确规划的原因：（1）谁来决定我们应该做出这个规划？（2）启动这个规划的明确理由是什么？（3）在启动这个规划的理由中，是否存在尚未说明的理由？如果有的话，那么这些理由是什么？（4）是否还有别的原因让我们制订这个规划？（5）这个规划进程最重要的成果是什么？（6）这个规划可能有何其他积极成果？（7）这个规划是否会产生负面效果？（8）如果这个规划还有潜在的不利因素，那么怎样减少或者消除这些因素？（9）如果这个规划以失败告终，那么它的后果和负面效应是什么？（10）如果我们现在不能启动这个规划进程，那我们应该何时启动？

二、明确战略规划制定方法

根据不同的图书馆工作人员介入战略分析和战略选择工作的程度，可将战略规划形成方法分为自上而下、自下而上、上下相结合、战略小组四类。

1. 自上而下的方法

是先由图书馆的高层管理人员先制定总体战略目标,然后再由图书馆各部门根据自身的实际情况将图书馆的总体战略具体化。这种方法有利于图书馆的高层管理者能够牢牢地把握图书馆整体的发展宗旨和目标,但它束缚了图书馆中层干部和普通工作人员的积极性和创造性。

2. 自下而上的方法

这是一种先民主后集中的方法。在战略制定过程中,图书馆高层管理者在各部门提交的部门目标的基础上,加以协调和平衡,对各部门的战略目标进行整合、修改形成图书馆的总体战略目标。这种方法集思广益,有助于充分发挥图书馆各部门和各级管理人员的积极性和创造性。同时,战略目标若具有广泛的群众基础,在实施过程中则有益于获得大家认可和支持。但这种方法难以协调各部门的使命,影响高层管理者对图书馆整体的、前瞻性发展目标的把握。

3. 上下相结合的方法

这种方法是指在目标制定中,图书馆的高层管理者和中层干部以及普通工作人员共同参与,通过集体研讨和小组讨论是常见的方式,上下级人员共同沟通和磋商,编制出适宜的目标。这种方法可以产生较好的协调效果,有助于使命的实现。

4. 战略小组的方法

由专门的图书馆战略规划制定小组负责编制战略初稿,然后通过由图书馆高层管理者和馆员代表参与的座谈会,征求修改意见,逐步完善形成最终稿。这种方法的目的性较强,效率较高。

每种战略制定方法各有优缺点,图书馆可以根据自身的组织结构、规模等选择合适的方法。

在国外,一些图书馆采取了外部机构编制规划的工作,通常聘请专业咨询公司负责战略规划的制定、实施与评价全过程。例如,加拿大马达沃斯卡公共图书馆聘请 The Delfi Group 于 2005 年 4 月 20 日完成了该馆的战略规划 "Greater Madawaska Public Library Strategic Plan",其编制过程以对"价值"的一致观点、对内部("优势"和"劣势")和外部("机遇"和"威胁")环境的严谨评价为起始,"使命"是基于主要优点和被确认的机遇,"使命"为具体决策提供指导,远期目标是"愿景"。Delfi 的战略开发过程有以下四个步骤:组织现在何处;组织向何处去;组织如何到达目的地;关注过程。他们认为，战略规划隶属于图书馆委员会，具有深远意义目标的特定计划是根据每一个关键成功因素（CSF）的要求制定的，这些目标必须"够特别"、"可测量"、"集体同意"、"现实可行并且在一定时间段内有效果"，而且必须有人对每个计划和相应的目标负主要责任。

聘请专业咨询公司这种方式制定的战略规划较为科学、规范，由第三方负责具有较强的客观性，但是由于国内并没有专门的图书馆战略规划咨询机构，而面向企业战略规划的咨询公司对图书馆业务不了解，同时雇佣咨询公司需要较高的费用，一般图书馆很难承担。

目前我国聘请外部商业公司或者专业机构进行战略规划的时机尚不成熟，但是单一领导负责制由图书馆内部人员制定规划的模式也存在着一定的弊端，因此建议采用战略小组的方法，设置专门的部门或团队进行战略规划的制定，具有很强的借鉴性和可操作性。

三、图书馆战略规划制定机构的选择

图书馆自身就是编制战略规划文本的首选机构。同时可以由图书馆与外部机构联合制定，也可依靠上级部门，还可适当考虑借助各级图书馆学会的力量，甚至尝试借鉴国外由议会、基金会、个人等参与制定规划的做法。

需要注意的是在战略分析、制定，甚至实施与评价阶段需要成立专门的战略规划小组，负责战略规划各项工作的开展。

四、成立图书馆战略规划组织

图书馆战略规划组织主要涉及确定委员会成员来源与规模、各方职责、委员会工作原则与方式、由谁负责规划工作等内容。

1. 组织成员来源

成立图书馆战略规划委员会主要对规划的总体方向、使命、愿景、战略目标等问题的确定起引导作用。

委员会成员除了包括本馆馆长、中层干部、馆员代表及图书馆馆务委员会代表外，还应考虑从图书馆主管部门、读者等利益相关群体中选取代表，广征意见，以扩大图书馆规划视野（见图4.3）。

选择委员会成员时除了考虑人口学特征外，还要综合考虑他们的工作经验（如战略规划经验）、技能特长（熟练计算机技术、相关统计软件）、思维特征（如思维活跃、具有创新性）等因素。

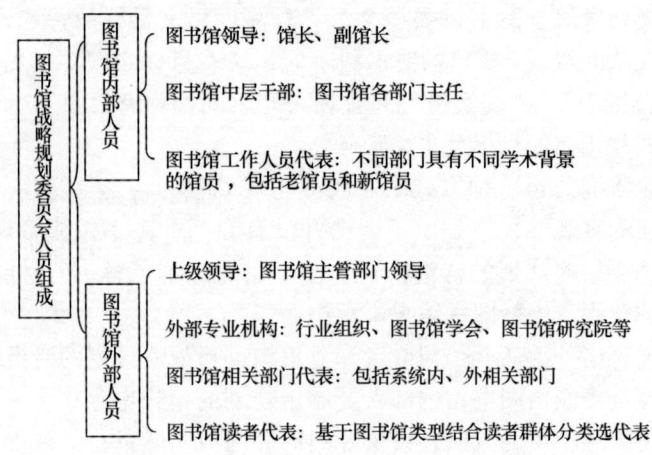

图 4.3　图书馆战略规划委员会人员组成
资料来源：本研究整理

在战略规划制定委员会下需要常设一个战略规划工作小组，具体包含总体负责人、具体管理者、资料收集人员、咨询人员、审核讨论人员、子目标负责人员、文本形成人员、联络人员等，负责战略规划制定的各项具体工作。

2. 规划委员会规模

在确定规划委员会的规模时，要考虑两个主要因素：一方面，委员会成员要有代表性，能够囊括持有各种观点的人和图书馆服务社区的各阶层代表；另一方面，委员会要保证高效精干，根据图书馆规模等考虑适当的人员数量以保证委员会成员有足够的发言时间，以实现有效的工作。

关于规划委员会的人员数量应以 9-20 人为宜。

3. 确定战略规划制定负责人

图书馆战略规划的负责人主要可以从外部聘请专门的战略规划顾问、图书馆业界专家或由图书馆馆长或图书馆管理者中选取。

聘请专业的图书馆战略规划顾问或经过培训的图书馆顾问这种做法在国内不实际。因此借鉴国外经验并结合国内实际，图书馆在战略规划过程中可根据规划委员会规模、以往战略规划经验、组织氛围、组织结构等因素来考虑如何选择战略规划负责人/主持者。

对于规模较小、组织结构较为简单的图书馆可直接从图书馆内部选取，如直接由馆长负责、图书馆馆务委员会成员或推选的业务部门主任负责。

第四章 战略规划的编制过程

对于规模较大、组织结构较为复杂、组织氛围较差的图书馆可考虑聘请顾问对战略规划过程进行指导，如关注战略管理研究的图书馆学专家、图书馆上级主管部门负责战略规划制定的人员等。

4. 明确各方职责

图书馆战略规划中涉及的人员主要有图书馆工作委员会、馆长、其他馆领导、图书馆规划委员会、部门主任、员工代表、普通工作人员、咨询顾问、上级主管领导、读者代表以及其他人员等（参见表4.2）。

表4.2 战略规划负责人确认表

阶段	任务	馆长	规划委员会	其他馆领导	馆务委员会	部门主任	关键员工	一般员工	咨询顾问	读者代表	主管领导	其他
启动与准备	明确图书馆战略规划动因	**√**		√	√				√			
	成立图书馆战略规划组织	**√**		√	√	√			√			
	制定规划时间表	**√**							√			
	明确战略规划保障	**√**		√					√			
	召开第一次图书馆战略规划委员会	√	**√**						√			
战略分析	已有成就回顾与总结		**√**						√			
	开展调研，搜集数据		**√**				√		√			√
	数据分析		**√**				√		√			
方案拟定	战略规划推导	√	**√**									
	编制战略目标和任务	√	**√**			√						
	评价组织资源	√	**√**									
	编制行动计划	√	**√**				√	√				
	整合战略目标体系，优化实施方案		**√**									
文本编制发布	编制战略规划文本		**√**			√						
	征询意见		**√**							√	√	
	修改文本		**√**						√			
	定稿批准	√			**√**							
	规划文本的发布与宣传		**√**									

注：表4.2中的每行均有一个加粗"√"，代表该任务的负责人（部门），承担组织开展具体规划工作的任务。标有"√"，代表该任务的参与者。

资料来源：本研究整理

馆务委员会或工作委员会：图书馆的馆务委员会在图书馆战略规划制定过程中，一般承担如下任务：听取图书馆馆长对已有规划、图书馆发展概况的报告，并对规划进程、规划参与人员、组织保障等准备方案进行审议、修改。对确定的图书馆使命、愿景、战略重点、战略目标、任务等进行审议、修改、提供建议。委员会需要对图书馆最后制定的战略规划及实施过程中的年度计划等审议、修改和批准或拒绝。

馆长：馆长在战略规划准备阶段承担战略规划委员会的组建、合理授权以及规划进度安排、组织保障等职责。在图书馆使命、愿景、战略目标、任务方面图书馆主要承担前瞻性预测、给予指导、提供建议等任务。

总之，馆长在规划过程中有四项主要任务：提出目标任务和发展思路，听取咨询意见，进行激励和加强沟通交流。

规划委员会：图书馆战略规划委员会作为承担图书馆战略规划分析与制定任务的专职部门，从创建之初便全程参与，其负责各项议题的组织、开展和规划结果修改、整理。图书馆战略规划需要组建一个特定的战略规划工作小组，具体包含规划制定负责人或促进者、具体管理者、资料收集人员、文本编制人员、联络人员等，并可邀请专家、馆长或主管业务的副馆长作为负责人，在规划制定中发挥重要领导作用。

总体而言，战略规划委员会职责包括：收集并评估外部宏观信息以及内部环境变化信息；对前期制定的规划进程与具体工作安排等准备活动进行调整、修改、确定；与各职能部门进行沟通，确定图书馆战略目标体系；筹备图书馆内部咨询与管理审核活动；负责战略规划文本草案的形成、意见征集、修改等；向馆长、上级主管部门提供战略规划进程数据与最终文本。

部门主任：他们主要负责在战略准备阶段辅助馆长成立规划组织、制定时间进度、经费预算等工作；对本部门大型投资项目、新兴服务种类进行建议和可行性分析；提供战略目标、任务清单供规划委员会成员讨论、选择；提供部门月度、年度内部管理资料；参与战略规划讨论对战略规划文本修改提供建议。

图书馆工作人员代表：工作人员代表加入战略规划委员会，参与战略规划的制定工作，协助收集、分析与图书馆发展相关的数据，还可选为战略规划制定小组中的联络员，具体负责委员会会议筹备、会议记录、联络参会人员、转发相关资料等工作，并为图书馆使命、愿景及战略目标、任务的制定提供发展建议。

普通工作人员：主要是作为图书馆战略规划修改与完善的战略咨询者，

通过日常一般工作人员会议、邮件、论坛等形式平等、自由地参与到委员会的讨论中来，为图书馆确定的战略重点、使命、愿景、任务与行动计划清单、战略规划文本草稿等提供反馈意见。

咨询顾问：通过提供配套的管理工具来引导、协助规划活动的专业人士，在图书馆战略规划制定过程中为战略规划的制定工作全程提供指导。

读者代表：读者在图书馆战略规划制定中主要是以图书馆开展的读者调研、读者意见反馈的形式间接参与，为图书馆提供需求数据，为图书馆明确战略重点提供基础；同时通过参与读者代表会、座谈会、听证会、论坛等形式为图书馆确定的战略规划文本提供修改意见。

其他：其他类型参与者包括图书馆相关的友邻部门、机构，这些群体或个人对战略规划的参与程度虽然不高，但在规划分析和文本编制的意见征询等环节中的重要性不容忽视。

5. 对规划制定人员培训

了解图书馆战略规划参与人员是否具有战略概念与观念，能否主动从战略高度考察各种问题，能否坚持战略规划的实施使其达到预期效果具有良好的思想准备。

以馆长为代表的图书馆核心领导的战略意识的培养是一项长期学习过程，具体包括基本的战略思维锻炼、战略制定技能与战略实施评价手段等多方面的观念准备。可以通过日常学习、集中培训、馆际交流等多途径实现观念准备。

对图书馆工作人员战略意识的培养，可考虑在战略规划启动之前，以组织"图书馆发展大讨论"、"假如我是馆长"等战略研讨活动形式调动工作人员的战略意识。

图书馆需要把自己的战略意图、战略制定理念传递给文化主管部门、读者、具有业务合作的其他部门等。通过馆内宣传、网站公示、讲座、活动招标等形式逐步向读者介绍本馆历史、本馆发展等问题，争取读者的配合；通过日常业务交流、座谈等形式向主管部门表达自己的发展意愿，以此获取支持。

同时还要求图书馆专家或战略规划顾问需要对战略参与人员进行一次集中培训，使参与人员对图书馆战略规划背景、制定流程、具体步骤、注意事项等有所了解。

五、制定规划时间表

在企业战略制定中,各行业规划期限(planning horizons)各不相同,例如,在快速消费品公司,制定3至5年的战略规划较为合适;而其他一些需要从长期发展的角度看待资本投资的公司(如石油行业中的公司),规划期限可能长达14年(如埃克森石油公司)或20年(如壳牌石油公司)。

关于我国图书馆战略规划期限,可分为短期、中期和长期。图书馆战略规划期限可根据国民经济发展的五年规划考虑选择5年为规划周期的中期发展规划。图书馆可结合本馆实际具体考虑设置年度或1-2年中短期的行动计划和监督测评,逐步推进本馆的中长期规划的实施。图书馆还要在5年中长期规划的基础上明确前瞻性战略目标,考虑制定未来10-20年的长期战略发展规划。

在图书馆战略规划实践中并没有明确统一的规划制定的时间跨度,但应注意制定规划的周期不能太长让规划制定人员看不到自己努力的结果,也不能太短使得规划不具备战略性。我国图书馆战略规划制定过程中可考虑选择4-6月为规划制定周期,各类型图书馆可结合本馆实际情况进行适当的压缩或扩展。

在战略实施与评价阶段之前,主要包含了明确图书馆战略规划动因、成立图书馆战略规划组织等相关活动项,根据前面确定的规划时期为4-6月,本研究以四个月为规划制定周期为例,具体的时间进度表如表4.3所示:

表4.3 时间进度表

阶段	任务	具体活动	时间
启动与准备	明确图书馆战略规划动因	列举、讨论、确定规划原因	第1个月
	成立图书馆战略规划组织	成员选择、规模、确定支持者或顾问、明确职责	
	制定规划时间表	确定时间跨度、会议安排、制定进度表	
	明确战略规划保障	制定预算表、沟通计划、	
	召开第一次图书馆战略规划委员会	邀请委员会成员、筹备会议(会议支持者、会议目的)、会议召开(委员会成员介绍、任务分工等)	
战略分析	已有成就回顾与总结	对前一规划实施情况进行总结、吸取经验	第2个月
	开展调研,搜集数据	调研对象选择、数据收集来源、种类、方法等	
	数据分析	数据整理、环境分析、发展分析、需求分析	

续表

阶段	任务	具体活动	时间
方案拟定	战略规划推导	编制图书馆愿景、使命、进行需求相应分析、编制角色列表、确定战略重点或方向	第3个月
	编制战略目标和任务	明确目标体系层、模式、制定战略目标、任务	
	评价组织资源	根据确定的目标分析图书馆现有资源和预期所需资源之间的差距，需求填补差距的措施	
	编制行动计划	制定行动计划项目、明确负责人、时间、资源需求	
	整合战略目标体系，优化实施方案		
文本编制与发布	编制战略规划文本并获批准	草案拟定、意见征询、召开规划委员会讨论文本、修改定稿、召开图书馆馆务委员会讨论、批准文本	第4个月
	规划文本的发布与宣传	文本形态（详本、简本、手册、多语种版本等）文本发布与宣传的多种途径与方法。	

资料来源：本研究整理

表4.3 中的总体时间安排以 4 个月为一个完整的战略规划周期，每月内分配的任务量不等。本指南设定的时间进度并未具体指明每项任务应该需要多长时间完成，这需要各图书馆根据自身的前期基础、规划能力等影响因素而定。如战略规划启动与准备阶段由于涉及成立专门规划组织机构、人员经费等诸多保障因素，或许需要更长的筹备时间；战略环境、编制行动计划等步骤需要的战略规划周期就因馆而异；宣传推广战略规划文本等程序也在不同图书馆之间存在着较大的差异，完成的时间各不相同。

由于战略制定过程中有时会出现应对紧急环境变化的临时会议，以及反常修改战略规划文本等，这就需要在制定规划进度表时，应该保证充足的时间开展战略规划流程，预留一些时间。

六、规划制定过程中的会议安排

1. 会议次数与主题

图书馆战略规划过程中，需要召开多次会议针对规划中某些具体任务进行讨论、征求意见、审定。

规划制定过程中至少要召开三至四次会议，一次战略规划启动会议，对战略规划相关准备工作进行讨论，开展任务分工安排等工作。

有关图书馆环境、需求与发展分析，图书馆使命、愿景、战略重点、战略目标等的选择与确定等工作的开展需要以会议的方式集中讨论。

有关于战略规划文本的征求意见、讨论、审定等工作需要通过会议的方式进行。各图书馆可根据本馆实际情况适当安排会议。

2. 会议地点选择

图书馆战略规划会议的召开地点的选择要么在图书馆，要么不在图书馆。在图书馆召开会议这是图书馆最普遍采用的方式，有利于图书馆工作人员方便参会，同时比较节省经费。如果图书馆没有合适的会议室或者为了有效开展规划而选择一些远离日常工作干扰则可以考虑选择一些度假屋、私人俱乐会所等外部地点，这种方式一般需要较高的费用。无论决定在何处开会，都要确保每个委员会成员都能清楚地知道会议地点，特别是关于会议室的名称或号码的信息。

3. 战略规划会议的准备工作

每次会议召开之前，必须要有专门人员对会议召开需要的各种材料、会议安排等进行筹备（见表4.4）。

表 4.4　战略规划会议筹备工作

战略规划会议的准备工作事项	是	否
是否制定专门人员负责会议的各项工作安排？		
领导是否承诺时间和资源的投入？		
是否制订了研讨会准备工作计划？		
用于战略规划制定的信息是否搜集好？		
是否确定了战略规划研讨会日程：时间安排？活动？形式？谁发言？		
是否确定了参加人员：图书馆工作委员会代表？馆长？工作人员代表？图书馆规划委员会成员？咨询顾问？读者代表？等等		
是否已与参会人员沟通，使他们了解规划研讨会的目的和程序以及有关背景材料，培训了他们必要的战略规划知识，并了解他们对研讨班的期望？		
后勤安排：地点、设施、资金？		
研讨会主持和纪录：谁主持？谁记录整理研讨结果？研讨会如何分组？		
如何形成大会决议？		

资料来源：本研究整理

七、确定战略规划保障

图书馆战略规划的顺利制定除了需要基本的人力、时间支持外,还需要充足财力、良好的文化基础及有效的沟通计划。

1. 制定预算表

战略规划编制同样涉及成本问题,确定战略规划制定成本预算(表4.5)都有利于统筹管理整个战略规划制定过程,减少不必要的支出,控制战略规划质量。

表4.5 预算表

	预算项目	数量	单位价格	总额
物质资料费用	战略规划收集材料费			
	相关资料复印费(文本打印)			
	邮寄费、电话费、交通费等			
	其他费用			
人员费用	馆内工作人员报酬(含加班费)			
	外部参考咨询专家劳务费			
	差旅费			
	其他费用			
管理费	办公费			
	战略规划制定团队日常管理费			
	其他费用			
其他费用				

资料来源:本研究整理

2. 制定沟通计划

图书馆在制定沟通计划时需要考虑"谁需要知道这些信息"、"为什么需要知道"、"他们现在知道哪些信息"、"他们需要知道哪些"、"什么时候需要知道"、"通过什么方式或渠道知道"、"谁通知他们"等问题,让图书馆的利益相关者能够随时全面地了解规划制定班子的进展和方向。

要非常重视与图书馆员工的沟通，其最有效的办法就是为全体员工召开一系列规划进程的基本情况介绍会，介绍应该围绕规划的原因、进度、阶段成果、时间、人物等要素进行展开。

要保证图书馆战略规划制定委员会成员对规划过程的状态随时了解，保证战略制定过程中的相关资料与信息及时传送到各委员手中。

要保证及时向图书馆工作人员征求意见，其最简单、有效的方式就是建立一个战略规划交流平台，该平台提供规划过程的简要介绍并根据规划流程阶段设置子网页，每个子网页都提供该规划过程的不同阶段的信息。

第三节　图书馆战略规划分析阶段

图书馆战略规划的第二个阶段是分析阶段，其流程见图4.4。

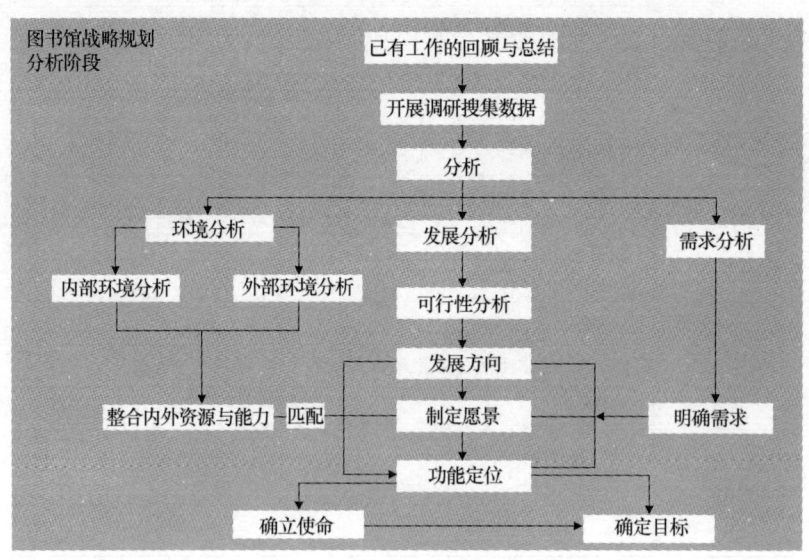

图4.4　图书馆战略规划分析阶段

这一阶段可细分为历史回顾、调研分析、战略方向推导、目标体系构建四个子阶段。

一、历史回顾

对已有规划进行回顾与总结，目的是研究图书馆已有的发展基础、现有的服务项目与发展方向及本机构的独特性，以便找出图书馆在寻求发展过程中可以吸收与借鉴的信息。该阶段主要从前一规划已经实现哪些目标、还有哪些目标未开展、哪些中途终止、哪些开展了还尚未完成、进行到何种程度、战略目标实施的成功经验与失败原因、尚未完成的战略目标当前的机遇等方面展开。

二、调研分析

在这一子阶段，主要是进行调研和分析工作，在调研和数据处理的基础上，进行综合分析。综合分析包括环境分析、需求分析和发展分析三方面。

1. 关于调研对象与数据收集方法

读者和馆员是最为重要的两类调研对象，图书馆同类服务部门和上级主管部门也应受到重视。

具体信息的种类与获取渠道有很多种，详见表4.6。

表4.6 数据收集种类与途径

	收集数据分类	获取途径
宏观环境数据	国民经济、文化、教育、新闻出版等数据	报刊，影视，专业网站，年鉴，官方的工作年报、政府公告、白皮书、资料汇编等出版物
	相关制度规程（如教育、文化等领域的各类规章、条例、法规）	官方网站、政府公告、白皮书、资料汇编等
	技术发展数据	实地考察先进图书馆、图书馆行业技术发展介绍、技术公司的介绍性数据等
行业环境数据	国内外图书馆发展状况、本地区乃至全国图书馆联盟发展状况	国内外行业发展报告，图书馆事业发展报告、图书馆行业统计数据、图书馆发展年鉴、图书馆专家的会议报告、同行业者的访谈、实地观察、委托咨询公司调查等
需求数据	读者需求数据	读者问卷调查、读者座谈、网络交流、读者图书馆利用习惯、读者满意度调查数据等
	母体机构发展的需求	母体机构的发展报告、战略规划、政策条例等

续表

收集数据分类		获取途径
图书馆内部环境数据	图书馆资源数据	人才队伍、馆藏资源、建筑设施、财政收支数据等
	图书馆服务数据	服务时间、办证率、读者数、开展业务活动总结、分馆建设数据、图书馆服务绩效、网络服务与手机图书馆使用数据等
	图书馆组织管理数据	图书馆规章制度、组织结构设置、图书馆业务系统内管理数据等
	组织内部观点数据（图书馆员工对未来愿景的展望，对战略方向的建议，对发展现状的评价等）	研讨交流会议、网络论坛、公共邮箱、电话访谈、现场交流等
战略规划指导材料	图书馆行业相关标准	图书馆评估、服务、用地、建筑、文献资源建设等标准
	相关战略规划文本与研究	图书馆战略制定相关研究成果、图书馆战略制定手册、国内外同类型图书馆的规划文本，上级部门的发展规划文件，政府颁布的本行业的中长期发展纲要等
其他	根据各馆情况自行确定	

各图书馆在数据收集阶段并不需要收集上述的全部数据，而是要结合本馆实际有选择的收集。在数据收集阶段：

要选择合适的负责人，该人应该对图书馆内部部门、工作流程较为熟悉，同时对图书馆外部环境变化有较强洞悉能力，并且对 Word、数据库、统计分析软件较为熟悉。

要选择最简单、实用的方法收集数据。

收集数据中要注意的其他事项：

  要多利用其他组织已搜集、整理过的数据
  提前明确搜集的每条信息将要发挥的作用
  允许有足够的时间思考和整合获取的数据
  保持环境的持续监测
  搜集比实际需求更多的信息

2. 数据处理

一方面，需要利用 SPSS、Excel 等工具将所得的数据加以整理、归类、简化或绘制成图表，采用平均数、标准差、相关系数等进行描述性统计以此反映相关变量的现状。另一方面，可对相关数据进行推断统计，即用概率形式来决断数据之间是否存在某种关系及用样本统计值来推测总体特征。推断统计包括总体参数估计和假设检验，最常用的方法有 Z 检验、T 检验、卡方检验等。描述性统计在图书馆领域运用的较为广泛，战略规划分析的大部分统计数据均以描述性分析为主。推断性统计较为复杂，对数据要求较高，但能够发现数据之间的内在联系，帮助找出解决问题的方案。战略规划制定数据分析中，是采用描述统计还是推断统计，应视具体的研究目的而定，如研究的目的是要描述数据的特征，则需描述统计；若还需对多组数据进行比较或需以样本信息来推断总体的情况，则需用推断统计。如对图书馆的读者入馆率、馆藏增长数量、员工数量等数据进行分析时应采用描述统计分析方法；若还需要考察近年内图书馆的投入产出的关系，则需采用推断统计，如图书馆投入与产出的回归分析。

3. 环境分析

环境分析在国外一般称为环境扫描（Environmental Scan）。以马里兰大学图书馆 2001 年 4 月修订完成的战略规划为例，环境扫描关注上一个规划周期以来的情况变化"图书馆战略规划最后更新是在 1999 年 4 月。从那之后，整个大学和全部图书馆都不断发生了改变。1999 年 4 月克莱顿·丹尼尔·莫特担任马里兰大学校长。领导层的变化已经推动了大学的变化，这些变化体现在大学加大力度参与我们的公民社区，并与现有的和新的附属机构建立更密切的关系"，主要从州和校园、机构同行、措施和评估、设施、信息技术和电子资源、组织结构 6 个方面进行分析。而该馆 2005 – 2007 年战略规划的环境扫描则从州和校园、机构同行、大学图书馆的趋势和问题以及马里兰大学图书馆及其环境 4 个方面进行分析。

图书馆战略分析环境归纳为宏观环境、行业环境以及图书馆内部环境。图书馆宏观环境分析目前应用最为普遍的就是 PEST 分析方法，行业环境分析可参考应用五力结构模型工具，具体方法应用详见本书第五章。内部环境分析可借鉴企业领域应用较为广泛的职能法，图书馆的内部环境主要包括管理组织职能要素（管理制度、组织结构）、人员职能要素、财务职能要素（经费分配）、服务职能（服务对象、服务项目、服务方式等）、资源及技术职能（馆藏、建筑、设备、技术等）。但图书馆在具体战略分析时并不需要同时考虑上述所有要素，只需要考虑对图书馆有重要影响的少数几个要素即可，即战略要素。

分层分析是战略规划分析的主要方式。以高校图书馆战略规划为例，一般分为外面环境、大学环境和图书馆内部环境分析。加拿大北英属哥伦比亚大学图书馆（UNBC）的战略过程分为三层如图4.5。

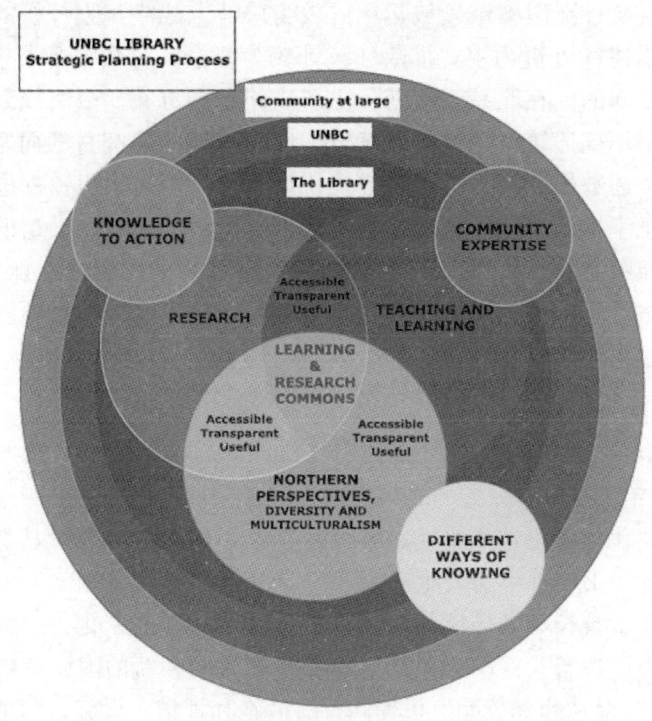

图 4.5 UNBC 的战略过程

资料来源：Geoffrey R. Weller Library Key Directions 2010 – 2015

澳大利亚麦考瑞大学图书馆当前定位首先分析"大学环境"指出：图书馆"2007 – 2009 战略规划"是基于 Macquaire@50 和该大学 2014 年跻身澳洲前八世界前 200 名的目标。其后，学校的战略规划（Strategic Directions 2008 – 2012：Partnership and Performance）作出了到 2012 的 5 个战略焦点领域：研究、学习和教学、社会事务、商务和社区参与以及组织可持续。而根据上海交通大学发布的世界大学排名，2008 年本大学已经跻身澳洲第九名和世界第 269 名。在此基础上具体分析"图书馆环境"，总结了 2007 – 2009 战略规划确定的三个焦点领域以来这 3 个方面取得的主要成就。

需要注意的是，环境分析要有综合思维，图书馆要特别重视内外环境相结合的分析，这种分析中应用最多的方法就是 SWOT 分析法（详见本书第五章）。

例如，麦考瑞大学图书馆在机遇与挑战分析方面，首先分析了"新课程"，指出该大学的"课程更新进程"的主要任务是确定麦考瑞毕业生有特色的能力，用图 4.6 表示。

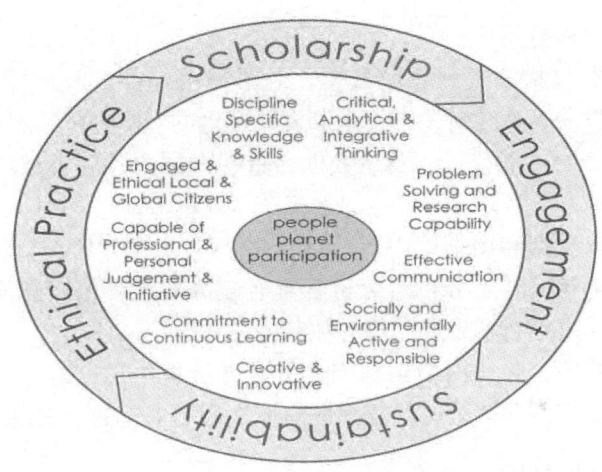

图 4.6　确定毕业生有特色的能力

在此基础上详细分析了新的学习环境、新技术、学生类型的多样性、研究和研究培训的新挑战、商务和社区参与、组织成功和可持续。

4. 需求分析

需求分析主要对读者需求、读者满意度、读者对图书馆的服务期望、图书馆服务区域或机构的需求、母体机构对图书馆发展的期望等的调查或访谈数据，进行分类、统计。

图书馆战略规划委员会需要对需求数据进行讨论，明确图书馆服务对象当前和未来一段时期内最迫切的需求，可以从当前图书馆读者构成（包括年龄、学历、职业、收入等人口学特征）是什么样子的？在未来几年内会否增加新的读者群体？这些新的读者群体将会产生何种新服务需求？读者最迫切的需求是什么？读者对图书馆哪方面最为满意或最满意？当前图书馆服务区域内的人们都从哪些渠道获取信息资源？读者对图书馆未来五年或十年的服务期望是什么？图书馆的母体机构要求朝哪个方向发展？等等方面进行讨论，将讨论结果一一记录下来。

5. 发展分析

发展分析的主要目的是对收集的图书馆的行业发展趋势、地区发展趋势等信息进行整理，同时对图书馆自身发展特性进行分析，提出适合自己的发展思路。发展分析的主要工具有焦点小组讨论法和关键成功因素分析法（详见本书第五章）。

图书馆的发展分析中：

要强调根据收集的宏观环境数据，对图书馆外部的政治、经济、技术、政策法规等的发展、变化对图书馆未来发展产生的影响进行预测。

要根据收集的图书馆行业发展数据，重视对国内外同类型图书馆的发展趋势进行分析。

要结合需求数据和图书馆内部统计数据，注重对图书馆未来自身发展特征的分析。图书馆的发展分析对分析者具有较高要求，他们必须具有前瞻性战略思维，对图书馆行业发展趋势有独特的思考。

在此分析阶段，除了图书馆制定委员会成员集中讨论之外，如有可能可开展几位相关专家的访谈，以便较为准确地把握图书馆的未来发展趋势。

三、战略方向推导

根据数据分析结果，图书馆现有的能力、资源与服务需求的匹配推进发展方向进而细化成图书馆的发展愿景。然后，图书馆再根据确定的新规划周期内致力满足的需求做出需求响应，进而逐条形成图书馆功能列表。经过讨论与分析，功能列表最终形成目标体系。

战略选择主要是图书馆通过SWOT矩阵来确定如下四类战略：SO（优势——机会）战略，即依靠内部优势去抓住外部机会的战略；WO（劣势——机会）战略，即利用外部机会改进内部劣势的影响；ST（优势——威胁）战略，即利用图书馆优势去避免或减轻外部威胁的战略；WT（劣势——威胁）战略，即克服劣势、避免威胁的战略进行战略选择，并结合图书馆未来发展预测、用户需求等进行战略选择，最终选择适合图书馆自身的战略。

1. 确定图书馆的愿景、使命和价值观

战略使命（strategic mission）来源于战略意图（strategic intent）。战略意图是指充分挖掘企业的内部资源、能力和核心竞争力，以便在竞争环境下实现企业目标。战略过程会使组织确定众多的目标，在这些目标中，如

果有一个雄心勃勃或非常有野心的目标,让组织坚持不懈地追求,集中所有的资源和竞争活动去实现这个目标,那么这个组织就展示了它的战略意图。因此,战略意图可以被认为是一个"大的、令人不安的、大胆无畏的目标",通常需要很多时间才能实现(可能要10年或20年)。组织的战略意图能够使其变成公认的行为领导者,导致现有的行业领导者退位,传递在行业(或世界)任何组织中最好的顾客服务,或者把一项新技术转变为能改变人们工作和生活方式的产品。如20世纪60年代耐克的战略意图是超过阿迪达斯,80年代沃尔玛的战略意图是超过西尔斯,成为美国最大的零售商(1990年取得该成就),当雅马哈在摩托车市场超过本田时,本田用一个挑衅性的战略意图做出回应:Yamaha wo tsubusu("我们将击败、压扁、杀死雅马哈")。

与战略意图针对企业内部不同的是,战略使命针对企业外部,描述了一个企业的目标及所从事的生产领域和市场范围。一个有效的战略使命面向所有的利益相关者,决定企业的独特性,并且鼓舞人心。战略意图和战略使命共同带来公司设计和实施战略所需的远见卓识。

本部分详见第六章。

2. 确定战略主题/重点

战略主题/重点是指组织为实现愿景而确定的新战略规划周期内的重点发展领域。战略主题/重点是由战略规划人员集中根据确定的图书馆愿景、使命以及确定的角色列表讨论形成的对图书馆发展方向的陈述。

战略主题/重点的表述可参考国外图书馆以 Strategic Theme 或 Key Area 词组展现的方式(参见表4.7),行文高度简洁、概括,条目不宜太多,一般3-6条。

表4.7 国外图书馆战略主题/重点陈述

图书馆类型	图书馆名称	战略重点
国家图书馆	荷兰国家图书馆 2006-2009 年规划	"数字图书馆的重新定位""加强国家科学信息基础设施建设""提高荷兰国家图书馆的国际地位"
	英国国家图书馆 2005-2008	"丰富使用者的体验活动""建立数字研究环境""变换搜索与导航发展""管理国家馆藏"
	新西兰国家图书馆 2017 年	"存取新西兰的数字记忆""激励知识创造和经济转型""分享我们国家的历程""丰富用户的体验"

续表

图书馆类型	图书馆名称	战略重点
公共图书馆	俄亥俄州州公共图书馆 2002–2007	"将产品和服务重点转向俄亥俄州图书馆界的领导和资源共享方面""培养合作、协作的工作能力"
	卡灵顿公共图书馆 2010–2015	"创建共同体""促进社会参与""策划动态服务"
高校图书馆	牛津大学图书馆：2011 年愿景	"服务我们的用户""开发我们的馆藏和服务""组织我们的空间"
	加州州立大学图书馆2005战略规划	"帮助学生成功""推动学术发展""延伸服务范围""为我们的社区服务继续推进图书馆服务的改革"
其他	加拿大联邦图书馆	"制定和发展以业务为重点的加拿大政府图书馆解决方案""将图书馆作为加拿大政府信息管理措施的实践者"

四、目标体系构建

1. 确定战略目标体系

本部分详见第七章。

2. 评价组织资源，进行差距分析

战略目标确定以后，图书馆需要对自身的资源、能力进行一次客观、真实的评估，进而明确本组织目前已经为战略目标的实现具备了多少资源。

（1）图书馆资源类型

图书馆资源分为有形资源（资金、设备等）、无形资源（技术、声誉等）和人力资源等类。

（2）评价组织资源的适宜主体

图书馆领导、管理者及员工对本馆的资源具有全面深入的了解，因此，此项工作应主要由馆长领导，为战略规划选定的主要员工具体落实，再通过规划委员会集中讨论、确定。

（3）评价组织资源的过程

首先，由图书馆重要馆员经过讨论确定本馆具体资源分类；然后，根据已确定的战略目标并结合自己对图书馆资源状况的了解和掌握的相关统计数据，每人填写一份资源现状评估表格；随后，对评估结论进行讨论，达成一致，形成一份完整的资源现状评价表。

表4.8中"起点"为图书馆目前的发展水平，"终点"为经过愿景展望形成的战略目标，对二者进行0-4的评分，0表示不具备该项资源，1表示资源较少，2表示处于平均水平，3表示资源较多，4表示资源丰富，处于优秀水平。起点分值代表图书馆的现有资源状况，终点分值代表实现战略目标所需的资源水平。"成本"代表补足资源差距需要付出的各类代价，如人力、物力、财力或时间。以1、2、3表示从低到高的付出水平。"难度"代表补足资源差距的难易程度，以1、2、3表示从低到高的困难等级。"差距分值"的计算公式为：（终点-起点）×成本×难度，每一项战略要素的合计分为其下所有分析指标的分值之和。分值越高表示图书馆资源现状与战略目标成功实现所需资源的差距越大。

表4.8 资源现状评价表

要素	分析指标	起点	终点	成本	难度	差距分析	总计
员工	学历层次	1	2	1	1	1	27
	职业素养	1	3	2	2	8	
	招聘培训	2	3	2	1	2	
	职业满意度	2	4	2	3	12	
	员工数量	2	4	2	1	4	
设施	基建馆舍						
	办公用具						
	电子设备						
	维护保养						
技术	硬件设备						
	软件设备						
	通讯、交流设备						
馆藏资源	纸质文献						
	电子资源						
	共建共享						
	特色资源						
	视听资源						

续表

要素	分析指标	起点	终点	成本	难度	差距分析	总计
管理	业务流程						
	组织结构						
	规章制度						
	监测评估						
经费	财政收入						
	经费配置						
其他							

图书馆可根据上述指项标进行差距分析，在具体实践中，各类型图书馆可根据特定图书馆的实际情况、参考各类评估、服务标准等进行适当增删、调整。

第四节 图书馆战略规划制定与发布阶段

图书馆战略规划工作的第三个阶段是制定与发布，其主要流程如图 4.7 所示。

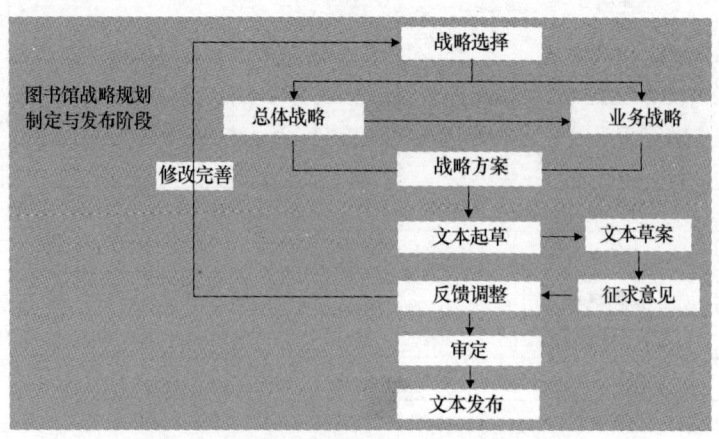

图 4.7 图书馆战略规划制定与发布阶段

战略规划制定与发布阶段是在上一阶段形成目标体系的基础上，通过战略选择，确定总体战略和业务战略，形成战略方案。这一阶段主要包括形成战略方案、文本编制、规划审定发布三个子阶段。

一、形成战略方案

1. 制订行动计划
2. 整合优化战略目标体系

图书馆战略规划是一个长期策略的制定与实施的体系，由战略重点、战略目标、任务和行动计划等部分构成，自上而下呈现出由宏观、抽象到微观、具体的战略思维。前面已经分别形成了战略目标体系的各部分，现在需要将它们组合在一起。由于规划过程的主观性、非线性等特征，因此，需要以全局的视野和统筹的思维对战略目标体系进行优化，对战略行动计划、任务和目标进行重组、调整和排序，确保整个战略规划的有效实施。目标体系的整合优化需要由战略规划制定小组负责，图书馆各部门主任和普通工作人员参与讨论。

3. 专项规划

除了战略规划以外，还有些图书馆制定一系列专项规划，如信息资源建设、人力资源建设、基础服务等专项规划。专项规划并不是每个图书馆必须要制定的，各图书馆可根据已制定的战略目标，结合本馆实际状况，有选择的制定专项规划。

专项规划一般作为单独的规划文件，为实现图书馆的战略规划服务，需要与战略规划进行有机地结合，每个专项规划应支持战略规划中至少一个目标的实现，或为其实现提供条件。制定专项规划一般采用与战略规划制订相似的方法，也应该包括相应的具有可操作性的行动计划。

图书馆在制定专项规划时应注意以下问题：其一，要对图书馆已制定的总体战略规划进行充分的考虑，以保证专项规划能够体现图书馆的总体战略和重点需求；其二，要鼓励图书馆领导和管理者的参与，避免专项规划只体现少数人的想法，难以体现图书馆战略；其三，制定过程中要开展广泛的咨询，以保证规划的相关人员理解，获得他们的支持；其四，需要对图书馆相应的资源进行准确评估，以保证专项规划的可行性；其五，需要对其他相关的专项规划进行充分考虑，避免各专项规划之间各自独立，难以协调统一；其六，要有规范、合理的批准程序，专项规划通过图书馆领导和专项规划制定部门之间上下多轮讨论批准以保证其与总体战略统一、协调。

二、编制战略规划文本

1. 战略规划工作小组开展工作并讨论

战略规划工作小组的主要任务是负责规划文本起草研制，国外称之为"开发"（Development），以马里兰大学图书馆为例，为 1998－1999 年规划成立专门的战略规划任务小组（Strategic Planning Task Force），在 2000 年秋季进行了重组，有 1 人进行替换，以适应 1999 年 4 月图书馆战略规划修订工作。该小组从 2000 年 10 月到 2001 年 2 月共开了 12 次会议，提出了战略规划修订本的各种草案，每一个改变依据图书馆员工和图书馆执行委员会（Library Executive Council）的建议。

战略规划工作小组一般在第一阶段已经成立，到这一阶段，工作小组的任务转移到汇总各种分析材料，凝聚主要内容，集中讨论形成框架。

要从战略规划委员会成员或图书馆员工中挑选一位负责文本初稿。此人必须是参与过战略规划制定的前期工作、同时具有较好的写作能力和丰富的写作经验、并且对来自各方的评论和建议有较强的理解、思考和吸纳能力。

2. 形成战略规划讨论文稿

经过研究，可以形成图书馆战略或战略规划的讨论文稿，它不仅是战略讨论的结果，也是为下一步正式制定战略规划的基础。例如，麦考瑞大学图书馆在 2007－2009 战略规划周期（Planning Cycle）末，为制订 2010－2012 战略规划，撰写了讨论文稿（Discussion Paper），该文稿包括 4 个部分：目的；当前定位；机遇与挑战；下一步开发战略规划。

3. 拟定规划文本初稿

将战略规划制定过程中确定的使命、愿景、战略目标、任务、行动计划整合在一起，然后再将战略制定人员、制定过程、图书馆现状回顾等信息适当整合到文本中形成文本初稿。

三、规划审定与发布

战略规划文本起草完成后，需要进行修改与批准，然后进行发布工作。

1. 文本修订

文本初稿形成后，需要经过多轮修订，首先文本编制人员进行修剔除错字、病句，然后分别提交馆长和战略规划促进者进行修改，最后将修改过的文本传给规划委员会的每位成员，如有必要再次进行修改。

2. 广泛征求意见

通过图书馆员工大会、网络发布、馆内公示、通告等渠道向图书馆工作人员、图书馆馆务委员会成员、读者等利益相关群体广泛征求修改意见，寻求各方的支持、认同。

3. 修改定稿

在修改过程中，可根据各方给予的修改意见，对规划文本进行有针对性的修改。

4. 审定和提交

战略规划只有获得审批以后才能公布，因此这一环节必不可少。国外一般由图书馆理事会负责审定，并向上级主管提交。

例如，2008年3月卡尔顿大学图书馆馆长玛格丽特·海恩斯在《卡尔顿大学图书馆与档案馆战略规划2008—2010》的序言中说"我们很高兴向费里顿·汉杜拉普先生、临时教务长和学术副校长提交卡尔顿大学图书馆和档案馆战略规划（2008—2010）。这份报告使卡尔顿大学图书馆和档案馆成为目前国内外高校图书馆和档案馆实践领域的最佳例证。在这个文件的准备过程中涉及到大量的咨询、讨论和对图书馆当前优势与劣势的关键性分析，我们很高兴地从学生、老师、职员收到输入的数据，他们的信息反馈鼓励我们提高洞察力，设定在未来三年中富有挑战性但最终现实与可度量的目标。我们对大学的财务情况有所知晓，同时对图书馆与卡尔顿高等院校、图书馆信息机构的更大的合作机遇也有所了解。在这个基础上，提出了我们认为是切合实际和富有创新性的规划。最后，我们相信，这个战略规划为我们支撑卡尔顿大学的全体师生员工的学术研究、教学和学习目标指明了方向"。该战略规划除封面（图4.8）和目录页外，共有32页。

马里兰大学图书馆2001年4月修订完成的战略规划由战略规划任务小组（Strategic Planning Task Force）起草，图书馆执行委员会（Library Executive Council）修订定稿，大学图书馆委员会（University Library Council）审定，最终提交给大学的教务长。规划的研制和执行时间表如下：

2001年1月9日，下午2：30－4：00，针对规划内容修订的全体员工会议。

2001年1月11日，上午10：30，针对规划内容修订的全体员工会议。

2001年2月，战略规划任务小组修改规划草案以反映员工的意见。

图 4.8 《卡尔顿大学图书馆与档案馆战略规划 2008—2010》封面

2001 年 3 月,图书馆执行委员会给出草案的最终修订。

2001 年 4 月,大学图书馆委员会审查;大学图书馆委员会的评论和建议被纳入;计划提交给教务长。

2001 年 5 月至今,计划中作为实现目标的"领导者"的个人或团体识别有贡献的人,推动目标前进。(这些规划接连地被纳入单位规划和个体的 PRDs 中。)

注意图书馆战略规划的批准主体,不同类型、规模的图书馆会有所不同,在我国图书馆,可通过召开图书馆馆务委员会扩大会议对文本进行审定,再向上级提交获得认可。

鉴于我国公共图书馆没有理事会机制,可以由图书馆馆务会成员、利益相关者代表、公众代表组成的图书馆馆务扩大会议对规划进行审定,然后向文化主管部门提交获得审批。例如，《上海图书馆上海科学技术情报研究所 2011 - 2015 年发展规划》于 2011 年 2 月 22 日经馆所四届二次职代会通过。

高校图书馆一般在图书馆之上设有由主管副校长牵头和各主要院系负责人代表参加的图书馆委员会，可以由这个委员会负责规划的审定工作，向校长办公室或校务委员会提交。

5. 战略规划发布

这一阶段的内容详见第九章。

在图书馆，战略规划不是临时性工作，也不是一次性任务，而是周期性的工作。一般来说，要在制定一个周期战略规划的同时，确定下一个周期的战略规划安排。

以北墨尔本高等技术学院图书馆为例，该馆以 3 年为一个规划周期，在制定《北墨尔本高等技术学院图书馆 2010 - 2012 年战略规划》时，就开始考虑下一周期的规划，其规划过程如下：

"2010 - 2012 年战略规划"——2009 年 8/9 月制定；2009 年 10 月公布。

"2010 年运行规划"——2009 年 11/12 月制定；2010 年 1 月公布；2010 年 10 月 KPIs 审定并在用户服务分区会议上报告。

"2011 年运行规划"——2010 年 11/12 月制定；2011 年 1 月公布；2011 年 10 月 KPIs 审定并在用户服务分区会议上报告。

"2012 年运行规划"——2011 年 11/12 月制定；2012 年 1 月公布；2012 年 10 月 KPIs 审定并在用户服务分区会议上报告。

"2013 - 2015 年战略规划"——2012 年 5 月审定 2009 - 2012 年战略规划；2012 年 8/9 月制定；2012 年 10 月公布。

第五章 战略管理方法工具

如果我们知道自己目前所处的位置和如何达到这一位置,我们可能会看到自己正在发展的趋势——如果存在于这个过程的趋势是不可接受的,那么就要及时更新。

——亚伯拉罕·林肯

第一节 PEST、五力模型、SWOT 和情景规划

一、PEST

PEST 分别对应于政治、经济、社会和技术因素(见图 5.1)。图书馆借用

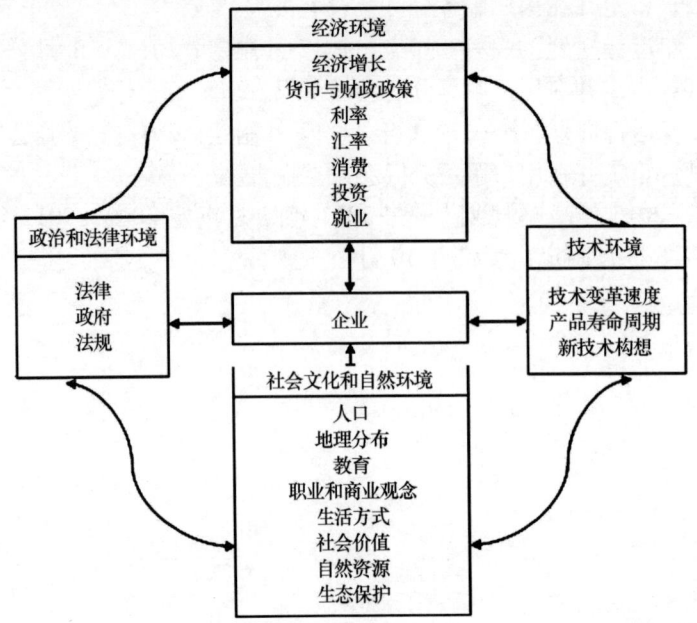

图 5.1 PEST 模型

资料来源:[英]托马斯·加拉文,杰拉德·非此杰拉尔德,麦克·莫利著,马春光等译:《企业分析》,生活·读书·新知三联书店,1997:5.

PEST分析法进行外部宏观环境扫描,其中政治因素包括政府部门出台的有关图书馆及信息服务的政策法规等;经济因素着眼于本地区乃至全国的经济发展状况及国内外趋势;社会因素包括形成当地文化的道德和价值观;技术因素是指社会开发的与图书馆相关的软件系统与硬件设施等。

二、五力模型

波特五力结构模型(图5.2)是企业界应用较多的战略工具,它指出行业竞争现状、供应商讨价能力、买方讨价能力、替代品及新进入者的威胁五大因素,强调组织的竞争优势,而图书馆作为公益性服务组织在行业环境分析中并不像企业强调竞争优势的分析,而更侧重对图书馆合作能力的分析。主要涉及图书馆上级主管部门、出版行业与信息资源提供商、图书馆同行、读者。

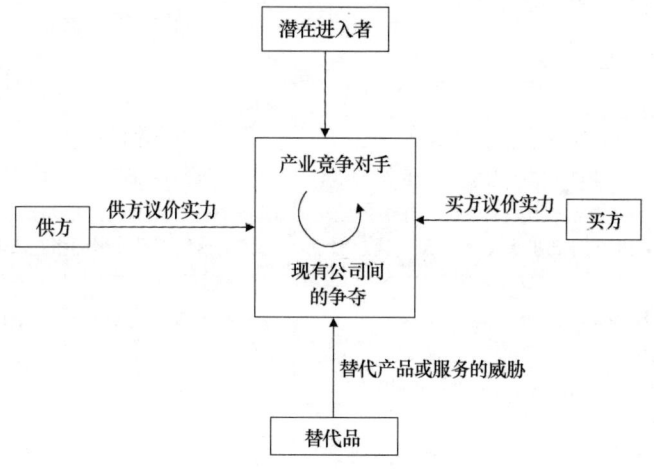

图5.2 波特"五力模型"

资料来源:Michael E. Porter. 竞争战略[M](陈小悦译). 北京:华夏出版社,2004:4.

三、SWOT

20世纪60年代的设计学派强调在战略制定过程中使用SWOT分析法。SWOT分析法即优势(Strengths)、劣势(Weaknesses)、机遇(Opportunities)、威胁(Threats)。SWOT能帮助识别图书馆的威胁和未来机会以促进图书馆形成战略。据Pacios统计,公共图书馆的战略规划中有11.4%的战略规划文本专门为 SWOT 分析设有一章。[①]

近十年来，国外高校图书馆广泛应用 SWOT 分析法，华威大学图书馆战略规划运用 SWOT 方法进行环境扫描分析，见表 5.1。

表 5.1　华威大学图书馆 SWOT 分析

优势	弱势
（1）优秀的核心（传统）服务 （2）用户对许多方面服务的满意 （3）强大的数字资源组合 （4）丰富的档案研究馆藏 （5）忠诚和有责任感的工作人员 （6）专家型学科和联络支持 （7）图书馆管理技术系统（千年） （8）工作效率 （9）承诺变革和发展	（1）机构时代遗留下的有限的印刷馆藏 （2）对学生教材供应的担忧 （3）在图书馆如何满足多学科资源需求方面观念的差异 （4）课程和新的研究活动要求提供支持，但没有充分考虑图书馆资源的意义。 （5）建筑不再适合最初设想 （6）图书馆工作人员需要增加技能和专业知识
机遇	威胁
（1）具有扩大支持机构使命和战略的潜能 （2）制定综合信息战略，支持大学信息环境的机遇 （3）图书馆能够超越被视为一个主要的内容供应商 （4）具有提供创新服务和扩大支持科研、教学和学习的潜能 （5）数字资源购买战略 （6）提供定制服务 （7）改进（整合与无缝）的资源提供与利用 （8）学习网络 （9）发展电子学习 （10）相对的规模可能支持变革 （11）研究图书馆网络的发展 （12）扩展用户群的机遇 （13）具有开发图书馆特藏的潜能 （14）具有满足大学工作人员对图书馆较低和可变期望的潜能	（1）信息成本通胀压力 （2）不可预测和不稳定的信息成本 （3）不断上升的学生期望 （4）对能够促进发展的相互依赖性缺乏控制 （5）整个大学的次优信息的共享 （6）不再适合最初设想的图书馆环境

又如，纽卡斯尔大学图书馆的《2011－2016 年纽卡斯尔大学图书馆战略

[①] Pacios, Ana R. The priorities of public libraries at the onset of the third millennium [J]. Library Management, 2007, 28 (6/7): 416－427.

计划》将 SWOT 分析与战略目标相联系：

战略的优先次序

编号	目标
SP1	加快数字图书馆的发展
SP2	发展服务，增强学生的经验
SP3	支持大学研究的产出
SP4	促进和发展信息素养
SP5	建立图书馆作为一个"迷人的空间"

战略目标
支持学习，教学和学生的经验

编号	目标
SO1	在数字化、出版形式上，提高产品质量和各种学习资源
SO2	为学习材料的组织、发现和使用开发新的工具
SO3	提供新的学习环境和设施
SO4	改善资源与服务
SO5	加强大学生信息素养（IL）
SO6	为学术方案和课程发展作出贡献
SO7	支持国际化的

授权目标

编号	目标
E01	提高用户图书馆体验
E02	改进通讯和服务市场
E03	为改进后的服务传递，发展图书馆空间
E04	发展员工技能和作用
E05	财务及预算的有效管理
E06	提高管理绩效
E07	运用技术进行服务的有效管理
E08	为大学及合作伙伴，回顾和发展服务

SWOT 分析

SWOT 分析	相关目标
优势	
图书馆有服务质量和合理有效的管理的稳固简况	SO6, SO7, SO9, SO17, EO5
发展团队研究库和赋予图书馆空间新用途的方案已经收到了坚定的机构支持	SO3, SO13, EO3
好名声	SO4, EO1
来自国际学生数年的积极反馈	SO7, EO1
信息素质和研究技能的支持是有效的，并受到学校和科研机构的关注	SO5, SO6, SO10, SO18
图书馆有一个极好的电子期刊系列产品以及越来越多的电子书籍馆藏，与学生和研究人员高水平的满意度	SO1, SO8, EO5
发达的电子打印库，部门引导的整合与机构研究数据库	SO11
上进心强的人员有一个强有力的承诺来发展自己和他人的知识和技能	EO4
图书馆相关人员成本最低	EO4, EO5
已发展有效的工作关系和主要合作伙伴，包括国际空间站，ESS，URO	SO3, SO11, EO8
已经与大北博物馆建立紧密的伙伴关系	EO3, EO8
劣势	
缺乏新的学习空间和服务发展的空间	SO3, SO13. SO16, EO3
鲁宾逊图书馆基础设施（机电）老化和其他设施（如厕所），需要更新	SO3, SO13, SO16, EO3
提供 24 小时研究设施不如该地区其他机构受欢迎	SO4, EO1
教材提供满意度的较低水平	SO1, SO2
缺乏有经验的海外业务的发展，和员工资源能力来满足这些地区计划的增长	SO7
最近的 NSS 结果显示获取信息技术设施满意度减少	SO3, SO4, EO3
机会	
新的电子资源，特别是电子图书新授权、新采购安排，越来越可行	SO1, SO2, SO8, EO5
开放获取发行的加快发展为传统高成本环境的学术出版建立新的模式提供机会	SO8, SO11

续表

SWOT 分析	相关目标
研究资助者越来越对数据管理、保护与再利用的研究数据感兴趣	SO12
英国研究项目能促使印刷期刊合作复制	SO8，EO3
团队储存有可能容纳大量的使用率低的印刷书籍和期刊	SO8，EO3
共享服务	EO5，EO7
内部电子化服务提供更多特殊馆藏与档案的接触和使用	SO14，SO17
在印刷房间的新员工安排能为大学提供有效的印刷服务发展	EO8
威胁	
在费用增加环境中，学生对资源和服务的期望增加	SO1，SO3，SO4，EO1，EO2，EO3
学生人数波动性和不可预知性的增长，及对长期资源方案的影响	SO1，SO7，EO5
经济衰退压低资源配置、图书馆经费，并影响馆藏与服务的维护和发展	SO1，SO8，EO5，EO6
技术投资有持续维护和更换的成本	SO3，EO7
通货膨胀对印刷型文献与电子文献持续超过一般通货膨胀，限制了新资源的投资	SO1，SO8，EO5
出版商寻求保障收入和保持为内容电子化进行"重大事件"安排的强硬保卫	SO8，EO5

借鉴国外经验，我国图书馆在战略规划过程中，应当结合我国图书馆的特点，进行SWOT分析，常规的分析项目如表5.3。

表5.3 图书馆战略规划SWOT分析

优势：
1. 是否具有独特的能力？
2. 是否具有稳定的资金来源？经费是否能够满足业务增长需要？
3. 在社会公众中是否具有良好的声誉？
4. 是否具有较充足的空间、基础设施为读者提供服务？
5. 是否具有服务的成本优势？
6. 是否具有服务的馆藏优势？
7. 是否具有资源共建共享或合作优势？

8. 是否具有分馆、行业分馆等网络优势？
9. 是否具有网络在线服务、手机图书馆等新媒介优势？
10. 是否具有 RFID、自动分拣、自动还书等技术优势？
11. 是否具有训练有素的管理人员？（含专业技术能力、学术创新能力、工作经验等）
12. 是否具备服务创新能力与业务创新能力？
13. 是否具有良好的组织文化氛围？
14. 是否具备其他优势？
劣势：
1. 战略方向是否明确？
2. 是否处于日趋衰弱的竞争地位？
3. 是否馆舍与馆藏、设施过于落后或陈旧？
4. 是否读者利用率不高？
5. 是否缺乏核心的服务技能？
6. 是否缺乏必要的技术利用？
7. 是否遭遇内部管理问题的困扰？
8. 是否缺乏竞争意识，竞争压力的承受能力差？
9. 是否缺乏必要的形象宣传与对外沟通？
10. 是否缺乏经费支持？
11. 是否人员利用出现问题？（缺乏足够的竞争与合作意识，专业人才的严重流失）
12. 其他不利因素？
机会：
1. 是否存在良好的政策环境？是否出现新的有利政策？
2. 是否具备法律或地方法规的保护？
3. 是否具有主管部门的支持？母体机构是否对图书馆发展做出规划或展望？
4. 是否具有大规模的行业合作，如图书馆联盟等？
5. 是否具备外部资金的大量投入？
6. 读者需求的进一步加强或显著变化？
7. 是否具有图书馆协会、图书馆行业的整体发展规划或指导？
8. 是否有新的技术出现？
9. 其他外部机会？
威胁：
1. 是否有新的部门进入公共文化服务领域？
2. 图书馆替代性服务是否在增加？

续表

3. 读者阅读习惯是否向电子化转变?	
4. 读者对图书馆的需求与发展预期不断提高?	
5. 外部合作是否发生变化?	
6. 是否受到经济发展、文化发展的不利影响?	
7. 是否遭遇不利的政府政策或地方政策?	
8. 是否遇到经费缩减等问题?	
9. 文献采购费用是否大幅上涨等	
10. 是否具备其他威胁?	

资料来源：本研究整理

四、情景规划

情景规划（Scenario）就是将具备高度不确定性和关键性的宏观环境因素和变革驱动力进行不同的组合，以此对企业所面对的商业环境在将来可能发生的变化进行具体和可信的分析。当商业环境由于复杂性或快速变化而呈现高度不确定性时，需要采用不同的方法来分析环境对未来的影响。如果需要从长期（至少 5 年）发展的角度来看待战略问题，同时，影响战略成功的关键因素相对较少，而且这些影响因素又具备高度不确定性，这时情景规划就特别有用。

以石油行业为例，石油行业需要研究 20 年后的商业环境如何变化；在做分析时，所有的环境因素都与此相关，但其中只有一部分因素（如原材料的获得、价格和需求）是最重要的。很显然，要在长达 20 年的时间段内对这些因素进行准确的预测是不可能的，但是，对将来可能的变化形成不同的看法本身就很有价值。为了制定 1995 – 2020 年间长达 25 年的公司战略，荷兰皇家/壳牌石油集团模拟了两种全球情景——"新天地"、"壁垒重重"。初读这些情景，你可能会认为它们"有利"或者"不利"，其实它们隐含的实际影响却要复杂得多。

情景规划并不是试图预测那些不可测的事情，而是考虑未来可能发生的多种情形；情景规划并不是基于一种预感，它们在逻辑上是相互统一的，但又彼此区别。

情景规划包括三个主要部分：首先，围绕核心的驱动力做出情景假设；第二，根据不同的情景假设制定战略（或者应急计划）；第三，观察环境是如何发展变化的,并相应调整战略和计划。随着时间的推移,很有可能出现多种情景,这就需要对团队战略做出较大的调整。

以图书出版业为例,通过不同环境因素的组合来进行情景规划,分为三个步骤。

第一步是找出那些影响重大、高度不确定的环境因素。主要考虑四大因素:A 电子通信市场的发展;B 消费者对图书和电子替代品的比较认识;C 纸张和其他原材料的成本;D 政府投资和管制。

第二步是确定不同环境因素在将来可能发生的变化。对上述四大要素考虑两种可能性如下:

A:(i)急剧变化;(ii)适度变化

B:(i)喜欢的;(ii)不喜欢的

C:(i)成本高而且还在上涨;(ii)成本稳定。

D:(i)政府支持纸质图书;(ii)政府支持电子媒介。

第三步:根据环境因素的可能变化的组合进行情景规划。在上述分析的组合形成以下三大情景:

情景1:没有太大变化

理由:相对于电子替代品,消费者更喜欢纸质图书(B(i));政府投资和管制对此也支持(D(i));电子通信市场适度发展(A(ii));纸张和其他原材料的成本保持稳定(C(ii))。

情景2:电子媒介热潮

理由:电子通信市场飞速发展(A(i));政府投资和法规支持电子媒介的发展(D(ii));而且,相对于纸质图书,消费者更喜欢电子替代品(B(ii));纸张和其他原材料的成本较高,且不断上涨(C(i))。

情景3:信息社会

理由:相对于电子替代品,消费者更喜欢纸质图书(B(ii));电子通信市场适度发展(A(ii));政府投资和管制对纸质图书给予有力的支持(D(i));但是,人们担心纸张和其他原材料的成本较高,而且会不断上涨(C(i))。①

近几年来,国外图书馆重视情景规划方法的应用,如昆士兰大学图书馆运用情景规划法进行战略管理,详见本书第十二章案例部分。

---

① [英]格里·约翰逊,斯万·斯科尔斯.战略管理(第6版)[M].王军等译.北京:人民邮电出版社,2004:68

第二节　焦点小组讨论法和关键成功因素分析法

这两种方法在国外图书馆战略规划中被证明是有效的规划工具。

一、焦点小组讨论法

"焦点小组"（Focus Group）讨论法是指从研究所确定的全部观察对象（总体）中抽取一定数量的观察对象组成样本，根据样本信息推断总体特征的一种调查方法。通常以一种无结构的自然的形式，与一组从调研者所要研究的目标市场中选择来的被调查者交谈，从而获取对一些有关问题的深入了解，其价值在于常常可以从自由进行的小组讨论中得到一些意想不到的发现。

焦点小组具有群体动力（Group dynamics）。群体动力是指焦点小组参试者之间存在交互作用，参试者之间会相互影响。任何一个参试者的观点都会影响其他参试者的反应，任何参试者的观点和意见都是建立在其他参试者的观点的基础上。依据群体动力学原理，焦点小组请大约6—9个参试者（participant）对某一主题或观念进行深入讨论。焦点小组实施之前，通常需要列出一张清单，包括要讨论的问题及各类数据收集目标。在实施过程中需要一名经过训练的专业主持人，主持人要在不限制参试者自由发表观点和评论的前提下，保持谈论的内容不偏离主题。同时主持人还要让每个参试者都能积极地参与，避免部分参试者主导讨论，部分消极参试者较少地参与讨论。

焦点小组还具有自由开放、定性数据和适合探索目的等特点。从参试者的角度来说焦点小组是自由开放的，没有特定框架约束的，虽然实际上主持人通常是按照预先计划的内容提出问题。焦点小组是一种定性方法，因此要避免通过焦点小组收集定量数据。在焦点小组的数据呈现过程中也要避免用定量的方式呈现结果。比如对A和B两种设计方案，8个参试者中有6个赞成A方案，那么在报告中说有75%的参试者赞成A方案这种说法是不科学的。因为焦点小组只是小样本，此时可以表述为8个参试者中有6个参试者赞成A方案。焦点小组特别适合于探索性目的的研究，在确定参试者使用产品或者服务的习惯、使用模式、态度、确定参试者语言、为新产品开发收集创意、为问卷调查等定量方法收集问题等方面均有重要的作用。

焦点小组讨论法曾作为传媒研究者经常采用的一种方法，并被广泛应用于各个领域。这一方法适合于图书馆战略管理，可用于明确图书馆的环境，了解用户需求，确定图书馆资源和服务的满意程度，帮助凝聚图书馆未来发展方向。

例如,加拿大布兰普顿图书馆 2002 年编制了第一个战略计划:"延伸出去"为 2002-2005 年的图书馆服务发展提供了一个路线图。2005 年末,该行动计划已完成或接近完成。认识到有必要继续改进发展服务和布兰普顿社会的增长需求,布兰普顿公共图书馆委员会再次开始了与社会的协商进程,为未来三年制定战略。2006—2008 战略规划产生的"连接社区"是委员会和工作人员不断努力回应和预见民众需求日益多样化的结果,工作人员再次对新布兰普顿进行了详细的人口统计分析。在过去的 2004 年,图书馆对用户进行了一项网上调查以获取对服务和设施的匿名反馈,调查结果清楚地显示,需要更多的设施、更多的书籍和更多的服务。在一名顾问的协助下,图书馆对关键信息提供者和焦点小组进行了更直接的信息收集。通过这种直接的方式与社会中关键个人和有关目标群体如青少年、图书馆用户和多元文化的服务机构建立联系,图书馆能够核查在网上获得的信息,并进一步地满足需要。

二、关键成功因素分析法

"关键成功因素"(Critical Success Factors,简称 CSF;又称为 key success factors,简称 KSF)分析法是 1970 年哈佛大学教授威廉 William Zani 提出的。William Zani 教授在 MIS 模型中使用了关键成功变量,这些变量是确定 MIS 成败的关键因素。10 年之后,麻省理工学院 John Rockart 教授把 CSF 提高成为 MIS 的开发规划战略,将其运用到管理信息系统的战略规划。这种方法是为管理者提供一个结构化的方法,通过四个步骤(了解企业目标;识别关键成功因素;识别性能的指标和标准;识别测量性能的数据)帮助组织确定其关键成功因素和信息需求。通常与战略目标集转化法(strategy set transformation,SST)和企业系统规划法(business system planning,BSP)一起,作为信息系统规划的方法。其特征有:内部 CSF(针对机构内部的活动而言,如改良产品质量);外部 CSF(与机构的对外活动有关,与其他公司联系或获得对方的信贷);监控型 CSF(对现在情况的详细考察,如监测零件缺陷百分比);建立型 CSF(与组织未来计划的变化有关,如改善产品组合)。其来源有:基于行业的因素(每个行业都有一套由自己特性所决定的 CSF);竞争策略、行业地位及地理位置(同一行业中处于不同地位会有不同的 CSF,同一行业中不同公司因为不同的地理位置或竞争策略也会有不同的 CSF);环境因素(GDP 的变化、经济的波动、不同政治势力升降、人口增减等等均会引起 CSF 的改变);临时因素(组织内部的变化常会出现暂时性的 CSF);管理者的职别

(不同的管理层级有各自关心的 CSF)。其层次共分四层：行业的 CSF、组织的 CSF、部门的 CSF、管理者的 CSF，它们依次相互影响。

CSF 分析法是环境分析及制定战略重点的工具，主张在系统观点和战略观点的指导下按以下 6 个 S 制订战略：(1) staff：人力资源既是战略目标的制定者，也是实施者，要充分认识人力资源的作用，客观评价人力资源的现状与潜力，这是战略目标成功的第一要素；(2) skill：要对战略目标所涉及的子项技术的现状作出客观评价，对其前景作出科学预测，也要从总体上对所有子技术有充分了解，这是战略成功的前提；(3) style：科学的管理方式是制订与实施成功战略的保证；(4) shared value：制订与实施战略规划时，应考虑到使所有的参与部门和参加者有共同目标和共同利益，这是成功战略的催化剂；(5) structure：一个战略目标需要各部门的协调以及不同领域不同层次专家的合作，如何合理调度人财物，实现最佳的组织结构，这是制订与实施战略规划要考虑的又一问题；(6) surroundings：要考虑系统环境对战略规划的影响，包括政策因素、社会秩序、文化传统、生态环境等。按照这 6 个方面，CSF 分析步骤包括：(1) 编制指导文件，制定战略目标；(2) 找出目标成功应具备的关键因素；(3) 列出各因素下的障碍；(4) 提出消除障碍的对策。①

CSF 分析法通过内外渠道收集的数据按一定方法来验证 CSF，不容易量化的 CSF 则多由管理者做出主观判断。若要用客观方法来量度，需相当高的创意，则使用脑力激励法。这一方法通过与管理者特别是高层管理者的交流，根据组织战略决定的组织目标，识别出与这些目标成功相关的关键成功因子及其关键性能指标，还能够直观地引导高层管理者分析组织战略与信息化战略和组织流程之间的关系。CSF 分析法简单易用，且突出重点，从重要需求引发规划。其缺点是：总体规划受成功因素分析结果的制约；容易忽视次要问题；在应用于较低层的管理时，由于不容易找到相应目标的关键成功因子及其关键指标，效率可能会比较低。

CSF 分析法可满足达成共识的愿望，是战略规划的基本工具。例如，宾州米勒斯维尔大学图书馆的《米勒斯维尔大学图书馆战略规划 1991－1995》运用 CSF 方法，确定了影响本战略规划目标实现的四个关键因素：一是清楚地保持本项目的目标；二是建立和延伸图书馆、学校、大学各机构、用户团

---

① 王京芹. 科技战略规划的工具——CSF 分析方法 [J]. 科学学与科学技术管理, 1992 (9): 34.

体之间的合作关系；三是拥有一定数量的高素质员工；四是充足的学校基金来发展馆藏、员工队伍、设备、自动化建设和基本运转。

第三节 平衡计分卡和定标比超

一、平衡计分卡

平衡计分卡（Balanced ScoreCard，简称 BSC）是 20 世纪 90 年代由哈佛商学院罗伯特·卡普兰教授和复兴方案公司总裁戴维·诺顿提出的，被《哈佛商业评论》评为 75 年来最具影响力的管理工具之一。传统的财务会计模式只能衡量过去发生的事项（落后的结果因素），但无法评估企业前瞻性的投资（领先的驱动因素）。平衡计分卡打破了传统的单一使用财务指标衡量业绩的方法，在财务指标的基础上加入了未来驱动因素，即客户因素、内部经营管理过程和员工的学习成长，在集团战略规划与执行管理方面发挥非常重要的作用。[1]

平衡计分卡是从财务（Financial）、客户（Customer）、内部运营流程（Internal Business Processes）、学习与成长（Learning and Growth）四个角度，将组织的战略落实为可操作的衡量指标和目标值的一种新型绩效管理体系，目的在于要建立实现战略指导的绩效管理系统，从而保证组织战略得到有效的执行。

平衡计分卡是战略管理的一种重要方法，可应用于图书馆的许多领域，平衡计分卡应用于公共图书馆电子资源评估，其财务维度是指对电子资源投入的价值增长，包括人力、物力的投入；客户维度是指从读者的角度衡量电子资源对图书馆创造的价值；内部流程维度是指图书馆电子资源服务模式等是否合理、是否达到最优化；学习和成长维度是指从事电子资源服务的馆员是否具有不断学习与创新的能力，达到为读者提供高质量的电子资源服务的目的。[2] 采用平衡计分卡来评价数字图书馆可以站在战略和系统工程的视野上来评价数字图书馆运营状况[3]。作为战略管理的一种重要方法，适用于图书馆战略

---

[1] 卡普兰著，刘俊勇译. 平衡计分卡：化战略为行动 [M]. 广州：广东经济出版社，2004：82.

[2] 宋建玮，马磊. 基于平衡计分卡的图书馆电子资源绩效评价体系探讨 [J]. 图书馆工作与研究，2011（6）：48-50.

[3] 郑建明，胡唐明. 基于平衡计分卡的数字图书馆评价研究 [J]. 图书馆杂志，2011（7）：35-39.

实施。

芬兰国家图书馆 2006–2015 年战略将执行战略作为战略管理过程中必要部分，为实现战略，计分卡片（scorecards）勾画出每个主要部门的大体轮廓，以保证战略对全体职员更加显而易见。对战略管理体系来说，相应的监督和支撑政策也有必要不断更新以适应全馆战略方针。需要特别注意的是，为了保证目标的顺利实现，必须注重战略的后续阶段及每年的战略修订。战略内容采取平衡计分卡法进行编写，这种方法广泛地应用在公共管理上。整个编写过程在芬兰公共管理公司首席咨询员的指导下进行。

昆士兰科技大学图书馆采用平衡计分卡方法，从读者（Client）、财务（Financial）、内部流程（Internal Processes）、学习与成长（Learning and Growth）四个方面制定了战略规划。图书馆使用平衡计分卡作为其质量管理框架，将其业绩衡量计划和其他举措整合为一项全面的规划工具。关键绩效指标（Key Performance Indicators，简称 KPIs）用来同其战略目标进行对比衡量图书馆的进展和表现，2008 年的 KPI 如下：

读者方面

2007–2010 年战略任务	2008 年关键绩效指标
• 促进博学和独立的学员的发展 • 促进该大学的研究能力建设 • 优化用户对信息资源、服务和设施的访问 • 提供高品质的资源、服务和设施，以满足用户需求	• 关键绩效指标的 C–1。参与图书馆的一般信息素质计划的 90% 的学生表现出高/非常高的满意度 • 关键绩效指标的 C–2。70% 的本科生将信息培训课程作为必修课或课程规划。 • 关键绩效指标的 C–3。在图书馆的开放时段内，用户始终可以找到学习空间 • 关键绩效指标的 C–4。图书馆帮助服务应达到 85% 的用户满意率 • 关键绩效指标的 C–5。任何用户满意度调查都应当有超过 75% 的积极反馈 • 关键绩效指标 C–6。本科生认为能够满足其课程要求的学术资源的 90% 应当被图书馆所收藏，无论电子资源或是印刷书籍 • 关键绩效指标 C–7。研究人员所需要的 95% 的信息资源可以以纸质或者电子格式获得，或可通过文献传递获得

财务方面

2007—2010 年战略任务	2008 年关键绩效指标
• 使用有效和负责的财务流程 • 在现有的资金限制情况下，审查和重新分配资金，以保持战略行动 • 确保有充分的资金，以维持现有服务，并为大学社群开展新的服务 • 同昆士兰科技大学内部与外部有关的合作伙伴接触和合作，以资助共同的活动	• 关键绩效指标的 F-1。图书馆资源配置（LRA）资金的增长等于或大于出版业的书籍和期刊的价格膨胀率 • 关键绩效指标的 F-2。每年至少有一个重大活动项目其资金来源于图书馆的业务预算之外 • 关键绩效指标的 F-3。保持预算收支平衡，达到不超过或低于预算 2% 的目标 • 关键绩效指标的 F-4。图书馆资源配置应充分使用资金，在每年年底之前，应花费超过 95% 的资金分配

内部流程

2007—2010 年战略任务	2008 年关键绩效指标
• 建立组织流程和结构，以促进创新、集成的流程，满足新出现的用户需求 • 优化流程，以确定优先次序和分配资源，实现战略成果 • 通过不断改善简化内部流程 • 重新设计内部流程，以满足当前和未来的用户需要	• 关键绩效指标的 P-1。90% 的新书和视听材料，在到馆的 21 天内可以提供给用户借阅 • 关键绩效指标的 P-2。通过订购获取的 95% 的电子期刊可通过图书馆目录和全文搜索实时获得 • 关键绩效指标的 P-3。95% 的向教材数据库（CMD）内可供访问文献提出的文献获取要求，在四个工作日内向用户提供 • 关键绩效指标的 P-4。在指定时期内收到的要求重新购买教材数据库的申请 100% 在规定日期前处理完毕 • 关键绩效指标的 P-5。95% 的校区间借阅在 2 个工作日内处理完毕 • 关键绩效指标的 P-6。100% 的文献在还书或内部使用后的两天内上架 • 关键绩效指标的 P-7。85% 的从其他图书馆获取文献的馆际互借在 5 天内提供给用户

学习与成长方面

2007-2010年战略任务	2008年关键绩效指标
● 招聘、发展和维持一支技能熟练，灵活和有能力的员工队伍 ● 维持一个鼓励创新和行动的环境 ● 鼓励对技术和设备的适当的和创新的利用	● 关键绩效指标L-1。每年90%的当前/合同的工作员工参加一个或更多的培训和发展项目 ● 关键绩效指标L-2。95%的工作人员正式接受过与其工作职位相关的工作场所的卫生和安全培训 ● 关键绩效指标L-3。对任何员工所进行的意见调查，应有90%的正面评价 ● 关键绩效指标L-4。每年至少研究一个新技术开发，并酌情实施

平衡记分卡的创始人——卡普兰和诺顿两位学者在对实行平衡计分卡的企业进行长期的指导和研究的过程中，发现企业由于无法全面地描述战略，管理者之间及管理者与员工之间无法沟通，对战略无法达成共识。"平衡计分卡"只建立了一个战略框架，而缺乏对战略进行具体而系统、全面的描述。于是提出"战略地图"方法，并于2004年1月出版了两位创始人的第三部著作《战略地图——化无形资产为有形成果》。与平衡计分卡相比，战略地图增加了两个层次的东西，一是颗粒层，每一个层面下都可以分解为很多要素；二是增加了动态的层面，即战略地图是动态的，可以结合战略规划过程来绘制。战略地图是以平衡计分卡的四个层面目标（财务层面、客户层面、内部层面、学习与增长层面）为核心，通过分析这四个层面目标的相互关系而绘制的企业战略因果关系图。这个方面同样值得图书馆战略规划所采用。

二、定标比超

定标比超（Benchmarking），也称为基准调查、基准管理、标高超越、立杆比超、标杆战略等，起源于20世纪70年代末80年代初。

1979年，施乐公司在定标比超方面首开先河，通过定标比超使其制造成本降低了50%，产品开发周期缩短了25%，人均创收增加了20%，并使公司的产品开箱合格率从92%上升到99.5%。从此，定标比超的概念已为许多的企业所接受，并逐渐风靡全球，被各行业、各非营利组织广泛应用。20世纪90年代，定标比超是最受欢迎的5大商业工具之一。据美国1997年的一项研究表明，1996年世界500强企业中有近90%的企业在日常管理活动中应用了定标比超，其中包括 AT&T、Kodak、Ford、IBM、Xerox 等。1998 年，美国生产力与质量中心的研究显示，接受调查的组织在其最成功的定标比超实施的第一年中的平均收益是 7600 万美元；有开展定标比超经验的组织的平均收益是每年 18900 万美元；而那些定标比超活动初学者的平均收益每年也达到 140 万美元。[1]

　　任何组织要在本行业中获得一定的地位，必须确定一个努力的目标。定标比超法是将本企业经营的各方面状况和环节与竞争对手或行业内外一流的企业进行对照分析的过程，是将本企业各项活动与从事该项活动最佳者进行比较，从而提出行动方法，以弥补自身的不足。这种方法既是一种评价自身企业和研究其他组织的手段，也是将外部企业的持久业绩作为自身企业的内部发展目标并将外界的最佳做法移植到本企业的经营环节中去的一种方法。

　　从开展定标比超的不同层次出发，结合定标比超的重点，定标比超可以分为产品定标比超、过程定标比超、管理定标比超、战略定标比超四种。而按照定标比超的对象不同，定标比超又可以分为内部定标比超、竞争定标比超、功能定标比超和通用定标比超四种。

　　定标比超是图书馆战略管理的有效工具。根据图书馆的特点，图书馆定标比超的对象一般选择同类型的一流图书馆，可以进行国内的比较，也可以进行国际比较。具体可进行三种类型的定标比超：一是战略层的定标比超，将本馆的战略和对照图书馆的战略进行比较，找出成功战略中的关键因素。二是操作层的定标比超，主要集中在图书馆藏书建设和图书馆服务诸方面，围绕具体的业务进行比较。三是管理层的定标比超，涉及到分析图书馆的各要素管理，包括财务管理、行政管理、人力资源管理等。

　　以卡内基·梅隆大学图书馆为例，在历史上，卡内基·梅隆大学尽管向图书馆提供的经费比其他大学图书馆少，但教学和科研颇有成效。卡内基图书馆和匹兹堡大学图书馆的邻近性使二者建立了联盟关系，这种联盟关系尽管不太方便，但比建立大型图书馆更有效。再者，图书馆资源急剧增长时期是从 1850 年到 1900 年，此时，卡内基大学尚未建立。在教学顾问小组的鼓动下，图书馆定标比超方法的运用摆脱了传统的评价方法（馆藏数量、员工数量、图书馆经费支出）。传统图书馆利用情况的两种评价指标数据可以从标准的《大学教育集成数据系统》中获得。运用这些方法，卡内基·梅隆大学

---

[1] 谢新洲，吴淑燕. 竞争情报分析方法——定标比超分析. 北京大学学报（哲学社会科学版），2003（2）.

图书馆师生人均流通量和参考咨询量在美国大学图书馆协会的三个比较对象和三个小的大学图书馆中得分最低。然而，在数字图书馆利用情况、人均联机目录和数据库利用率方面，卡内基·梅隆大学图书馆在统计数据中名列第二。这一排名与绝大多数用户远程使用图书馆有关。这些数据表明，图书馆在自动化参考咨询、学位论文的数字化项目以及其他项目做了大量的工作。

第六章 愿景、使命与价值观

面对他人的成就，人们总是观察，然后问为什么别人能做到；而我却梦想，问为什么我不能做到。

——萧伯纳

第一节 愿 景

一、愿景的概念与作用

关于愿景（Vision），有如下解释：

"愿景或战略意图（strategic intent）是指组织理想的未来状况。它是一个组织愿望，是战略家（可能是公司的首席执行官）希望组织的全部成员集中精力去实现的一个愿望"。[1]

"愿景指想像中的行动方向"。[2]

"愿景源自心里而不是头脑"。[3]

图书馆愿景是对自身长远未来发展的构想，是对愿景目标的方向性描述，指引着图书馆未来发展框架和方向。愿景作为一种导向声明，将拓展图书馆的能力与想像空间，并构建图书馆的未来发展框架与航标。[4] 图书馆愿景同图书馆使命一样要简洁、凝练。

图书馆的愿景就是图书馆欲实现目标的未来方向性表达，即图书馆的未

---

[1] 格里·约翰逊，凯万·斯科尔斯著，王军等译. 战略管理（第6版）[M]. 北京：人民邮电出版社，2004：9.

[2] Stueart, Robert D., and Moran, Barbara B. Library and Information Center Management [M]. Englewood: Libraries Unlimited, 1998: 56.

[3] Peter Block. The Answer to How Is Yes: Acting on What Matters. San Francisco: Berrett – Koehler, 2001: 37.

[4] Jose, Antony and Bhat, Ishwara. Marketing of library and information services: A strategic perspective [J]. The Journal of Business Perspective, 2007, 11 (2): 23 – 28.

来发展蓝图，是需要花五年甚或十几年来实现的远大的目标或追求，回答了"我们将要去向何方的问题"。

二、愿景的基本特征

精确陈述的战略愿景对于一个组织具有独特的意义，以下是一些范例：

微软公司——"使人们能够在任何时间、任何地点、任何安装设备驱动程序上运用伟大的软件"。

Verizon 通讯——"在我们服务的每个国内和国际市场中，成为顾客通讯和信息服务的首选"。

伦敦警察厅——"使伦敦成为世界上最安全的城市"。

绿色和平组织——"停止环境滥用，促进环境解决方案"。

约翰·科特的《领导变革》一书中介绍了有效愿景的基本特征：一是可预想的：描绘了未来可能的场景；二是值得做的：希望各利益相关者的长期利益都能实现；三是切实可行的：包含实际的，可达到的目标；四是集中的：能在战略决策时提供指导；五是灵活的：允许发挥人的主观能动性，针对发生变化的环境做出相应的反应；六是便于沟通的：应该容易交流，能在 5 分钟内解释得清楚完整。[①]

图书馆愿景具有以下特征：

1. 方向性

愿景是关于未来方向的表达，可以理解为远期目标。

2. 激发性

愿景是描绘的美好蓝图，将图书馆的未来蓝图展现在图书馆工作人员面前，可以鼓舞人心，有效激发图书馆工作人员的激情。

3. 可接近性

愿景是组织的集体意愿的表达，这种愿望迫切需要实现。在某种意义上，愿景是组织的梦想，这种梦想不是虚幻的，而是经过组织成员共同努力可逐渐接近并期待最终实现。

4. 持久性

愿景具有一定的持久性，是组织成员在一定时期共同维护并遵守的约定，

[①] 雷格斯比，格雷科著，魏晓燕，薛梅译．精通战略：如何发现你的竞争优势［M］．北京：中国财政经济出版社，2005：14．

并融入图书馆组织文化。实际上，这里的持久性是指一种相对的稳定性，并不意味图书馆愿景是一成不变的。

三、愿景的形成步骤

如何形成愿景，《面向结果的规划：公共图书馆的转型过程》（1998）中提出愿景形成的具体过程包括：（1）陈述需求；（2）将这一需求转化为一个现在正在需要解决的问题的句子（如"孩子们正在辍学"）；（3）按照否定的形式阐述上述问题（如"孩子们没有完成学业"）；（4）陈述由于上面问题的存在产生的负面作用（如"那些辍学的孩子们将无法获得体面工作"）；（5）从现在时态到将来时态，从否定语态到肯定语态改变这一问题（如"孩子们将完成学业"）；（6）通过把不好的结果转变为好的方面来加入想要的结果（如"孩子们获得好的工作"）；（7）这个结果就是图书馆为这一需求而展开的愿景陈述的一部分（如"孩子们在学校里获得他们所需要的教育以具有获取好工作的资质"）。①

图书馆愿景编制的过程中主要包含的步骤：

第一步，规划委员会成员回顾前面形成的图书馆在规划周期内致力于满足的重点需求及图书馆战略分析阶段的相关成果，然后战略规划主持者将搜集的国内外同类型图书馆的愿景陈述发给各位，并对愿景的相关概念、特征进行简要介绍；

第二步，规划委员会成员分别构思，将那些需求和发展方面转变成描述图书馆愿景的简要句子；

第三步，汇总所有观点，集中讨论，并记录；

第四步，整合共同意见，深入阐述、剖析重大分歧，充分发表个人见解，最终取得共识，并使用宣言式的语句撰写愿景；

第五步，公布愿景草案，向图书馆工作人员、图书馆馆务委员会成员及其他重要利益相关者广泛征询建议，力求获得他们的认同，并最终通过图书馆馆务委员会同意。

以多伦多公共图书馆为例，该馆在2008－2011战略规划中提出"我们的愿景"是："多伦多公共图书馆服务于从幼小开始各年龄和背景的人们以满足探索精神、阅读的乐趣和知识的追求。作为他们社区的奠基石，我们的图书馆将每个人相互连接起来，并连接到他们的社群，连接到他们的希望和梦想。

---

① Himmel, E. E., and Wilson, W. J. Planning for Results: A Public Library Transformation Process [M]. Chicago: American Library Association, 1998.

第六章 愿景、使命与价值观　　99

我们丰富的资源为每个人提供珍藏过去创造未来的机会并完全具有可能性。图书馆在我们多样化和变化的城市中促进和充实了民主、文化、教育和经济生活"。在 2012 – 2015 战略规划中将图书馆的愿景简化陈述为"多伦多公共图书馆将被公认为世界领先的公共图书馆，通过卓越而响应的服务，以使多伦多人更聪明、成功和富有适应能力"，并以草案方式征求意见（见图6.1）。

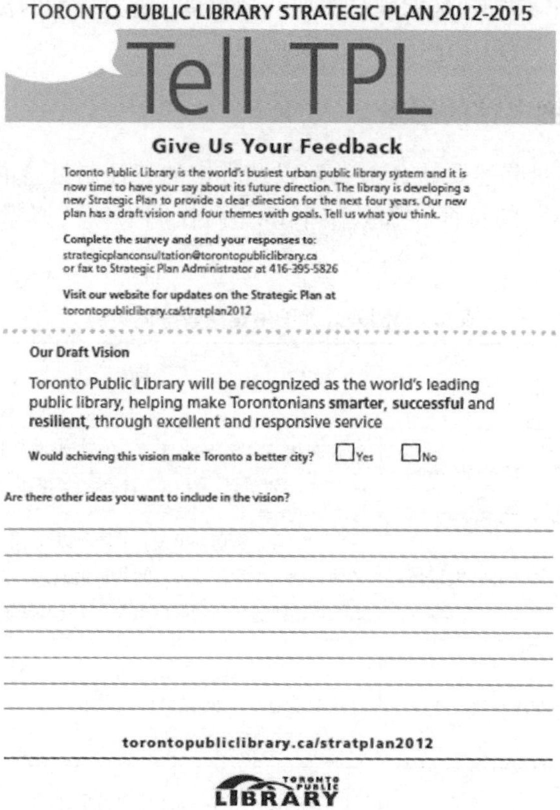

TORONTO PUBLIC LIBRARY STRATEGIC PLAN 2012-2015

Tell TPL

Give Us Your Feedback

Toronto Public Library is the world's busiest urban public library system and it is now time to have your say about its future direction. The library is developing a new Strategic Plan to provide a clear direction for the next four years. Our new plan has a draft vision and four themes with goals. Tell us what you think.

Complete the survey and send your responses to:
strategicplanconsultation@torontopubliclibrary.ca
or fax to Strategic Plan Administrator at 416-395-5826

Visit our website for updates on the Strategic Plan at
torontopubliclibrary.ca/stratplan2012

Our Draft Vision

Toronto Public Library will be recognized as the world's leading public library, helping make Torontonians **smarter**, **successful** and **resilient**, through excellent and responsive service

Would achieving this vision make Toronto a better city? ☐ Yes ☐ No

Are there other ideas you want to include in the vision?

_____
_____
_____
_____
_____

torontopubliclibrary.ca/stratplan2012

TORONTO PUBLIC LIBRARY

图 6.1　多伦多公共图书馆愿景草案征求意见

第六步，通过各类渠道和方式向图书馆公布正式的愿景，以此明确本馆的现实定位，为制定未来发展的预期目标提供纲领性的指导。

在六个步骤中，第二步中的怎样才以最好的表达方式将图书馆未来需要满足的需求和发展重点包含到图书馆愿景中，这是最为重要，也是最为困难的。加拿大马达沃斯卡公共图书馆战略小组为确立愿景给出了若干愿景要素

(vision elements)如下：二区和三区的居民使用该图书馆；增加图书流通和内网使用；最新参考资料；加大非小说收藏；最近畅销小说收藏；更多"作者"访问；为研究提供足够空间；合适的流通台和馆员工作站；通过图书馆保存城镇档案资料以及利用；为残障访问者提供便捷；为久病卧床的人提供服务；增加学龄前孩子的项目；特殊兴趣俱乐部；展览；DVD 和影像资料；更多"谈话类"图书；增加迷你课程；增加期刊数量；通过聪慧的员工帮助人们找到他们想要的；成为人们感到受欢迎的场所。

四、各类图书馆的愿景

图书馆的愿景陈述要结合本类型以及本馆的特征制订。不同的图书馆类型，愿景呈现不同的特征。公共图书馆和高校图书馆的愿景可分别参考表 6.1、表 6.2。

表 6.1 国外公共图书馆愿景陈述实例

图书馆中文名称	图书馆英文名称	愿景陈述
俄勒冈州公共图书馆	Oregon Public Library	俄勒冈州公共图书馆是一个受人欢迎的场所，能够满足社区多样性的信息、休闲、社会、文化需求。
基奇纳公共图书馆	Kitchener Public Library	社区的中心，密切邻里关系的场所以及不同年龄和兴趣者的目的地；现实生活和虚拟空间的聚集地，跨越信息、教育和文化的数字鸿沟；可信赖的信息源、文化和知识自由的支持者。
伯德金图书馆	Burdekin Library	一个充满活力且富有包容性的图书馆服务正在与关键性伙伴进行合作，共同提供优质的设施、服务和项目方案，使它们能够丰富伯德金社区并与其形成连接。
布兰普顿图书馆	Brampton Library	布兰普顿图书馆将通过全方位的现代设施，提供获取高质量服务的优质渠道。我们以用户为中心的服务传递和社区的伙伴关系是社区支持的基础；通过优质的服务和稳定的资金，布兰普顿图书馆对社会和经济的贡献将得到广泛的认可和支持。
布罗克维尔公共图书馆	Brockville Public Library	提供终身信息为己任，帮助布罗克维尔和地区的人们去探索、学习，成长和娱乐。

表6.2　国外高校图书馆愿景陈述实例

图书馆 中文名称	图书馆英文名称	愿景陈述
英属哥伦比亚大学图书馆	University of British Columbia Library	我们是一个具有国际影响力的研究型图书馆,促进知识的创新、探索与发现。
芝加哥大学图书馆	University of Chicago Library	确保馆藏的前瞻性、多样性、开放性和高品质;通过用户教育,使人们了解到更多有用的资源;通过服务创新,使人们更易于获取资源。
卡尔顿大学图书馆档案馆	Carleton University Library and Archives	图书馆成为: ● 不仅是大学的心脏,亦是大学的命脉,让资源和馆员专业知识自由流向大学的所有地区; ● 提供利用全世界的科研和教学资料,以自身的馆藏吸引全世界的学者; ● 利用信息技术发水平创新服务和资源; ● 确保所有图书馆用户有机会学习新的信息研究技能,以适应知识经济社会; ● 馆员自身是积极的学习者和研究者,以贡献我们的专业知识; ● 在自适应和创新环境中,将学习和科研融合在一起; ● 是一个受人欢迎和激发灵感的社区空间,为安静、自主的学术思考和有活力的互动学习小组提供这样的环境; ● 校友和捐赠者都为支持图书馆感到自豪。

其他图书馆如国家图书馆的愿景实例有:"成为一个世界级的国家信息中心,国家的信息资源被体系化的组织起来,利用信息的文化在建设民主和发展过程中逐渐形成。"(埃塞俄比亚国家图书馆);"国家图书馆是国家的信息门户。"(芬兰国家图书馆);"建立世界领先的图书馆,为世界各地的人们提供图书馆服务,实现国家愿景政策中的目标。"(马来西亚国家图书馆)。

专业图书馆愿景实例如:"在未来五年内,成为驱动科学信息开发,为加拿大国民创造价值的领导者。"(加拿大科技信息研究所);"将尽力满足所有潜在用户的信息需求,以支持他们的终身学习,证据基础之上的实践,以及高质量的医疗保健服务。"(约克郡中心医院国民保健服务图书馆和信息服务中心);"在促进人们与各种载体记录的知识建立联系的过程中,图书馆与图书馆员的价值;公众享有免费、开放的信息社会的权利。"(ALA)。

五、图书馆的愿景编制要求

1. 愿景必须远大而且切实可行的

图书馆愿景作为给图书馆工作人员带来憧憬和向往的远大目标,必须具有前瞻性和开创性。同时,一定要在分析图书馆环境的未来发展趋势和自身的资源、能力的基础上,应包含实际的、可达到的目标。应让图书馆工作人员感觉它是实实在在、切实可行的,一定要在分析图书馆环境的未来发展趋势的基础上,结合图书馆自身的资源、能力,选择图书馆愿景,让图书馆工作者真切体会到愿景实现后图书馆将呈现的面貌;

2. 愿景应当简洁、清晰、便于沟通

图书馆愿景必须用短小精悍的语句进行阐释,以便图书馆员理解、记住。使得工作人员心中一直存在图书馆未来的样子,鼓励员工为实现它,坚持不懈地努力。

3. 愿景应当稳定性与灵活性兼顾。

一般而言在一个 3 - 5 年的战略规划周期内,愿景具有相对的稳定性。相对稳定的愿景凝结了图书馆追求成功的强烈愿望,是推动图书馆可持续发展的核心动力。同时图书馆可根据变化的环境作出灵活的调整。

第二节 使 命

一、什么是使命

关于使命(Mission),有如下解释:

"使命通常是指组织的总体目标。在理想情况下,它应与主要利益相关方的期望和价值观相一致,关注的是组织的活动范围和界限。有时它表现为一个看似简单实则颇具挑战性的问题:'我们从事的是什么业务?'"。①

"使命是带领组织前进的大胆声明"。②

---

① 格里·约翰逊,凯万·斯科尔斯著,王军等译. 战略管理(第 6 版) [M]. 北京:人民邮电出版社,2004:8.

② Stueart, Robert D., and Moran, Barbara B. Library and Information Center Management [M]. 6th ed. Englewood: Libraries Unlimited, 2002:106.

图书馆的使命即指对图书馆存在理由、最终目标和其所承担的职责和任务的精简而准确的陈述。图书馆的使命既反映外界社会对图书馆的要求，又体现着图书馆成员的追求和抱负。

二、使命陈述

一般来说，图书馆在确定使命后，对使命进行解释，形成使命陈述。在战略管理学中，使命陈述（mission statement）是对组织压倒一切的目标的概括性陈述，它可以被理解为对组织存在的理由的表述。在20世纪90年代和本世纪初，使命陈述被广泛采用，通常回答以下问题：组织的愿景；清楚地解释组织的主要意图和愿望；描述组织的主要活动及它希望在行业内所取得的位置；陈述还体现了组织的主要价值观。

使命陈述为特定图书馆描述了区别于其他组织机构的根本原因，通过简洁清晰的语言，使命高度抽象地阐明了事业发展的宗旨、哲学、信念和原则。

1. 使命陈述的内容要素

就内容而言，宏观上主要包括三方面内容即组织为什么存在；组织要成就什么；实现组织目的的主要方法或活动：怎么做；组织的价值观——组织的指导原则和信仰是什么。微观上使命内容应实事求是、切实可行，既要避免使命陈述过于狭隘，又要避免使命陈述的空泛；拥有宽广的内涵和一定的抽象水准，为战略的贯彻执行留出创新空间，提供细节填补及战略调整的余地；信息必须全面、详细、具有动态变化性。

信息服务机构使命的内容应考虑如下要素：① 我们的主要范围是什么？② 我们的核心业务是什么？③ 谁是我们的竞争对手？④ 我们的核心技术是什么？⑤ 我们的核心价值和理念是什么？当务之急的行动是什么？⑥ 我们的财政运作基础是什么？⑦ 我们的主要优势和劣势是什么？⑧ 我们关于员工的管理原则是什么？[1]

结合我国图书馆实践，图书馆的使命陈述应该反映出图书馆的存在理由、承担的职能、职能实现的方式以及服务的运营哲学和组织形象等，具体要素可考虑从核心服务对象，主要服务内容和范围、核心技术与资源、图书馆所承担的服务目标，服务预期效果与价值、图书馆的基本信仰、价值观和道德

---

[1] David, Fred R. How companies define their mission [J]. Long Range Planning, February 1989, 22 (1): 90-97.

倾向，图书馆的社会责任和形象，对图书馆员工的关注等。

2. 使命陈述的方式

（1）符合图书馆实际

图书馆使命陈述既要考虑到图书馆的服务对象，又要考虑到图书馆的员工及其他利益相关者。使命要实事求是、切实可行，既要避免使命陈述过于狭隘，又要避免使命陈述的空泛，让全馆员工能够接受。

（2）具有感染力

图书馆使命在语句措辞上要充满活力，使之成为战略发展的动力源泉和号召力量，起到感染作用。

（3）易于理解

使命尽量言简意赅、简洁明快，做到使全馆员工容易理解，甚至易于背诵。Koteen（1997）为此提出"60秒检测"法，即使命应该能在60秒之内被大声朗读或默念出来[①]。成功的使命可以使所有员工很快地记住并且能够让员工时时记得自己的目标是什么。有些图书馆的使命非常简洁，仅有10余字，如阿巴拉契亚州立大学图书馆2008-2013战略规划中使命是"帮助那些渴求知识的人"。

（4）相对稳定性

使命的信息必须全面、详细、具有动态变化性。

在国外图书馆的使命陈述大部分在150个字以内，也有的使命陈述比较详细，如米勒斯维尔大学图书馆1991-1995战略规划的使命陈述如下：

大学图书馆使命陈述

米勒斯维尔大学的使命包括：

米勒斯维尔大学将为学生的学术、个人、社会、文化成长这些对培养成为有教养和创造力人的重要因素提供机会。学校也应接受其为科研、艺术和其他学术成就及创造性的活动提供机会的责任，与其作为教学机构的首要的职责保持一致。

米勒斯维尔大学图书馆致力于提供满足、支持、丰富学校各类教育项目的资源和服务，致力于培育优秀的学术成果和自由的研究，致力于帮助学校

[①] Koteen, Jack. Strategic Management in Public and Nonprofit Organizations: Managing Public Concerns in an Era of Limits (second edition) [M]. Westport: Praeger Publishers, 1997: 60.

吸引并保留住所期待的高质量的师生。而且，在所提供的服务与学校的需求不冲突的情况下，图书馆将作为地理信息中心。

为完成这些使命，图书馆作为信息中心的职责是：

1. 为满足课程学习、个人的丰富、市民教育和学术研究等的需求寻找、组织各种格式的文献并维持平衡的馆藏。采访、维护与剔除政策应反映当前各学科的现状和发展前景。

2. 有效率和有效果地组织、存储、流通、宣传图书馆资源，以提供对资源的最大程度可获取性。

3. 收集、组织和保存学校的历史记录以及反映地区历史、文化和地理特征的记录和资源。

4. 为图书馆用户寻找文献，制定查询方案和科研创新提供正式的专业的指导、咨询和帮助。

5. 与其他图书馆通过馆际互借共享资源，积极参与地区、国家、国际网络与联盟。

6. 提供引导学习和刺激求知欲的物理环境。

7. 寻找不同文化的高水平的职员保证优质的图书馆服务，为图书馆工作人员的继续教育和发展提供便利。

1987 年 5 月 5 号通过
1991 年 4 月 22 日修订

实践中图书馆使命陈述应该根据自身的具体情况，对使命内容有选择的阐述与发挥，以达到更好理解使命的目的。

三、图书馆使命的编制过程可包括的步骤

使命和愿景的编制一样都需要规划委员会成员集中讨论，并适当将吸纳个别工作人员参与，体现广泛参与和群策群力的特点。

首先，由图书馆战略规划支持者将可供参考的资料发给委员会成员，并由主持者/负责人向规划委员会成员普及有关使命陈述的知识；其次，每位成员按自己的理解，独立起草一份使命陈述，经汇总与讨论后整合成一份较为成熟的征求意见稿；然后，将使命初稿进行公布、发送，向图书馆员工、馆务委员会等利益相关群体广泛征集修改意见；最后，修改、完善之后交由图书馆馆务委员会审核批准，正式形成代表本馆战略发展核心信念的使命陈述，并以各种方式和渠道公布使命陈述，通过宣传推广，促进全馆员工的思想统

一，争取上级部门的大力支持，以及外部利益相关者的充分理解和认同。

四、各类型图书馆使命

各类型图书馆可以参考国内外图书馆的使命陈述实例（参见表6.3、表6.4），结合本类型以及本馆的特征，按上述要求确定使命。

表 6.3　国外公共图书馆使命陈述实例

图书馆中文名称	图书馆英文名称	使命陈述
俄勒冈州公共图书馆	Oregon Public Library	通过连接学校和其他社区资源，提供免费的信息和技术，以此来促进终身学习；俄勒冈州公共图书馆是一个供各个年龄层交流想法的地方，支持社区的各项教育、社会和文化活动。并在一个友好的环境中提供有效的服务和资源，满足社区需求。
基奇纳公共图书馆	Kitchener Public Library	将社区与一个想象力、信息、发现的世界连接起来。我们反馈社区的需要，利用创新，重视我们的用户、员工、志愿者和合作者。
布兰普顿图书馆	Brampton Library	布兰普顿图书馆将为布兰普顿的繁荣作出贡献，通过与我们多元化和正在成长的社区所有部门一道合作以预测和响应信息、教育、文化和娱乐的需求。
布兰特福德公共图书馆	Brandford Public library	布兰特福德公共图书馆将致力于形成一种阅读和思考的文化，以便服务于布兰特福德的需求，包括获得信息、终身学习和充实空闲生活的追求。
布罗克维尔公共图书馆	Brockville Public Library	布罗克维尔公共图书馆，通过提供容易获得的信息和图书馆服务，帮助布罗克维尔的人民和地区实现其目标，并丰富他们的生活质量。通过以下几点，我们致力于为布罗克维尔不同的人和地区提供的价值： • 促进终身的阅读兴趣； • 支持追求学习； • 提供机会，创造性地利用闲暇时间； • 为日常生活和生活变化提供所需的信息； • 培养有学识的社区。

表 6.4　国外高校图书馆使命陈述实例

图书馆中文名称	图书馆英文名称	使命陈述
英属哥伦比亚大学图书馆	University of British Columbia Library	UBC 愿意最大限度地为其学生和教职员工提供学习和研究的资源与条件，为他们创造致力于卓越、平等和相互尊重的工作环境；愿意与政府部门、工商业界、其他教育机构以及一般团体合作，创造新知识，从而为其学生职业生涯做好准备，通过最前沿的研究提高生活质量。
阿克伦大学图书馆	University of Akron Library	大学图书馆提供国家最先进水平的获取广泛而多样的学术资源和创新技术，使用户评估他们的信息需求，识别和访问可靠消息来源，并成功地把信息转化为知识。
卡尔顿大学图书馆档案馆	Carleton University Library and Archives	无论用户处于何地，我们都会通过收集、保存和提供信息资源服务于教学、学习、研究和管理团体（行政社区），以增进我们在卡尔顿大学的卓越地位。

其他如国家图书馆使命陈述："获取、整理和保存信息资源，为研究和学习目的建立一个国家信息系统来利用资源，使公众受益。"（埃塞俄比亚国家图书馆）；"国家图书馆要确保所出版的国家文化遗产的可获得性。国家图书馆为市民及社会各界传播和制作各种信息内容，与图书馆网络和其他信息社会中的参与者共同提供服务。"（芬兰国家图书馆）；"通过马来西亚国家数字图书馆系统，让所有马来西亚公民平等获取信息、享受图书馆服务和利用知识资源的权利。"（马来西亚国家图书馆）。

专业图书馆如："通过高价值的 STM 信息及出版服务提升科学研究和创新"（加拿大科技信息研究所）；"NCAR 的使命是丰富馆藏资源并提供使用，为 UCAR/NCAR 开展的学术研究和和教学活动提供支持"（美国大气研究中心图书馆）；"ALA 的使命是引领图书馆、信息（情报）服务和图书馆事业的发展、提升与改进，以加强民众学习，确保所有民众能获取信息"（ALA）。

第三节　价值观

一、什么是价值观

价值，指的是信念、公司原则以及合并成公司运营和组织成员行为的做事方式。公司价值陈述一般包括 4-8 个价值,通常与公平、正直、道德规范、创新、合作、质量、顾客服务、社会责任和社区公民职责等事情相关。例如杜邦公司强调 4 个价值,即安全、道德规范、尊敬别人和环境的管理员职责,前 3 个价值自 200 年前杜邦家族创立公司以来就已存在。家得宝强调 8 个价值:企业家精神、优质的顾客服务、回报社会、尊敬所有的人、做正确的事、照顾人们、建立强大的关系并创造股东价值,以努力成为世界最大的家居产品零售商。

图书馆的价值观是图书馆组织的价值取向,是图书馆全体员工在图书馆组织活动中形成并共同遵守的准则,它直接影响的是图书馆的组织行为、图书馆决策,乃至图书馆人的思维方式与图书馆的工作方法。它体现了我们"相信什么、想要什么、坚持追求和实现什么"。

二、图书馆价值观的编制

图书馆价值观的编制要注意以下三点:

其一,图书馆对其价值观的研究与发布,就是要告诉其服务对象、上级领导等利益相关者图书馆是做什么的,它在社会中发挥什么职能、有何作用,同时也使图书馆人真正了解了自己的职业,并为这个职业的理想而奋斗。通常图书馆的价值观可以用尊重、卓越服务、沟通、合作、知识、新员工发展、社会责任等来陈述。

其二,价值观不仅应当得到图书馆员工的高度认可,而且要得到上级的认可。价值观可视为一种原则,布兰特福德公共图书馆的"原则和价值"提出:"我们信奉知识自由;我们信奉普遍服务;我们将有礼貌并公平地对待每一个人;我们会在热情的环境中为您有效并快速地提供优质的服务;我们会在技术上和社区所缺信息方面做出创新的并且及时的反应;我们会与其他杂志合作以便推动图书馆的任务。"这一原则和价值于 2000 年 1 月 20 日得到布兰特福德公共图书馆委员会的认可。

其三,图书馆的价值观不是孤立存在的,要同图书馆的愿景、使命紧密关联起来,从某种意义上说,它进一步强化了愿景和使命的实践。图书馆在战略管理过程中,可以提出价值观,并进行解释,更重要的是在图书馆实践中让每个图书馆员自觉遵守这些价值,使图书馆陈述的价值与图书馆的实际价值保持一致。

三、各类型图书馆的价值观

我国图书馆在编制价值观时,可参考表 6.5、表 6.6。

第六章　愿景、使命与价值观　　109

表 6.5　国外公共图书馆价值观实例

图书馆中文名称	图书馆英文名称	价值观
伯德金图书馆	Burdekin Library	组织的承诺；领导；公开，诚实和信任；最佳实践，生产力，创新和不断学习；合作；用户为中心；尊重，公正和道德的行为；重视人。
基奇纳公共图书馆	Kitchener Public Library	用户服务：对我们的用户、员工和志愿者的需求保证给予高质量和优异的反馈。 可访问性和知识自由：提供平等和开放的服务、信息和设施的访问途径。 文化和终身学习：通过培养阅读乐趣和持续学习丰富生活。 社区与联系：通过合作和咨询提升图书馆服务。 责任：有效和负责的管理我们的资源。 正直：作出有职业精神和道德的行为。 团队：建立提倡合作、沟通、尊重和训练的工作文化。 创新：以创意的方式改变和提高。 动态的目的：我们的动态目的是提供物理和虚拟的环境，其中用户可以与员工、服务、资源和项目交互。他们是满足广泛社区用户需要和兴趣的中心。我们的目的是不断跟随增长的社区需求的脚步，对技术、社会和社区的发展作出自己的调整和改变。

表 6.6　国外高校图书馆价值观实例

图书馆中文名称	图书馆英文名称	价值观
卡尔顿大学图书馆档案馆	Carleton University Library and Archives	我们承诺： • 期望和欢迎我们的用户社区的多样性 • 继续评估和审查我们服务与工作的质量 • 支持信息自由获取和保护隐私 • 保存委托收藏的信息资源 • 保证我们员工能够完成高标准的工作 • 在图书馆和大学社区内进行合作，以实现我们的目标 • 为我们的员工和用户提供一个安全的工作环境 • 公开透明地进行管理、规划和资源分配

然而，由于社会环境，特别是文化环境的差异，我国图书馆的价值观不要照搬国外的价值观实例，应该结合我国社会背景，从图书馆实际出发，形成具有中国特色、具有图书馆个性化的图书馆价值观。

第七章 目标体系

> 目标不是命运，它只是发展方向；目标不等于命令，而只是一种承诺；目标不会决定未来，它只是调动资源、激发活力、开创企业未来的手段而已。
> ——彼得·德鲁克

第一节 战略目标

一、什么是目标？

路易斯·卡罗尔在《艾丽斯梦游仙境》这本充满奇思妙想的书中，设计了艾丽斯与柴郡猫之间一段著名的对话：

"柴郡猫咪"，艾丽斯胆怯地开口道。她不知道猫会不会喜欢这个名字。不过猫脸上的笑意更浓了。"嗯，它还是蛮高兴的，"艾丽斯自言自语道。

"请您告诉我，我该朝哪个方向走好呢？"艾丽斯接着说。

"那可要看你想去哪儿了，"猫说。

"我不在乎去哪儿，"艾丽斯道。

"那你走哪条路都无所谓，"猫说。

"只要我能去个地方，"艾丽斯解释道。

"噢，只要你走得足够远，"猫说，"你一定会的。"

管理专家 Roger A. Formisano 在叙述这一名著对话之后说，"艾丽斯的情况同样适用于企业战略的设计。为了取得成功，你必须界定成功的定义。因此战略的始点是确定目标，一种漫长的奋斗历程的目的地"[1]

关于目标（Goal），有如下有价值的解释：

---

[1] 罗杰·法米萨诺（Roger A. Formisano）著，郑明等译. 战略管理 [M]. 北京：机械工业出版社，2005：26-27.

目标通常是指与组织使命相一致的一般性目标。它本质上是定性的描述。①

目标是指引向努力方向的意向。②

战略目标是组织愿景与使命的展开和具体化,它是图书馆业务活动预期取得的主要成果的期望值。战略目标是指图书馆想要达到什么样的结果,是对图书馆未来发展情景的预期,其描述一般是定性的、非具体的。

二、目标的分类

目标的分类,参考 Hamitin③、王国强④等的归纳,可按以下标准划分:

按对象划分,可分为图书馆整体目标和图书馆个别目标,前者通常以图书馆服务、社会地位、获得社会支持的能力、获得财政支持的能力、文献资源、人力资源、公共关系等为设定的依据;后者则是一项具体的说明,显示有关重要事项应做的努力,是进一步制定有关运营计划的基础,可有助于评估某一事项进行的情形,作为上下部门相互沟通的渠道。

按功能性质划分,可分为职务性目标、人力资源目标、发明性目标、针对问题而设计的目标。

对于图书馆战略管理来说,确定战略目标是重要的一步。如果说愿景和使命陈述着眼于长远,那么,目标和战略则更倾向于较近的聚焦。

第二节 目标体系的要素与结构

一、目标体系

Stueart 和 Moran 在《图书馆与信息中心管理》一书确立了由使命、目标、任务、措施、策略和进程等层级构成的战略规划等级体系,具体如图 7.1 所示。

---

① 格里·约翰逊,凯万·斯科尔斯著,王军等译. 战略管理(第6版)[M]. 北京:人民邮电出版社,2004:9.
② Stueart, Robert D., and Moran, Barbara B. Library and Information Center Management [M]. Englewood: Libraries Unlimited, 1998:57.
③ Alexander Hamiltin. 目标管理制度[M]. 台北:中华企业管理发展中心,1991:22,51-52.
④ 王国强. 二十一世纪初期澳门图书馆事业发展规划之研究[M]. 澳门:澳门图书馆暨资讯管理协会. 2003:27.

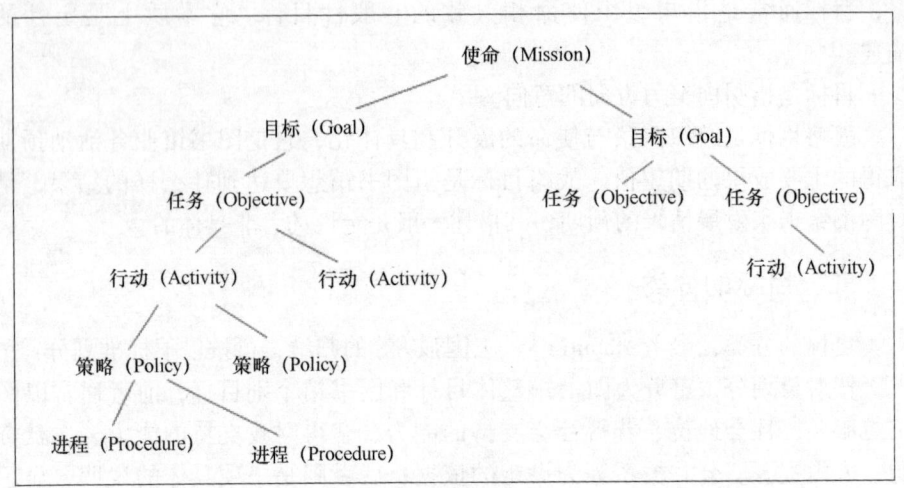

图 7.1　图书馆战略规划文本的结构等级

资料来源：Stueart, R. D. and Moran, B. B. Library and information center management ［M］. 6th ed. Englewood：Libraries Unlimited, 2002：107.

图 7.1 中的术语均拥有适合于图书馆和信息机构的专业特点，可以做如下理解：使命（Mission）：自我承担的责任；目标（Goal）：引向努力方向的意向；任务（Objective）：为实现目标而开展的可测评的行动；行动（Activity）：为实现计划而预先确定的活动；策略（Policy）：书面化的行动指南；进程（Procedure）：完成事务的特定途径。对于这些制定战略规划时必须厘清的概念，国外学者非常重视，用词的多样化和精确性非常值得我国借鉴。类似的术语还有：目的（Aim）：决定行动方向的关键因素；意向（Purpose）：意图、目的；原则（Philosophy）：信念、系统化的价值观；规划（Plan）：为实现目标而开展智力构想的方法；指标（Target）：需要完成的理想化目标；愿景（Vision）：想象中的行动方向；价值（Values）：本质上的理想化信条；战略（Strategy）：决策指导；信条（Principle）：设想，假定；精神（Ethos）：导向性的信念[1]。

为理解目标体系与使命、愿景、战略的关系，需要理解相关概念，可参考战略管理教材中的解释（见表 7.1）。

---

[1] Stueart Robert D, Moran Barbara B. Library and information center management. Englewood：Libraries Unlimited, Inc., 1998：56.

表 7.1 战略词表

英文术语	中文译名	定义	以个人为例
Mission	使命	与利益相关方期望或价值观相一致的、压倒一切的目标	拥有健康的、良好的身材
Vision or strategic intent	愿景或战略意图	理想的未来状况；组织的愿望	参加伦敦马拉松赛
Goal	目标	目的或目标的一般性陈述	减肥强身
Objective	具体目标	对目标的量化或者更精确的陈述	9月1日前减掉5公斤体重并参加明年的马拉松比赛
Unique resources and core competences	独有资源和核心能力	使获得"竞争优势"的资源、流程和技能	住健身中心附近、家人和朋友的支持、以前有过减肥成功的经验
Strategies	战略	长期发展方向	加入互助性组织（如跑步俱乐部）、有规律地锻炼、参加当地马拉松比赛、坚持合理饮食
Control	控制	对各项行动的监测： ● 评估战略和行动的效果 ● 如必要，修改战略和/或行动	监测体重、计算跑步公里数和时间；如果对进展满意，则原计划保持不变；如不满意，则考虑其他战略和行动

资料来源：约翰逊和斯科尔斯著，王军等译．战略管理（第6版）[M]．北京：人民邮电出版社，2004：9．

二、确定目标层级

根据国内外图书馆战略规划目标体系统计，一般绝大多数采用2-3级目标体系，这种层级从宏观到具体的逐步递进的方式对大方向任务进行了分解细化，使得战略目标更为具体化，易于工作人员的理解。

目标体系一般是在愿景、使命和价值观之下由目标和任务组织的体系，是一个等级结构。以马里兰大学图书馆2001年4月修订完成的战略规划为例，其规划的层次结构如表7.2。

表7.2　马里兰大学图书馆规划的层次

使命 mission			
	动议 initiative		
		目标 goal	
			任务或子目标 objective or sub–goal

在马里兰大学，"动议"是重要的，并且可视为一个大目标（a broad goal）。这些动议是大学规划和图书馆规划的主要构成要素。1996年大学规划里的5个动议是：（1）向优秀的本科生提供高质量的教育；（2）在研究生教育和研究中奠定卓越的项目基石；（3）提高大学对社会的贡献；（4）鼓励创业；（5）资源再配置和行政业务合理化。2000年5月大学规划重新提出以下5个动议：（1）继续提升本科生教育质量，以提供每个学生更丰富的有挑战的教育实践。（2）构建强大的专业教育、科研、学术水平以及创作和表演艺术方面优秀的大学文化。（3）确保大学环境多样化，在教师、职工和学生中培养一种社区精神。（4）更充分地参与大学活动以及与其他团体建立合作伙伴关系。（5）确保拥有一个高效行政、有效管理的、实体的基础设施能完全支持一流大学。

以此为基础，2001年图书馆战略规划提出了以下5项"动议"：（1）继续提升本科生教育质量，以提供每个学生更丰富的有挑战的教育实践。（2）构建强大的专业教育、科研、学术水平以及创作和表演艺术方面优秀的大学文化。（3）确保大学环境多样化，在教师、职工和学生中培养一种社区精神。（4）更充分地参与大学活动，与其他团体建立合作伙伴关系。（5）确保一个有效管理的、实施中的、实体的基础设施能完全支持一流大学。这个基础设施的基本要素是有一个强大的用户导向，该导向提供给大学内部和外部的用户最优质的服务。

我国图书馆制定战略目标体系可根据本馆实际，考虑以战略目标—任务—行动计划的方式展开。

三、选择目标体系模式

图书馆战略目标体系可归纳为五种模式，见表7.3。

表 7.3　图书馆战略目标体系模式

模式	呈现方式	优点
长期—中期—短期	在确立不同战略目标的基础上，对这些战略目标分别从短期、中期和长期做出规划	同一总目标或战略划分为不同时期的分目标，以分阶段渐进的方式制定规划，有利于战略目标稳定、协调和可持续地实施，该模式一般适合于制定长期的战略规划，一般超过10年
母体机构目标—图书馆目标	在母体机构使命与战略目标的指导下，制定图书馆的目标以促进母体机构战略目标	与母体机构发展紧密结合，图书馆制定的战略目标较为容易的被上级主管部门通过，并能获得战略发展资金。一般应用于母体机构有特别要求的状况
战略目标—评估	在战略目标后面设置相应评估指标或衡量标准为图书馆战略规划评估提供参考	为战略规划的实施者提供指导，实施过程中通过参考指标若发现行动方案难于达到目标，可以及时调整实施方案，以保证图书馆战略规划科学、合理与高效地实施
目标—实施战略—资源需求	图书馆确立各种战略目标以后，有针对性地制定一系列具体实施战略，并就如何实现这种战略从所需要的资源匹配角度来进行规划	该模式详细描述了每一个战略目标的资源需求，要求每一步战略规划的实施得到充足的资源供应，从而使战略规划确实可行
总目标—分目标—其他	目标—任务—行动计划—资源配置—责任人（或时间范围）	这是最为普遍的模式，该模式具有较强的逻辑性，从目标到资源配置再到责任人及时间范围，通过层层细化使得战略目标更为具体、具有较强的可操作性
	总目标—现状分析—分目标—行动计划	对设定的每一个战略目标都进行了具体的、有针对性的现状分析，确保图书馆制定的战略规划符合自身的特点和需求

根据表 7.3 各种战略目标体系的特点，我国图书馆在制定战略目标体系时，可从战略实施的角度出发，综合考虑本馆特色、服务对象与范围及所处环境的实际情况，选择适合的模式制定目标体系。

第三节 如何确定目标体系

一、如何确定目标

1. 掌握确定目标的原则与特征

图书馆战略目标的制定并不是随意的，应秉承系统、平衡、权变的原则，确保清楚明确、合理可行。国外学者主张应制定"SMARTER"型的战略目标，即：明确的（Specific），可测量的（Measurable），可接受的（Acceptable），可行的（Realistic），有时效的（Time-frame），可拓展的（Extending），有效益的（Rewarding）①。

图书馆战略目标必须体现以下特征，以确保目标能够有效实施。

（1）协调性

图书馆的战略目标并不能随意确定，而是在综合分析图书馆现有的内外环境和预测未来环境变化的基础上制定的。因此图书馆战略规划目标的协调性主要体现在战略规划目标与图书馆使命、愿景相协调的基础上。

（2）可行性。

努梅特指出可行性是对战略的最终的和主要的检验标准②。战略规划目标的可行性主要体现为战略目标易操作，即使目标是抽象的，也可以把它转变成具体的可测量的执行计划，表达务必简明清晰；战略规划中每一个发展目标，都要制定相应的操作性执行计划；效果易评测，每个目标的实现，应有明确的部门负责；实现各目标的操作性执行计划应有可测度的成功标识，以对目标的实现进行定量或定性的测量；目标的实施，有明确的阶段性时间发展计划；战略规划的每个阶段后都有明确的评价措施，来系统地监督与评价战略规划和相应地纠正评价措施的进展与成功；建有保障系统，在战略目标体系中应设有人力、资金、技术等相关保障措施。

（3）清晰性

图书馆的目标以及操作行动都要以文字或数字清晰的表达出来。战略内

---

① Evans, Edward G., and Ward, Layzell Patricia. Management Basics for Information Professionals [M]. New York: Neal-Schuman Publishers, 2007: 154.
② 丁宁，穆志强，闫红等. 企业战略管理 [M]. 北京：北方交通大学出版社，2005：240-241.

容和结构必须简洁清晰、重点突出、逻辑结构清晰,这样才能保障上级主管领导和读者的理解,便于评价战略目标的实现。战略目标的清晰性一方面体现在目标体系结构上,应明确、清晰展现本馆的发展目标、具体操作计划、实施措施等内容;另一方面表现在具体内容上,目标的内容应通俗易懂,避免语言晦涩,突出重点策略,将规划发展阶段中解决问题的优先顺序让上级领导清晰可见。

(4) 发展性

图书馆战略目标的发展性是指战略目标一定是对图书馆未来发展的一种整体谋划,而不仅仅局限于短期的发展,还应关注图书馆的长期发展。图书馆战略目标的发展性原则有利于保证图书馆工作的顺利开展和不断推进,保持图书馆可持续发展。

(5) 灵活性

战略规划目标应有一定刚性,尤其是战略决策者,一般情况下,不经过一定的论证程序,不能随意修改。但战略规划不是经文,只能照念,不能加减,只能由经师来解读,不能有执行者的创造①。随着图书馆内外环境的变化、战略规划的实施效果等影响,图书馆的战略目标也需要做适当调整以保证规划的动态性和及时更新。

2. 战略目标制定方式

战略目标的制定可以借鉴愿景、使命的确立方法,规划人员根据图书馆的愿景、使命以及确定的战略主题/重点,先个别构思若干目标,再集中研讨形成初稿,然后组织相关专家和本馆普通工作人员、读者代表等利益相关人员对提出的目标方案进行评论和论证,征求修改意见,最终取得共识。

图书馆战略规划一般先产生目标,然后再细化目标。国外有的战略规划先确定战略方向(Strategic Direction),在战略方向下确定目标(Goal)。

例如,《卡尔顿大学图书馆与档案馆战略规划(2008—2010)》,确定了卡尔顿大学的4个战略优先项:(1) 为学生提供鲜明的大学体验,确保他们学业成功;(2) 促进高水平和高质量的研究和学术活动;(3) 招募和留住高素质的教职员工;(4) 实施金融和资本来源的有效管理。并结合图书馆的运行和愿景,形成图书馆的四大战略方向:(1) 研究;(2) 教学与学习;(3) 信息网络与合作;(4) 社团信息管理。还建立了四大战略引擎(strategic en-

---

① 邹晓平. 地方院校战略规划的理论问题与个案分析 [D]. 厦门:厦门大学,2006:191.

ablers)：(1) 发展员工；(2) 强化技术基础设施；(3) 改善空间；(4) 扩大数字和物理馆藏。这里的战略引擎是与战略方向相配合的基础性要素。在每个战略方向和每个战略引擎下设立具体目标，例如，在"科研"战略方向下设立三个目标：

目标 1 探索与大学资源中心合作的可能性，增加专业研究性馆藏的可用性。

目标 2 为图书馆馆员探索扩大与院系图书馆研究合作关系。

目标 3 与学术和行政部门合作，建立一个机构知识库管理研究出版物、文献和数据。

规划中阐述了这三个目标的主要依据：

随着学术研究的实践不断发展，信息和通信技术已成为每一个研究人员工具箱中的必要工具。面向综合的知识生态是一个加拿大的研究规划，是概述性的 (2005)。该规划研究者认为，必须为加拿大研究图书馆协会准备好一个协调框架，以利于加拿大的学术交流，确保加拿大的科学研究进入相关的国际论坛。卡尔顿大学的研究成果应在国际数字馆藏网络中得到改善，其图书馆在这方面具有主导作用。

在对以前和继续"从事数字世界"的美国与英国的研究图书馆状况的比较研究中，Lynch 注意到网络化的信息环境为学术实践带来了越来越多的便利。在未来 10 年，这些网络是高等教育通往理解研究图书馆未来的道路。研究图书馆服役期支撑性的网络基础设施如何获得基金援助将部分地信赖于学术图书馆向基于网络的世界的转向程度，在这个网络世界中，社区、合作与竞争都在发挥着自己的作用。卡尔顿大学将建立自己的机构文献和数据库，以此努力地参与其中。

在网络化数字信息联盟（如加拿大研究知识网络 CRKN 和安大略湖学者门户）中，图书馆会员资格将继续是扩大网络基础结构的首选模式，这要通过卡尔顿大学的研究人员、教师和学生有权获取学术资源实现。近来 CRKN 被授予 CFI 基金，这使支持社会科学和人文研究发展的一个基础设施增加了 0.191 亿美元的资金。从国际资料来源获取数字内容将使 67 所大学成员的 800,000 多研究人员和研究生利用丰富的社会和人文科学的数字期刊、数据库和其他学术内容。卡尔顿大学将会通过联盟协议增加许多新的电子期刊，以丰富在线馆藏。同样，安大略湖高校图书馆联盟将从安大略湖购买计划中接收近 2 百万美元的基金，该购买计划目的是为它的联盟购买协议增加电子图书，同时增加一个省级的数据挖掘和分析服务 ODESI。

由于科研和教学项目变得越来越具有多学科性，对于学者和学生来讲，具备以不同学科为基础的综合性知识，以及通过所有的公共和私人的电子数据库和数字仓库中追求这样的目的，都已不再可能。然而，在这个方面，图书馆是研究人员的天然伙伴。作为经过专业训练的信息搜索者、设计师和界面专家，以及信息组织和鉴定专家，图书馆员利用最多样化的信息技术平台和馆藏既能提供必需的学科专业知识，也能提供技术和信息知识。学科专家能够帮助学者和研究人员，为他们的科研项目准备书目和检索文献。

更多的数据集合被创造，也需要更有效率的信息系统支持和管理。无论在获取或组织这些研究数据，图书馆员再次处于管理这些数据集、向研究人员提供专业知识的有利地位。图书馆的 MADGIC（Maps, Data and Government Information Centre）已经为研究人员提供了高级的数据管理支持，将在不久参加一个省级的元数据挖掘和分析系统，为搜索和检索数据提供更多样化的入口。

机构库（IRs）是加拿大传播研究成果的较新模式之一。"一个机构库是一整套服务，即一个大学向它的社区成员提供机构及其社区成员创造的数字资料的管理与分发服务。"虽然机构库的内容不同，但他们经常收藏已发表文章的电子版。然而，这些机构库的潜在作用在不断扩大，他们开始保存更广泛的学术内容，如论文、学习资料、数据、数字图像和地图。

虽然机构库是一个比较新的概念，但这种分发学术研究成果的模式很快获得了良好的发展动力。在过去的几年里，加拿大机构库的数量增长迅速。例如，在写这份报告时，加拿大研究图书馆协会的 27 个高校图书馆中有 23 个在他们各自的规划或建设机构库。

为了满足组织、保存和获取的要求，大学必须调查建立一个本地学术研究成果机构库的可行性。这个机构库将根据存储这些研究项目发表的重要文件的可能性而设计，以便随着时间的推移，已建好的东西远远超过静态或历史性的学术成果馆藏。卡尔顿大学将为其学术成果着手制定一个"研究与知识机构库"愿景规划，这样可以与其他研究伙伴共享学术成果，卡尔顿将来的学生学者还可以利用和重复利用机构库。

图书馆怎样扩展自己，以更好地支持大学的研究社区？图书馆将创建与国内外的其他图书档案机构强有力的伙伴关系，支持研究生的信息与研究管理技能的协调与指导，促进其更正式地参与图书馆工作人员的学术研究项目。

图书馆的战略目标应该是一个多层次、多维度的体系，比愿景更加复杂，因此，对目标是否明确，多项目标是否有主次之分，目标的内容是否协调一致、目标是否与使命、愿景相符等问题需要反复的交流、讨论，甚至可采用德尔菲法。

值得注意的是，高校图书馆战略目标的制定要重视与所在大学战略目标相衔接，例如，加拿大阿萨巴斯卡大学图书馆制定的2009-2011图书馆服务运作计划（Library Services Operational Plan，LSOP）与所在大学2006-2011战略计划（Strategic University Plan，SUP）保持一致，根据SUP的6个目标确定图书馆相应的6个目标：保证卓越学习；推进开放获取；聚焦于卓越研究；建立社区；招募并留住出色的人；分配资源。每一目标下设立若干战略任务，还有相应的行动。

美国德克萨斯大学圣安东尼奥分校图书馆2007-2016战略规划与该校2016年战略规划结合起来，相关规划见表7.4。

表7.4 与图书馆战略规划相关的规划

规划的等级	范围	时间范围	负责者	内容
大学战略规划	大学的战略方向	10年	校园管理和运营部（CMO）和2016年小组	长期措施
大学协议	运作目标	2年	CMO和院长委员会	短期措施
副校长的和学院的战略规划	部门战略方向	5年	副校长和各院院长	长期措施
部门的规划	运作目标	12个月	各学院和各部门	实施细节
工作组	跨部门的目标	短期	由CMO指定	优先措施和改革

在附录中列出图书馆对优化大学的基础主题和领域所作的贡献（见表7.5）。

表7.5 大学的基础主题和卓越的合作领域

	基础主题			卓越的合作领域				
	全球化	多样性	变革领导力	健康	安全	能量环境	人类发展	可持续
馆藏发展	将纳入馆藏建设中			将纳入馆藏建设和联络措施中	将纳入馆藏建设和联络措施中	将纳入馆藏建设和联络措施中	将纳入馆藏建设和联络措施中	将纳入馆藏建设和联络措施中
图书馆行政管理部门		将纳入雇佣业务中	将纳入整个图书馆管理、领导和员工发展中					
参考服务	将纳入虚拟服务措施中			将纳入合作服务措施中	将纳入合作服务措施中	将纳入合作服务措施中	将纳入合作服务措施中	将纳入合作服务措施中

二、如何确定任务

关于任务（Objective），有如下解释：

任务是定量的，或者至少是与整体目标相一致的、更加精确的目标。[1]

任务是为实现目标而开展的可测评的行动。[2]

图书馆任务是目标的进一步细化和具体化，是为实现每一个战略目标而制定的具体的、短期所要达到的结果。任务一般是指可量化、具体的目标，能够使战略规划具有可衡量性、执行性。任务所具有的特征一是要强调任务与目标的协调性，即该任务的执行是否能促进目标的实现；二是任务项的排放顺序，需要根据任务的优先级别放置。

任务的制定方式：在为每个战略目标制定任务的过程中，可由图书馆各部门管理者与从各部门选择的资深图书馆员工负责该项工作。然后，图书馆制定委员会成员进行讨论，对列举的各项任务进行讨论、选择。

任务制定过程中讨论的注意事项：主要包含任务与目标的协调性（该任务的执行是否能促进目标的实现）、任务的可行性（该任务设定的量化指标、时间段等与图书馆实际是否相符、该任务是否可由若干具体行动执行）、任务的优先级别等方面。

每个目标设定的任务项数量：关于各项目标究竟可设置几项任务较为合适并没有明确的规定，但是如果仅设一项任务可能只展示了目标的一个方面，如果设定的任务项太多就会需要更为广泛全面的监督和支撑数据，这将会浪费很多时间，增加目标实现难度。

三、如何确定行动计划

行动计划（Action）是为实现既定目标、任务根据本馆馆情而制定的具体履行措施或执行活动（Activities），具有切实可行性。图书馆战略目标强调宏观管理层面的规划，而行动计划强调从操作层面进行规划。

基尔大学2007－2010年略规划中，在"增强图书馆对教学和学习的支持"的战略目标下提出的任务之一是"更灵活地提供服务，从而满足学生团

---

[1] 格里·约翰逊，凯万·斯科尔斯著，王军等译. 战略管理（第6版）[M]. 北京：人民邮电出版社，2004：9.

[2] Stueart, Robert D., and Moran, Barbara B. Library and Information Center Management [M]. Englewood: Libraries Unlimited, 1998: 57.

体不断变化的需求",在其行动计划中则提出"在 2007 年 8 月底,将图书馆的短期借还量提高50%,并在2008 年9月底,将所有服务量提高50%。评估将自助服务引进卫生图书馆的可行性、在繁忙的放假期间提供长期服务,如复活节;在每学年的开始,向新学生提供支持,如欢迎活动"等六项具有操作性的规划,并在每项活动后面表明起始时间和具体分责任。①

1. 行动计划的特点

行动计划要具有科学性、客观性和可行性。科学性是指制定行动方案的方法要科学,要考虑到各方面的影响因素。客观性是指依据实事求是的原则,克服盲从冒进的思想,针对本馆的特点,制定行之有效的行动方案。可行性是指行动方案要具有可操作性,要综合考虑管理人员与馆员的执行能力,使每个馆员都能够适应具体的行动方案和工作条件。

2. 行动计划的编制过程

行动计划的编制任务主要由图书馆各部门管理者与图书馆员工承担主要任务,主要根据已确定的战略目标和任务制定切实可行的行动方案。

首先,图书馆各部门管理者和图书馆员工可采用头脑风暴法,集中讨论,为战略任务拟定行动方案。

其次,由战略规划制定委员会就行动方案具体包含的内容进行讨论,并从这些方案中选择出最近一年或两年内对目标实现影响最大的目标,形成年度工作计划。关于行动计划选择的标准:哪个行动计划最能有效促进战略目标的实现;哪个行动最倾向于激发读者和潜在读者;哪个行动计划最倾向于建立在员工的能力和兴趣的基础上;这个行动计划是否能够很好成功完成;这个行动计划是否有助于一个以上的任务或目标的实现;是否有充足的资源实现该行动计划;实现该行动计划是否需要有效的图书馆资源再分配。

再次,为其具体实施确定具体负责人或部门。在选择负责人时要综合考虑管理人员和馆员的执行能力,已经承担的工作任务量、知识结构等使每个馆员都能够承担与自己能力、精力相符的行动方案,这样才能够保证规划的切实实施。为各行动方案确定明确的开始与结束时间,确保计划在下一个财政年内实现。

最后,根据前面的"差距分析"结果,进一步确定行动计划所需的人员、

---

① Academic services directorate university library strategic plan 2007 – 2010 [EB/OL]. [2009 – 12 – 22]. http://www.keele.ac.uk/depts/li/policy/Library_Strategic_Plan.pdf.

馆藏、技术、经费等资源，然后对形成的行动计划进行重新检查、确定与调整，如若发现有些行动计划不具有可行性，就需要制定新的方案，如若该项计划的确是正确的能够促进战略目标的实现，那么可以考虑延长行动计划的实施期限。

有些图书馆的行动计划并未显示在规划文本中，但都会在内部出版它们的行动计划，还有一些图书馆每年会出版行动计划执行的结果。

3. 行动计划的内容

一般包括为实现某具体目标而设置的具体的工作任务，是可测量的、可达到的、可行的和及时的，实现目标过程中的"里程碑"、时间接点、衡量指标、所需资源（包括人力、财力和技术资源）是明确的，各项任务的责任人是落实的，一般按年度、分短期目标制订，也就形成了年度工作计划。如表7.6所示。

表7.6 年度工作计划

具体目标：					
编号	活动	负责人	日期	衡量指标	所需资源

四、如何确定实施策略

策略（Policy）指书面化的行动指南。① 图书馆实施策略主要包括为实施战略目标和计划而制定的措施、方案。实施策略是对愿景的支持，它可以减少战略规划的不确定性。同时实施策略是受使命驱动的，在紧急情况下为意想不到的问题确定应对机制。总体而言，这些实施策略是非常重要的，因此不能够直接移植其他图书馆的实施策略，也就是说，各图书馆要根据自身的状况制定专属的实施策略。

---

① Stueart, Robert D., and Moran, Barbara B. Library and Information Center Management [M]. Englewood: Libraries Unlimited, 1998: 57.

第八章 战略规划的文本结构

我所努力的方向就是"简化"。人们做事总是收效甚小而成本却很高,即使在购买生活最低必需品的时候也是如此(更不用说是每人都有资格得到的奢侈品了),因为几乎所有我们做的事情都大大超出了实际的必要性,而显得过于复杂。我们的衣服、食品、家具——都可以比现有的更简化,而且同时也可以做到更美观。

——亨利·福特

第一节 战略规划文本标题

一、单标题与双标题

单标题往往采取直接以图书馆战略规划为题,一般加上时间范围。

双标题有两种,一种是采取主标题和副标题两个标题的形式表达,主标题通常表达规划的要旨或宣传口号,而副标题直接显示图书馆战略规划时段,如加拿大里士满公共图书馆的《构筑成功:战略规划 2008 - 2010 与图书馆设施规划》、荷兰奈梅亨大学图书馆的《在教学和研究的心脏:2010 - 2013 奈梅亨大学图书馆战略规划》、美国伊利诺伊大学的《打开过去,建构未来:伊利诺伊大学图书馆 2005 - 2009 财年战略规划》等。

有的战略规划为了引人关注,加强宣传效果,采取另一种双标题方式,即分为宣传性标题和规划标题两部分,有的先列宣传性标题再列规划标题,如多伦多公共图书馆 2008 - 2011 战略规划,见图 8.1。

该规划的宣传性标题的主标题是"我们分享的故事",副标题为"描述了多伦多图书馆的未来"。

也有的先列规划标题,再列宣传性标题。例如新西兰韦斯特波特公共图书馆的战略规划第一个标题是规划标题"韦斯特波特公共图书馆战略规划",第二个标题是宣传性标题"参与社区,建构未来 2007 - 2010"。

第八章 战略规划的文本结构

图 8.1 多伦多公共图书馆战略规划封面

二、使用"战略规划"或其他名称

国外一般文本在标题上突出"战略规划"(strategic plan)名称,也有的战略规划使用其他名称,如:

Long Range Plan(长期规划)——"ULS Long Range Plan 2011-2014"(匹兹堡大学图书馆)

Strategic Direction(战略方向)——"Queen's University Library Strategic Direction 2002-2005";西澳大利亚州立图书馆的"Strategic Directions 2013-2017"

Strategic Review and Plan(战略回顾与规划)——"Library Strategic Review and Plan 2005-2007"(伦敦大学圣乔治学院图书馆)

Strategic Initiatives（战略动议）——"Georgetown University Library Strategic Initiatives 2010 – 2015"（乔治城大学图书馆）

Business Plan（业务规划）——"Coventry University Lanchester Library Business Plan 2006 – 2007"

Operational Plan（运行规划）——"Library Services Operational Plan 2009 – 2011"

Key Directions（关键方向）——"Geoffrey R. Weller Library Key Directions 2010 – 2015"。

三、我国图书馆战略规划的文本标题

图书馆战略规划文本标题的设置主要有两种方式：一是国际图书馆通用形式，为 XX 图书馆 20XX—20XX 年战略规划；二是考虑我国国情根据国民经济发展的五年规划，可采用"XX 图书馆'十 X 五'战略规划"的标题。

此外，建议各馆在考虑本馆特色以及战略规划发展愿景，可采用双标题形式，设计引人注目的副标题或是设计具有特色的正标题，以"XX 图书馆'十 X 五'战略规划"为副标题。

第二节 文本体例要素

PLA 战略规划指南 1998 年版中指出图书馆战略规划文本必须包括愿景、使命陈述、战略目标、任务四项，此外还可考虑将战略规划人员组成、战略规划过程、图书馆项目或服务现状、社区需求简要概况等信息融入文本[①]。

根据笔者主持的国家项目研究成果，我国图书馆在编制战略规划文本时可参考涉及以下模块。

一、文本体例的核心要素

主要包括愿景、使命、目标、任务、行动计划。起始于愿景陈述的确立，终止于行动计划，这 5 个核心模块按照战略规划制定的顺序展开。

---

① Himmel, E. E., and Wilson, W. J. Planning for Results: A Public Library Transformation Process [M]. Chicago: American Library Association, 1998: 92.

二、文本体例的特色要素

主要包括回顾总结、发展方向、指导思想、各部门分工等具有中国特色的元素。结合我国国情与文本制定程序，将具有中国特色的要素融入其中，形成有中国特色的战略规划文本体例。回顾总结主要指对图书馆的历史回顾、已往规划的总结等，为新规划的制定提供参考一般放在愿景前面；指导原则是战略规划制定的理论出发点，其编制要注意吸收先进文化成果与政策成果等。部门分工包括图书馆中各部门为实现战略规划而进行的业务分工，一般放在行动计划中。

三、文本体例中的辅助要素

主要包括前言、价值观、环境分析、经费预算、保障措施、评价和附录。

1. 前言

国外较为详尽的图书馆战略规划文本一般都有前言部分（Introduction），对规划制定原因、规划的作用与意义等进行描述。

国外有的规划文本中使用"Message from the Director"或者"Message from the Chair"等，主要对规划的主要目标进行概括性介绍，并表示对参与人员的感谢等。例如，《穆迪港公共图书馆 2009-2011 战略规划》以"Message from the Chair"开篇，系 Board of Trustees 主席 Don Logie 的话：

我很荣幸在这里陈述 Port Moody 公共图书馆 2009-2011 年战略规划。图书馆理事会希望保留和巩固过去三年我们所取得的成就。我们同样认为需要在六个战略领域取得改进。

"图书馆是社区居民通向学习、想象和创造性追求的世界的友好门户"。我们的使命，提出于 2002 年，有一些细微的改变，以反映我们始终所共同生活的一个世界和反应我们的口号，"这里的世界很大"，我们加入我们的价值以强调我们对于社区满足其需求的责任与承诺。

面向未来，我们相信我们需要一份双重目标的战略规划。第一个目标致力于为建立一个新的图书馆而努力。这不仅与设施计划有关，同样需要与社区居民共同建立与分享新的图书馆愿景。但是，一个新的图书馆将不会在本规划的时间段内建成开放；第二个目标将关注于最大化利用当前的已有空间和为我们的用户提供一个环境友好、资源丰富的图书馆。该计划将包括认真完善受基础设施约束的全面服务组合。这将需要重点和优先事项的确定。

该委员会已规定了发展路线图,图书馆准备进行实施。我们将继续享受来自我们不断扩大的成员和社区的高度支持。我们小型图书馆的工作人员所遭遇的许多挑战长期以来为人所忽视。我们意识到,当我们的用户越来越多,我们小型图书馆的限制越来越突出的时候,避免我们的用户遭遇这些挑战将变得越来越困难。

穆迪港公共图书馆理事会成员和工作人员期待着能够满足我们读者的需求,优化社会的识字水平、终身学习和知识经济所要求的技能。

《纽芬兰与拉布拉多公共图书馆2008－2011年战略规划》的"Message from the Chair"还附有照片,见图8.2。

图8.2　纽芬兰与拉布拉多公共图书馆战略规划

有的规划文本既有序言（Foreword）,也有前言（Introduction）。例如,2007年7月—2010年6月新泽西州立图书馆战略规划前有馆长Norma Blake所作的序言,接着是正文的前言,前者介绍战略规划委员会的工作,后者介绍图书馆的概况。

新西兰北帕默斯顿市图书馆战略规划（2005 – 2014）首列市长寄语（Message from the Mayor），次列馆长寄语（Message from the City Librarian），在战略规划推介上起到了重要作用。

从规划的角度，国内图书馆战略规划应当重视前言部分。前言主要包括馆长致辞、内容提要、执行概要等对规划文本内容进行了高度概括，具有统领作用，放在文本首页。

2. 价值观

价值观主要指核心价值，是对使命和愿景的补充，一般置于愿景和使命之后。

3. 环境分析

环境分析包括图书馆的内外部环境、竞争优劣势、各利益相关者。

4. 经费预算

经费预算关系到目标实现的可行性以及规划的实施。如美国宾州米勒斯维尔大学图书馆1991 – 1995战略规划列出经费预算如表8.1所示。

表8.1 战略规划预算概要

	馆藏发展预算	运营预算	自动化预算	雇佣学生时间预算
1991 – 92	MYM536, 514	99, 730	139, 280	234, 492
1992 – 93	600, 895	109, 703		
1993 – 94	673, 002	120, 673		
1994 – 95	753, 762	132, 740		
1995 – 96	843, 683	146, 014		
	新设施预算	翻新修复预算	一次性设备预算	家具预算
1991 – 92	MYM90, 00	85, 000	128, 448	5, 250
1992 – 93			195, 000	
1993 – 94				
1994 – 95				
1995 – 96				

5. 保障措施

保障措施是针对战略实施方案的保障性补充，能够为图书馆的战略进程提供资源基础。

例如，奈梅亨大学图书馆2010-2013战略规划最后提出"优化工作人员和资源"以及"质量控制"：

为了达到规划中的各项目标，大学图书馆必须保证工作人员的最佳发展、财力和物力资源的优化配置。优先权将永远给予更新及提高图书馆的服务。

图书馆确认以下优先领域的人员配置及组织结构方面的政策：

- 在分析未来员工和能力需要（一个员工能力的简要描述浏览）的基础上，优化员工和员工发展。
- 一个针对图书馆创新的职业化和培训项目。
- 改进内部沟通，例如利用Web2.0的工具。
- 通过一个专案式的方法，持续优化图书馆的组织结构。

以下是变化将同时需要的相关资源：

- 改善金融管理信息和汇报教师文献的预算。
- 提高管理过程和为了提高内部和全体学院信息和通讯的管理系统之间的联系（请参见数字图书馆项目）。
- 开发一种固定资金基础辅以工程的资助。
- 发展一个连贯的项目方案。
- 成立一个新的当地的图书馆系统。

为了增加变化的功效和从最好的实践实例中获利，高校图书馆要在国家和国际层面上，通过参与项目有关的学术信息环境，寻求密集的合作。

图书馆所取得的在实现其战略目标上的进步将被监控，并通过基本数据、关键绩效指标和审核使其透明。

6. 评价体系

评价体系包括战略规划实施绩效的测定、评价方案。

7. 附录

附录包括各种数据分析表格、参考文献目录、规划参与人员目录等，使得规划文本更为完整。

国外有的战略规划正文采取概要式，将大量相关数据放在附录中，以突出正文的简洁性。例如美国宾州米勒斯维尔大学图书馆1991-1995战略规划正文列出战略规划的概要，将战略规划细节和词表放在附录中。

美国图哈伯斯公共图书馆2010-2014战略规划文本正文只有4页，包括"规划过程"、"我们的发现"、"组织价值"、"使命陈述"、"图书馆目标

（按优先顺序）"、"进程标志"、"实施步骤" 7 个部分；而附录有 20 页，包括 4 个附录：(1) 第一年行动计划（2010 年 1-12 月）；(2) 社区焦点小组-概要（2009 年 10 月）；(3) 图书馆 SWOT 分析（2009 年 10 月）；(4) 图书馆与社区概览（2009 年 10 月）。

又如，2007 年 9 月发布的《威斯康星州图书馆技术战略规划》正文除序外，有"前言"、"图书馆网的法定框架"、"建立全州图书馆网络"、"愿景陈述"、"目标和任务" 5 个部分。有 4 个附录：(1) 全州图书馆网的特性和组成要素；(2) 公共教育和行政部门的技术相关活动；(3) 1998 年 2 月图书馆技术规划会议；(4) 计划说明。

总之，图书馆在编制战略规划文本时可根据本馆具体状况在具备文本核心要素的基础上，适当选择部分特色要素和辅助要素，形成具有中国图书馆特色的科学化、规范化、个性化与多样化的图书馆战略规划文本。

第三节 文本主题要素

图书馆战略规划文本中除了包括文本体例要素中的核心要素、备选要素和特色要素外，在具体内容阐释中还应涉及信息资源建设、人力资源建设、技术应用、服务承诺、组织管理、经费支持、建筑设施、发展历程、制定过程、关键成功因素、可行性分析危机管理、薪酬管理等主题要素。

一、文本主题的必备要素

必备要素主要包括信息资源建设、人力资源建设、技术应用、服务承诺、组织管理、经费支持等要素。

1. 信息资源建设
2. 人力资源建设
3. 技术应用
4. 服务承诺
5. 组织管理
6. 经费支持

二、文本主题的备选要素

备选要素主要包括薪酬管理、危机管理、可行性分析、建筑设施、馆训、服务对象界定等要素。

1. 薪酬管理
2. 危机管理
3. 可行性分析
4. 建筑设施
5. 馆训
6. 服务对象界定

必选要素和备选两类要素的划分只是一种参考性划分，它们之间也不具有绝对的分界标志，图书馆战略规划实践中可根据本馆具体情况做出具有针对性的增、删。

各级各规模图书馆对文本主题要素选择时注意的事项：一般图书馆级别越高、规模越大、机构越健全、管理越规范的图书馆，除必备的要素外，还应将越多、越齐全的备选要素考虑到文本之中；而对于规模较小或处于初期发展阶段的图书馆可根据自身条件从必备和备选两类要素中进行选择，以便简洁、高效、实用、可操作地编制本馆的战略规划文本。

除了上述提到的主题要素外，战略规划实施进度表、预期效果等内容也应给予重视，必要时，可考虑加入文本内容之中。

第四节 文本的量化指标与语言

一、文本的量化指标

量化指标是战略规划制定的科学论证，实施的精确测量，以及评价的规范认知的基础，是战略文本科学性与客观性的体现。图书馆在战略规划中可考虑设置量化指标将战略规划目标具体化，以此作为战略规划实施与评价的操作性指标。

图书馆在制定规划时除了对经费增长、资源（纸质、电子、网络）建设、流通册次（人次）、举办讲座、承办展览、大型活动、服务网点、回溯编目、人才队伍（职称、学历）、全员培训等方面的工作规划，明确提出量化的发展指标外，应关注对读者的满意度、员工的幸福感、服务绩效评价等隐性指标的设置。同时要重视指标、参数之间的关系界定与检测，推进战略指标的内在相关性研究。

二、文本的语言特点

一份科学、有效的规划文本除了在标题、内容、体例结构等方面有一定的要求外，在具体的语言、文字表述方面也有一定的要求，其最基本的要求就是能够让按规划的人顺利地读懂、理解。

一份清晰、易懂的文本应具备以下特征：

清晰。一份清晰的文本就是容易读懂和理解，应用的语言是较为简单、为读者熟悉的词汇，不要涉及太多专业词汇，对缩写的词汇在第一次出现时应注明全称。

简洁。用尽可能少的文字表达更多的意思，避免冗余。

具有可信性。一份可信的文本同时并具备精确性和可信性，在具体行文中尽量多使用具体的定量数据。

具有说服力。具有说服力的文本就是说服人们相信图书馆是重要的资源中心，值得人们支持。尤其是用一些定量的数据进行表述时，要使数据更为清晰、令人可信，如"持有图书馆证的居民将增加15%"就不如"持有图书馆证的居民数量将从41,000增加到47,000"更令人信服。

第九章　战略规划的发布与宣传

行动不是来自思考，而是承担责任的准备。　　　　　　　　——朋霍费尔

规划制定完成后，必须立即进行发布与宣传工作。为了更好地进行发布与宣传，必须对规划文本进行形式化加工，包括确定文本的格式、内容、排版等。还要考虑设计一些重点突出规划使命、愿景与战略目标图文并茂的简报、活页、手册等以便图书馆利益相关者能够迅速、准确掌握图书馆战略规划重点，便于战略规划的宣传推广。

第一节　战略规划的发布宣传形态

一、战略规划封面设计

简洁型的封面设计如《英国图书馆 2011 – 2015 战略》，其设计简洁大方，突出主副标题，如图 9.1 所示。

又如《纽芬兰与拉布拉多公共图书馆 2008 – 2011 年战略规划》的封面设计简洁，除标题外，还显示发表单位和时间，如图 9.2 所示。

二、战略规划内容排版

在排版中大量采用图片引人注意，大大增强了战略规划的宣传效果。例如《新泽西州立图书馆战略规划 2007 年 7 月—2010 年 6 月》充分运用左侧三分之一栏的空间，或用图片，或用提要，避免文本阅读的枯燥。

三、战略规划详本与略本

国外战略规划文本的篇幅有长有短，长的有百页以上，如美国安德鲁斯大学《越墙：詹姆斯怀特图书馆战略规划》长达 126 页，短的也有几十页，如美国宾州米勒斯维尔大学图书馆 1991 – 1995 战略规划有 43 页。

第九章　战略规划的发布与宣传　　135

图 9.1　英国图书馆战略规划

图 9.2　纽芬兰与拉布拉多公共图书馆战略规划

四、战略规划宣传册

以爱尔兰国立大学图书馆为例，宣传册如图 9.3 所示。

制作双面折叠彩页是战略规划宣传的有效方式，一般在彩页中突出使命、愿景和价值观以及战略内容，图文并茂。有三种形式可参考。

第一种为模块组合式，设计较为现代，双面分散表现战略内容。如加拿大阿克伦大学图书馆将这种方式称为专版（Special Edition），双面折叠彩页外页首页介绍战略规划，末页列出战略规划团队名单，见图 9.4。双面折叠彩页内页第二页为使命、愿景和价值观，第三页列出战略，见图 9.5。

第二种为规范列举式，设计较为传统，单面集中表现战略内容，折叠彩页内页为主，外页为辅。以麦考瑞大学图书馆为例，制作正反两面折叠彩页，外页大幅图片，如图 9.6 所示；内页突出规划要领，如图 9.7 所示。

第三种为活泼流线式，设计较为时尚，双面表现战略内容，颇有吸引力。如桑德贝公共图书馆 2009－2011 战略规划的正反两面折叠彩页，形式更为活泼，如图 9.8 和图 9.9 所示。

图 9.3　爱尔兰国立大学图书馆战略规划

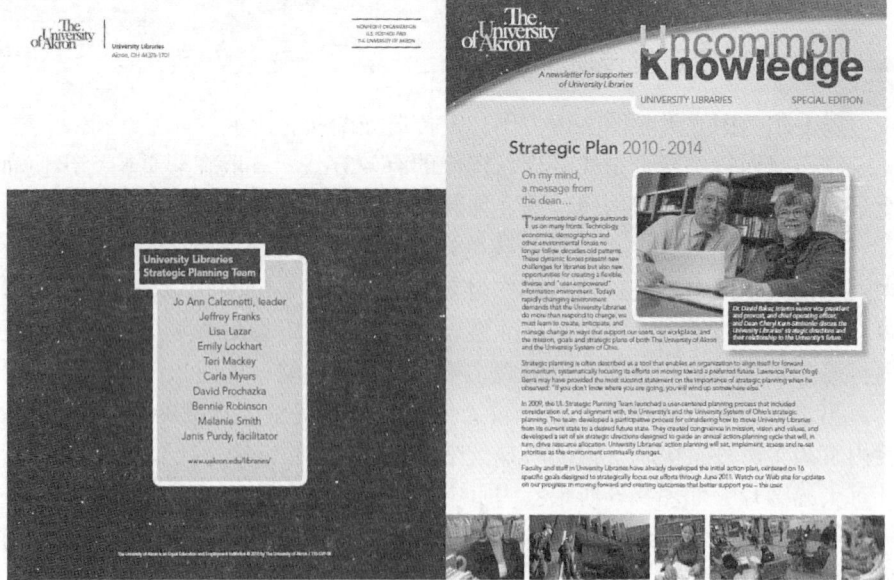

图 9.4　战略规划双面折叠彩页外页

第九章 战略规划的发布与宣传

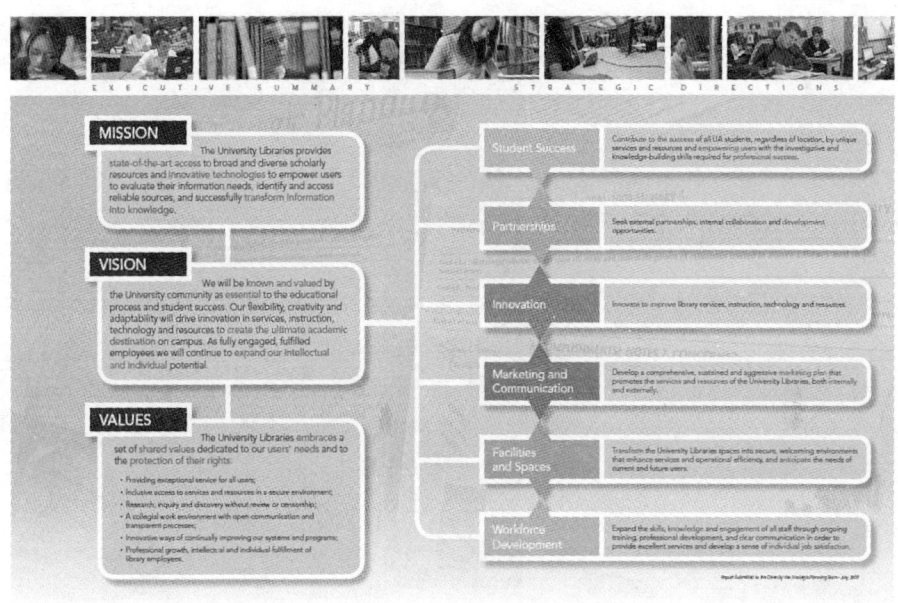

图 9.5 战略规划双面折叠彩页内页

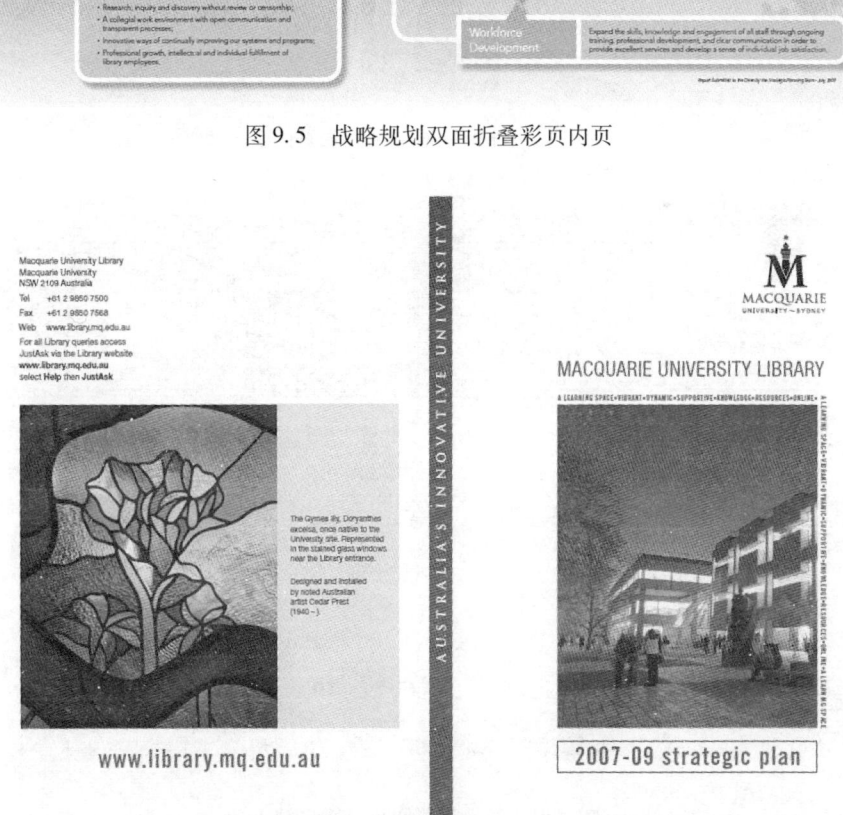

图 9.6 战略规划双面折叠彩页外页

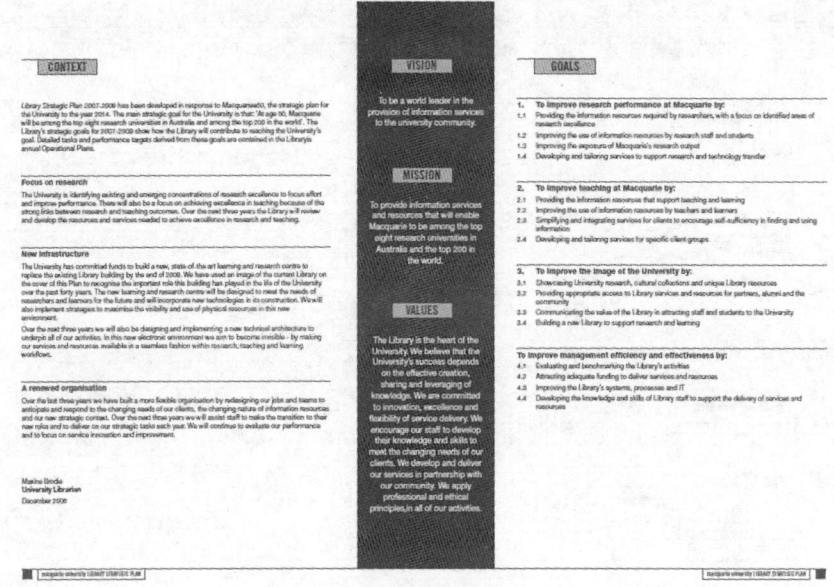

图 9.7　战略规划双面折叠彩页内页

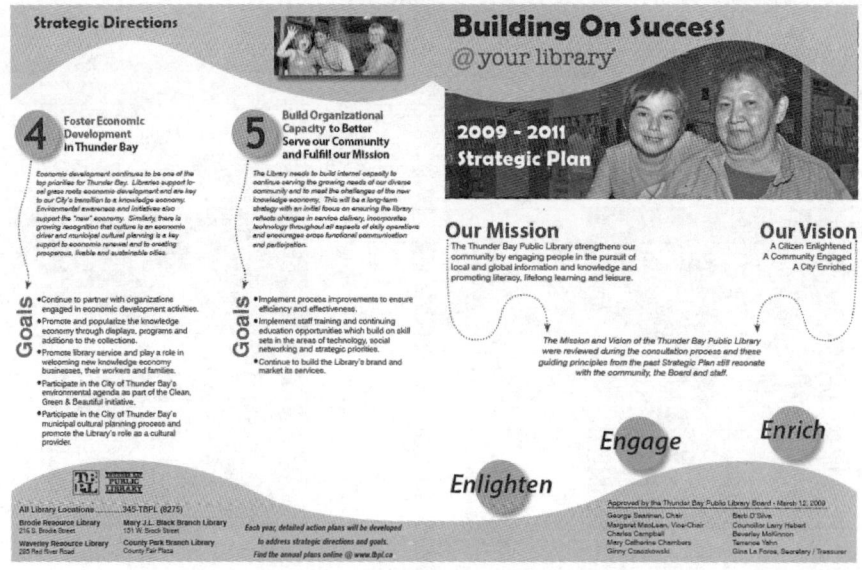

图 9.8　战略规划双面折叠彩页外页

第九章　战略规划的发布与宣传　　139

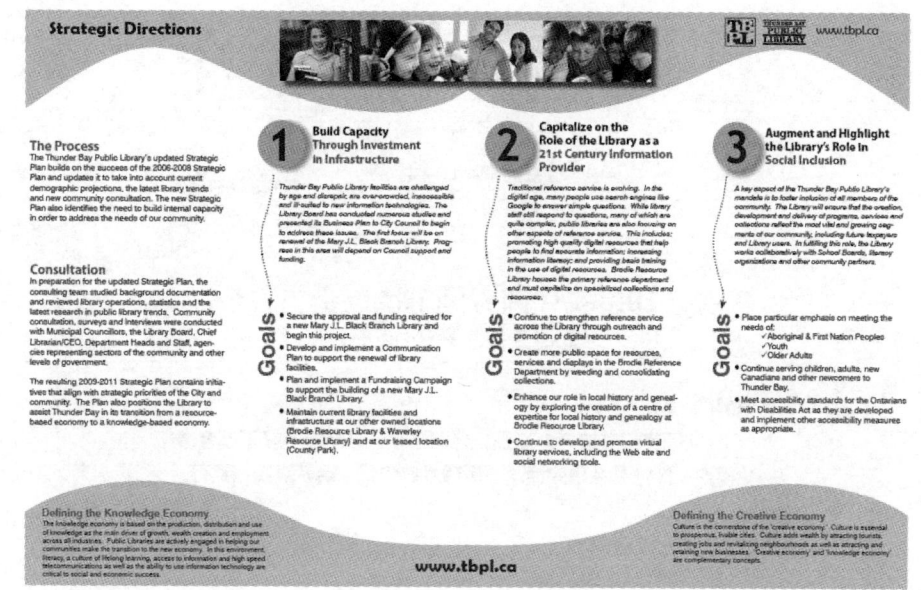

图9.9　战略规划双面折叠彩页内页

　　对于服务对象多民族化或多国籍化的图书馆应考虑战略规划文本的多语种处理，以满足各类服务对象对图书馆战略重点的理解。

　　对于个别大型图书馆为了适应国际化的发展需求，也应考虑多语种文本的编制。

第二节　战略规划的发布宣传途径

图书馆应加强战略规划的多渠道发布和宣传工作。

一、馆内发布与宣传

　　馆内发布通常以图书馆文件方式下发到各部门，成为工作中必须执行的制度和规范，使规划发布正式而有力。例如《江西省图书馆"十二五"规划纲要》采取的就是这种发布方式，见图9.10。

　　除了图书馆馆长在各种场合进行宣传外，还要以馆务会、馆内公示等形式进行馆内宣传，同时强调向图书馆上级部门抄送文本。

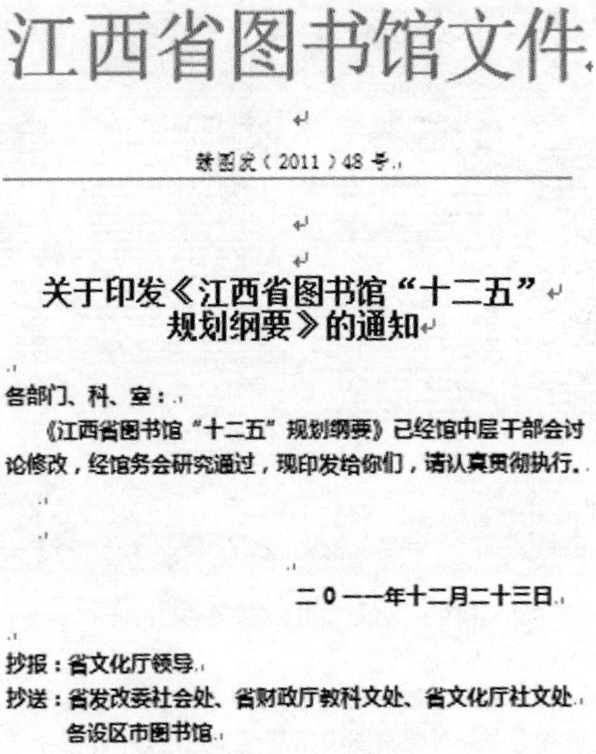

江西省图书馆文件

赣图发（2011）48号

关于印发《江西省图书馆"十二五"规划纲要》的通知

各部门、科、室：

《江西省图书馆"十二五"规划纲要》已经馆中层干部会讨论修改，经馆务会研究通过，现印发给你们，请认真贯彻执行。

二〇一一年十二月二十三日

抄报：省文化厅领导
抄送：省发改委社会处、省财政厅教科文处、省文化厅社文处
　　　各设区市图书馆

图 9.10　战略规划文件发布形式

二、网站发布与宣传

具体的发布与宣传方式除了简报、活页、手册、大型显示屏等途径，最为有效的宣传推广方式是通过本馆网站的长期发布，以此确保员工、读者及各类利益相关群体的关注和监督。

1. 网站发布战略规划形成过程

通过网站发布战略规划形成过程，既是图书馆信息公开的良好方式，也是促进读者参与战略规划过程的较好途径。例如，澳大利亚昆士兰大学图书馆 2013 年 7 月底完成新的战略规划，9 月 16 日在网站上发布战略规划以及规划过程的详细信息，如图 9.11 所示。

2. 网站发布战略规划纲要

大部分图书馆采取这一方式，在网站发布战略规划的主要内容。例如，

第九章 战略规划的发布与宣传

图 9.11 战略规划网站发布截图

资料来源：http://www.library.uq.edu.au/about-us/library-strategic-planning-2013

德克萨斯大学圣安东尼奥分校图书馆网站的"About"栏目下设关于 UTSA 各图书馆、地址、战略规划、快讯事实、藏书、政策、赠予图书馆、图书馆职位、联系我们、开放时间网页，战略规划网页（http://lib.utsa.edu/about/strategic-vision/2016/）发布《德克萨斯大学圣安东尼奥分校图书馆战略规划 2016》，内容包括引言、战略愿景、战略优势与挑战，并详细列举了 5 个战略动议（Strategic Initiative）7 个目标（Goal），不提供其他相关信息以及 PDF 文本下载。该规划的详细文本《德克萨斯大学圣安东尼奥分校图书馆战略规划 2007—2016》于 2007 年 12 月 20 日完成，共 19 页，包括 8 个部分：（1）前言；（2）图书馆使命、愿景和核心价值；（3）战略优势；（4）战略变革；（5）战略动议、图书馆目标、行动项目和测度；（6）关键指标；（7）行动与责任响应；（8）附录。

1) 网站发布战略规划的报告

将战略规划以 PPT 报告方式发布。如南非比勒陀利亚大学图书馆将 2005—2010 年战略规划制作成 35 页的 PPT，并在网站上（http://

www.library.up.ac.za/aboutus/governance.htm）发布，如图 9.12 和图 9.13 所示。

图 9.12　战略规划 PPT 封面

3. 网站发布战略规划相关信息

以加拿大布罗克维尔公共图书馆为例，该馆制订 2005－2007 战略规划后即在图书馆网站发布（http：//www.brockvillelibrary.ca/strategic - plan.htm），其发布信息包括：

其一，规划说明

布罗克维尔公共图书馆的这一战略规划是由理事会成员、图书馆馆长、员工和读者紧密合作的结果。它提供了一个积极机会以观察未来，开发规划，修订、聚焦和改善图书馆服务。

因为它是一个动态文件，要进行定期评估以重新评价优先项，并根据形势的变化调整目标、任务和战略。它是图书馆不断生长和发展的基础。这是为了理事会、馆长和员工应对未来选择设置一条路线时起到指导作用。每年

第九章　战略规划的发布与宣传　　143

Content　　2

Introduction	3
Vision, mission and values	4
Strategic plan with normal budget	5
New initiatives requiring extra funding	6,7
Impact on UP strategic objectives	8
Contributing to improved knowledge management	9
Underpinned by a quality focus	10
Conclusion	11
Background information	12-20
Budget information	21-31
Supplements resulting from the roadshow	
Questions and comments	32
Academic Enterprise focus	33
Strategic risk assessment	34

图 9.13　战略规划 PPT 目录

一度，理事会和图书馆馆长将每一个战略任务责任到人。

其二，规划文本 PDF 下载

January 2005 – December 2007 Strategic/Technology Plan

其三，规划中的愿景、使命与目标摘要

愿景：

信息为终生……帮助布罗克维尔和周边地区的居民去发现、学习、成长并享受生活。

使命：

布罗克维尔公共图书馆通过提供易于获得的信息和图书馆服务来帮助布罗克维尔及周边地区居民实现他们的目标，并丰富他们的生活质量。通过以下方式，我们坚定地致力于为布罗维尔及周边地区各类人群提供有用价值：

- 促进对阅读的终身兴趣
- 支持对学习的追求
- 提供创造性地利用空闲时间的机会
- 为日常生活和生活方式转变提供信息

- 培养信息灵通的社区

目标：

我们服务的人们：

布罗克维尔公共图书馆理解并响应布罗克维尔及周边地区各类人群的独特需求。我们将追求以下三个方面战略：

- 理解不断变化的需求
- 开发定向的服务
- 继续提供有价值的服务

我们提供的服务：

布罗克维尔公共图书馆将通过启用电子图书馆和在服务提供方面的持续变革，为人们提供合算的、方便接近精确而深度的信息以及图书馆资料。为了实现这个目标，布罗克维尔公共图书馆将致力于追求以下五个方面的战略：

- 多样化产品
- 重新定义帮助服务
- 调整场地和空间
- 改善获取和便利性
- 规划本地所有区域的定向服务

提供以上服务的人们：

布罗克维尔公共图书馆员工将继续发展他们的技能、知识，以及满足布罗克维尔及周边地区变化需求的适应性。

2013年11月20日检索该网站，仍然有上述介绍，只是没有提供最新的文本下载。

4. 网站提供战略规划文本下载

具体做法包括：在"本馆概况"之类的导航模块中，以2-3级的链接予以呈现；尽可能地提供全文浏览和全文下载的获取方式，甚至以多媒体的表现手段增强趣味性、可读性和识别性；尽可能同时发布不同时期制定的战略规划文本，展示战略演进的阶段性成果；完善战略进展简讯、年度工作计划、年度测评报告、规章制度条文等辅助性文献的研究与编制。

5. 网站发布战略规划视频

例如，伦敦大学学院图书馆为配合2011-2014战略规划制作了视频在网站发布（http://www.ucl.ac.uk/library/video.shtml#strat），如图9.14所示。

第九章 战略规划的发布与宣传

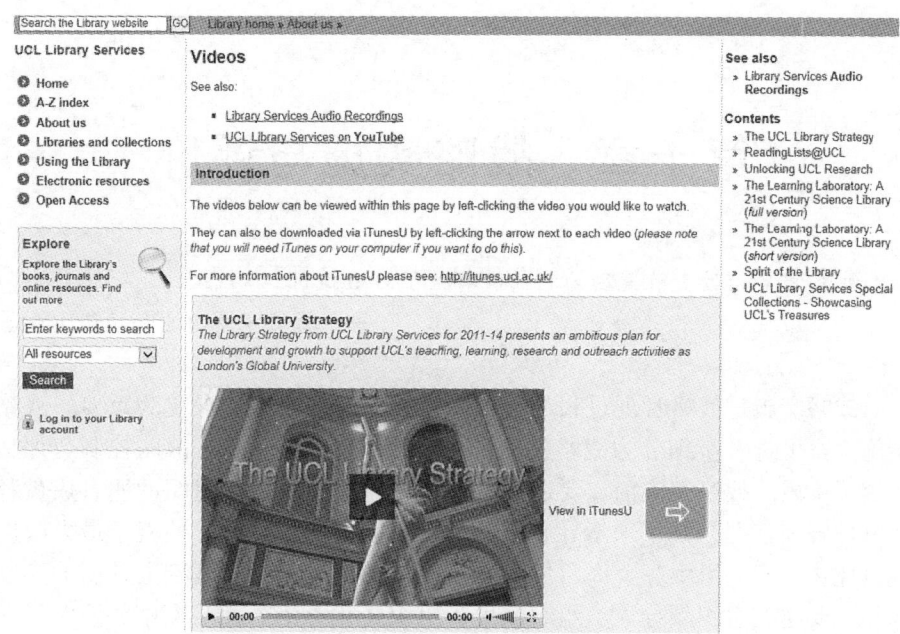

图 9.14　战略规划视频截图

第十章 战略实施与评价

战略常常招致失败是因为它们没有被很好地执行。

——拉里·博西迪和拉姆·卡恩

战略实施是战略管理过程的行动阶段,比战略制定阶段更为重要。战略实施阶段可进一步细分为战略发动、战略计划、战略运作、战略控制与评估四个子阶段。战略实施前,要通过各种手段进行宣传,使组织的所有成员都能够理解和掌握,并用来指导自己的行动;制定实施计划,使战略最大限度地具体化,变成组织各个部门可以具体操作的业务;在此基础上开展的实施运作,要注意组织领导人、组织制度、组织文化等诸方面与实施相匹配;在实施过程中,只有加强对战略执行过程的控制与评价,才能适应环境,最终完成战略任务。狭义的战略实施与评价指战略规划的实施与评价。战略规划制定完成,经过批准、发布与广泛宣传之后,便正式进入战略执行阶段,其主要流程如图10.1所示。

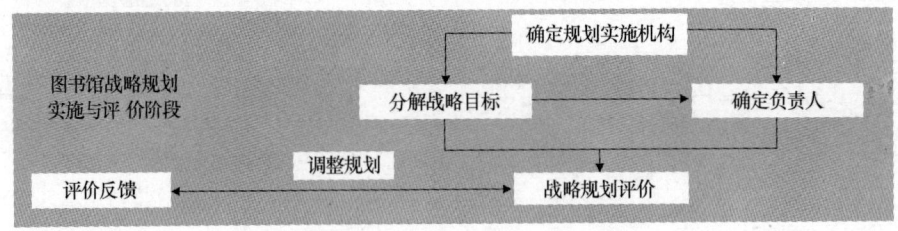

图 10.1 战略规划的实施与评价阶段

第一节 战略实施

一、战略实施的重要性

战略不仅仅是大脑中的一个好主意或纸面上的一份陈述,战略的意义只有通过战略实施才能得到体现。换句话说,战略和战略规划如果没有或不能实施,那就是纸上谈兵,最终使管理一事无成。

战略实施既是一门科学,也是一门艺术,因为要将战略从计划转变成行动,然后转变成结果。与战略制定相比,战略实施是一个更加复杂和难以控制的过程(参见表10.1)。

表10.1 战略制定与战略实施的区别

战略制定	战略实施
行动之前配置资源	行动中配置资源
注重效能	注重效率
思维过程	行动过程
知觉与分析技能	鼓励与领导技能
对几个人进行协调	对众多人进行协调

资料来源:李玉刚.战略管理[M].北京:科学出版社,2005:189.

从表10.1中可以看出,战略规划制定是以思维活动为中心,由少数具有分析能力的参与人员从事的,具有创造力的活动;而战略规划实施则以操作活动为中心,由组织内部全员参与的,以效率和执行力为标志地活动。

明茨伯格关于战略制定与战略实施的不可分离性、企业应该主动地去创造机遇和创造资源与能力以实现企业的战略目标的思想是非常有见地的,这两方面也是当今企业实施战略管理所必须注重的问题。

对图书馆来说,仅仅有了战略规划还不够,因为图书馆通过战略制定仅仅解决了哪些事情该做,哪些事情不该做,这些事情应该怎样做的问题,而只有实施,才真正解决该做的事情是否做了,而且是否按照原来的战略规划去做了。

另一个值得注意的问题是,战略规划实施不只是馆长的事情。由于规划的实施业务范围涉及图书馆各部门甚至各个岗位,因此,必然依靠各级的参与,调动各部门和全体馆员的主动性和积极性。馆长在战略规划实施中起着十分重要的领导作用,各部门负责人要考虑明确任务范畴:具体包括两个问题:一是规划实施方案中哪些是在本部门必须承担的任务,二是规划实施方案中哪些是本部门需要配合其他部门完成的任务。在明确任务后,接着要考虑的是:一是如何组织实施,有无本部门的实施具体计划;二是如何采取行动,完成具体的任务,并注意任务间的衔接。

二、图书馆战略实施的主要任务

战略实施的核心是整体性,即通过战略来协调各种活动之间的关系,它追求整体而不是局部最优,追求相互协作和配合,而不是各自为政。战略的实施是战略意图和战略定位的逻辑分解和逻辑延伸,是对经营管理各个职能的有机整合。

一般来说,组织中的战略实施包括八大任务:建立一个有竞争力、能力和资源力量的组织以成功地实施战略;建立预算以将足够的资源投入到战略成功至关重要的价值链活动中;建立支持战略的政策和程序;对价值链活动进行最佳运用,并不断提高其运作水平;建立信息、沟通、电子商务和运营系统,使公司的人员日常能够成功地承担其战略角色;将报酬和激励与达到业绩目标和很好地实施战略相联系;创立一种支持战略的工作环境和公司文化;发挥带动战略实施所需的内部领导作用,不断提高实施战略的水平。

战略实施活动内容是十分丰富的,涉及许多管理活动如:调整组织结构和重新安排人员;强化组织领导与指挥;制定相应的计划与预算;形成良好的激励与约束机制;完善企业文化;建立控制系统;通过调动组织不同领域的资源来制定新战略,促进组织战略的成功;最重要的是变革,包括改变组织日常惯例的需求、改变组织文化特征的需求及克服组织变革遇到的政治阻力等。

在战略管理中,战略实施必须遵循三个基本原则:一是适度合理性原则,战略在实施过程中会受到各种不可预测的因素影响,战略制定部门和战略实施部门在战略实施中也可能会发生冲突,因此,管理者需要对这些矛盾冲突进行协调、折中或妥协,只要不损害总体目标和战略的实现,应当是可以接受和容忍的;二是统一领导和统一指挥的原则,维护战略的权威性,保证战略得到无阻力地顺利实施;三是随机应变原则,及时掌握环境的变化,并随环境变化做出相应的调整和变革。

PLA《面向结果的实施:将你的战略规划付诸行动》(2009)将战略规划实施分为 10 项任务和步骤,见表 10.2。

表 10.2 面向结果的实施任务和步骤

章	任务	步骤
章1：准备变革	任务1：做好准备	步骤1.1：承诺作出变革 步骤1.2：创造能力支持变革
	任务2：有效沟通	步骤2.1：回顾图书馆沟通过程 步骤2.2：开发和实施一个沟通计划
章2：探索可能性	任务3：识别各种活动	步骤3.1：回顾图书馆的目标和任务 步骤3.2：识别当前活动 步骤3.3：识别潜在活动
	任务4：组织各种活动	步骤4.1：按目标和群组将活动进行整合与归类 步骤4.2：决定什么是丢失的
章3：识别关键活动	任务5：评价那些活动	步骤5.1：决定评估标准 步骤5.2：评价当前和潜在活动
	任务6：确定有效活动的优先项	步骤6.1：回顾建立优先项的标准 步骤6.2：采用有效活动的标准
章4：简化和条理化	任务7：识别那些不能支持图书馆目标的活动	步骤7.1：识别那些没有选作优先项的服务响应 步骤7.2：识别支持那些没有选作优先项服务响应的当前活动 步骤7.3：组织支持那些没有选作优先项服务响应的当前活动
	任务8：识别无效的活动和步骤	步骤8.1：识别神圣不可冒犯的事项 步骤8.2：组织神圣不可冒犯的事项
	任务9：决定如何应对这些无效率和无效果的活动	步骤9.1：决定如何应对那些支持图书馆目标的无效活动 步骤9.2：决定如何应对不支持优先项的活动 步骤9.3：决定如何应对神圣不可冒犯的事项
章5：考虑时间和其他资源	任务10：识别资源再分配的可获得性	步骤10.1：识别每个单位资源再分配的可获得性 步骤10.2：修订材料预算以支持图书馆目标
	任务11：识别所需的资源	步骤11.1：识别基本活动所需的资源 步骤11.2：概要单位数据

续表

章	任务	步骤
章6：使其奏效	任务12：选择并实施这些活动	步骤12.1：选择最终的活动予以实施并排除、减少或提高效率 步骤12.2：实施你的决定
	任务13：监控实施	步骤13.1：按月收集数据并监控进程 步骤13.2：根据需要予以调整
	任务14：确保变革规范	步骤14.1：将变革融入到图书馆运行中 步骤14.2：保持领先于现时趋势

三、图书馆战略实施的步骤

1. 成立专门的战略实施组织或小组

该小组负责监督图书馆各项战略目标的执行进展。图书馆战略规划制定小组成员在规划制定中发挥的重要作用，他们对规划的内涵有最深刻的领会和理解，图书馆的战略规划实施专门小组可吸收大部分的规划制定小组的成员或直接由战略制定小组成员继续承担战略制定小组的职责。

2. 重视战略规划目标的分解、排序和实施计划的制订

通过战略规划目标的分解、排序和实施计划的制订，对具体目标配置资源，确保战略规划的实施落实处。

对战略目标分解可采用时间、职能和测量三个维度对战略目标进行分解：

在时间维度上，将图书馆的中长期战略规划目标分解到图书馆的近期目标和年度工作计划中去，使图书馆的长期行动有效转化为短期安排，从而逐步推进图书馆战略目标的实现，这主要指战略制定环节编制的行动计划。

以图哈伯斯公共图书馆2010－2014年战略规划为例，该规划正文的最后一个重要部分是实施步骤，列出实施的时间表如表10.3。

表 10.3 战略规划实施时间表

Implementation Steps	Timeline
1. Present strategic plan to Library Board for adoption. Presentation of newly adopted plan to City Council.	January 2010
2. Communicate the new plan to other stakeholders and the public.	January – February 2010
3. Review strategic plan progress as a regular agenda item at staff meetings; make mid-course corrections.	Monthly
4. Discuss strategic plan progress as regular agenda item at Library Board meetings.	Monthly
5. Compile progress indicator data for annual review.	Annually 2010 - 2014 (September)
6. Board/staff annual 'retreat' to review implementation successes and challenges (including indicator data), review goals, revise strategies, and project budget needs.	Annually 2010 - 2013 (September)
7. Staff develop action plans for the next year.	Annually 2010 - 2013 (October - December)
8. Full round of strategic planning.	Fall 2014 (New plan in place by January 2015)

在职能维度上，根据图书馆的职能部门设置，将图书馆战略规划中的总体目标分解为职能部门目标，具体融入到各职能部门日常工作中。

在测量维度上，可将图书馆战略总体目标、分目标转化成为定量的、具有标志性的发展指标，形成"目标—指标"体系，为图书馆战略规划实施战提供可操作性、可考核性的工具。

最有效地实施计划应当是年度计划。国外图书馆一般在制订战略规划的同时制订年度行动计划（Action Plan）。以桑德贝公共图书馆为例，该馆制订了 2006－2008 战略规划。在此基础上，又推出了年度行动计划，有 2006 年行动计划（见图 10.2）、2007 年行动计划（见图 10.3）、2008 年行动计划（见图 10.3）。

这些行动计划以表格方式，列举任务和时间表，是实施的依据和工具。

年度计划要有针对性性、可测量性、可达到性、可行性和及时性，并且战略目标应该在图书馆日常工作计划、部门计划和个人计划中得到体现。个别关键目标可通过具体项目的形式来落实。图书馆根据本馆拥有的资源、能力制定战略规划实施的关键性目标之后，应对各项行动计划进行排序研究每一年度启动的重点项目和建设内容。然后为各项行动计划制定实施时间表，提出相应的资源配置方案。

在战略实施中，图书馆需要对未来愿意和战略目标开展至少每年一次的

Thunder Bay Public Library's Strategic Plan 2006 - 2008
Strategic Directions - Action Plan 2006 - Update　　Updated January, 2007

CHANGE
To plan for strengthened library facilities.

Action	Timing	Completion	Comments
Develop, plan, support, and tell the story of a longer-term vision for a hub library system that will strengthen the library and the community overall.			
Develop a 10-year Capital Plan to renew and strengthen Library buildings. To be reviewed, accepted, or amended by the Library Board.	July 31/06	Jul-06	Draft Complete
Strengthen community branches to enhance access to quality, efficient, innovative service and programs.			
Support MJLB drop-ins with development of auditorium area to be a more welcoming, intimate space for storytelling.	Dec-06		ordered storytelling rug; ongoing as money is available
Establish graphic novel collections for MJLB and CP branches and plan for continuity and expansion of existing teen graphic novel collections.	Oct-06	Sep-06	
Develop a plan for an accessible, renewed and strengthened Westfort Branch and present to City Council.	Jul-06	Jul-06	ongoing
Develop an external communications plan which will support the plan for strengthening our community branches.	Sep-06		moved to March 2007, pending Council direction
Review the Library Governance model to ensure it provides the library with support to renew and strengthen the library system.			
Draft preliminary terms of reference for Government Liaison committee of Library Board. To be reviewed, accepted or amended by Board.	July 31/06	Jul-06	Draft Complete
Investigate and implement fundraising options that will support the library's increasing capital needs for the future, to support renewed and strengthened library facilities.			
Develop a fundraising plan to support strengthening community branches, beginning with a plan for MJLB.	Jun-05	Jul-06	Draft Complete; continue in 2007
Enlist the assistance of the Friends of the Library in strengthening our community branches.	2006	2006	will support MJLB project $50,000 per year - when needed

图 10.2　2006 年行动计划

不同于年度工作总结的全面审核与测评的战略绩效评价，通过评价对规划文本进行动态调整。图书馆规划文本的修订应针对已定战略与复杂环境之间的矛盾，战略制定的主观判断和图书馆实际的限制导致预测的失准，战略实施过程中产生的明显失误，战略规划过程自身不符合图书馆发展规律之处等。修订的内容和重点包括：针对内容结构的扩充与完善，从目标体系到附录增补均是可能更新的范围；针对规划实践的递进与提升，通过战略绩效评价，促进新版文本的合理性和可操作性。

此外，图书馆可以根据战略规划中的关键指标、核心目标设置若干专项规划。经过图书馆高层管理部门或行政咨询等机构的论证、审议和图书馆工作委员会批准后，列入预算计划，配置相应的人、财、物等资源。

3. 落实责任，为各项战略任务确定负责人

战略实施负责人一般由各部门主任承担，及时了解战略发展领域的实现情况。负责人需及时对一定周期内战略规划的实施情况进行总结调整，并向图书馆决策层和战略实施负责机构做年中和年终进展情况报告，随时向战略规划实施委员会汇报战略实施进程中遇到的困难并寻求解决的策略。

4. 制定监督机制

实施监控的关键是有关规划执行情况的信息获取。战略规划化实施的监

Thunder Bay Public Library's Strategic Plan 2006 - 2008
Strategic Directions - Action Plan 2007

March 5/08

1 **CHANGE**
To plan for strengthened library facilities.

a. **Develop, plan, support, and tell the story of a longer-term vision for a hub library system that will strengthen the library and the community overall.**

	Action		Completion	Comments/Notes
i	Organize board retreat to discuss long-range facilities plan.		Mar-07	Completed
ii	Develop a preliminary "high level" multi-year action plan to position TBPL for the resources, community and political support for the Library's long-term facilities renewal plan. (The plan is a working document for use by Board and CEO that includes communications and fundraising, maps out key strategies and their timing and is revised as circumstances change.)		Jun-07	Presented at June Board meeting
iii	Implement year 1 of the action plan to position TBPL for the financial resources, community and political support for TBPL's long-range facilities plan.		Year 1 complete	Work culminated in a business case and multi-year budget presented to Council Committee of the Whole in November
v	Develop an over-arching communication plan, which communicates the vision for the renewal of the library system, with overall key messages, strategies and methods.			Moved to 2008
vi	Complete an audit of the Waverley Training Lab Facility & programs in 2007 with recommendations to be brought forward to 2008 Action Plan.		Dec-07	

b. **Strengthen community branches to enhance access to quality, efficient, innovative service and programs.**

i	Develop an action plan that enables TBPL to renew Mary J. L. Black Library beginning in 2008 (pending 2008 funding).		Apr-07	
ii	Implement 2007 phase of plan to renew MJLB.		Dec-07	Work culminated in a business case and multi-year budget presented to Council Committee of the Whole in November
vi	Non-fiction renewal project at MJLB and County Park involving thorough weeding of the collections and recommendations re: display and promotion.		Dec-07	display shelves obtained; CP/MJLB weeding completed

d. **Investigate and implement fundraising options that will support the library's increasing capital needs for the future, to support renewed and strengthened library facilities.**

i	Develop a fundraising plan for an accessible, renewed and strengthened Westfort Branch (based on an overall fundraising strategy for the organization, taking into account the long-term facilities plan).			Moved to 2008

2 **CONTINUITY**
To maintain quality services and programs while continuing to adapt to changing community needs

a. **Maintain focus on excellence in customer service.**

	Action		Completion	Comments
i	Implement membership audit recommendations:			
	a. Re-design/re-package the "Customer Guide" to include all information which must be communicated to new registrants in an attractive and easy to use guide.		Dec-07	2 guides created: "New Borrower" and "Future Borrower"
	c. Offer opportunities for Library card registrations outside the Library (LU & Con College in 2007).		Sep-07	will do again in 2008
	e. Create and begin to use Kids Card.		Mar-07	
ii	Make "greeting" the customer a focus. Continue building on proactive Customer service training principles. Staff incentive program for "roving". Adapt customer service staff training materials to incorporate new ideas.		Dec-07	trial incentive program completed; now part of competencies, annual performance plans
iii	Keep display shelves and areas well stocked and displays creative.		Ongoing	more creativity in displays; eg. following thematic calendar, Waverley display table enhanced using props
ix	Create online tutorials to help customers make optimum use of online resources.		Ongoing	Jan/07 - e*vents tutorial, May/07 - Preferred Search Tutorial
x	Develop policies/procedures to meet financial targets.		Dec-07	purchasing policy implemented resulting in reduction in supplies cost, capital budget request form developed, other line items reduced due to ongoing review
xii	Improve existing stock of puppet shows with new scripts, puppets, props and mikes in order to develop and enhance this popular program.		Dec-07	new scripts, puppets, props and microphones in place; shows debuting in 2008
xiii	Strengthen and improve core children's programs Readers are Leaders, Summer Reading Club and Beginning with Books thorough review of feedback, ideas from other libraries and ongoing evaluation.		Dec-07	review of feedback suggested date change to offer Readers are Leaders on separate nights and budget review led to scaling down of incentive prizes for Summer Reading Club - sponsor sought
xiv	Use new software for the Children's Song Index to offer online access to individual song titles in our juvenile CD collection, with sound samples in streaming audio.		Apr-07	
xv	Participate in school literacy events on site, providing information about library programs and services, and develop survey of needs for under-served populations (children in hospital, families at shelter house or transition house) as the first part of developing improved outreach to these groups.		Dec-07	St. Bernard, St. Margaret, Agnew Johnson and others; For the Love of Books Outreach
xvi	Participate in training to develop storytelling and/or puppetry skills of staff offering programming for young children and babies.		Ongoing	Mother Goose programming training in May/07, new baby program in 2008

图 10.3　2007 年行动计划

Thunder Bay Public Library's Strategic Plan 2006 - 2008
Strategic Directions - Action Plan 2008

1
28-Feb-08

1 **CHANGE**
To plan for strengthened library facilities.

a. **Develop, plan, support, and tell the story of a longer-term vision for a hub library system that will**

	Action	Department	Timing	Completion	Comments
2	*Investigate the potential for partnerships, establish site selection criteria and confirm process to acquire a site for MJLB.	CEO, Board	December		
3	*Research and write Communication Plan for Facility Renewal - MJLB (and long term vision for overall facility renewal); use the Website and TBPL's Web 2.0 presence to communicate the vision	CS for part 1; CS/VS for part 2	June		
4	Support the MJLB renewal project as required	Auto, All	Ongoing		
5	*Hold a Board retreat to establish an Advocacy Plan re: MJLB and the Library's capital plan for facilities	Board/CS/CEO	June		
6	*Formalize a multi-year capital plan that will strengthen the library's infrastructure and support new and current services	ACC/CEO/All	September		

b. **Strengthen community branches to enhance access to quality, efficient, innovative service and**

1	Determine library role with regard to new Best Start Hubs being set up to provide "one-stop" services and access to services for parents with young children.	C&YS	December		
2	Link to other target agencies: Thunder Bay Multicultural Association, Autism Thunder Bay, Children's Centre etc. through Web	C&YS (and other Depts.)	July		

c. **Review the Library Governance model to ensure it provides the library with support to renew and**

d. **Investigate and implement fundraising options that will support the library's increasing capital needs**

1	*Establish a framework for fundraising for facility renewal, beginning with MJLB	CS	June		

图 10.4　2008 年行动计划

督主要注意的事项：

首先，考察战略实施是否严格按照战略规划内容执行。

其次，需要确立战略规划执行年度汇报、中期检查制度，及时对一定周期内战略规划的实施情况进行总结，根据图书馆战略环境的变化对规划进行调整。需要制定每月和年度监测，每月监测主要是为了了解"项目取得的成就，战略实施中存在的问题、意外事件或有待完善的信息，战略实施需要的支持，优先事项的变化，下一步的行动，图书馆各方利益相关者对战略实施的建议和意见"；年度监测主要是为了"审核具体目标和每项行动计划的执行状况，审议规划执行部门的年终报告，对下一年度的工作重点或某些活动的扩大、继续、停止或改进进行讨论做出决策"。

以皇后大学图书馆为例，2006年春，图书馆对2002-2005年战略方向进行检查，完成了"主要动议：实现说明"，下面是其中的片断。

为实现我们的愿景、我们当前的主要动议如下：

回顾和重组服务以支持皇后大学学术共同体各种变化的信息需求，运用技术支持改善。

• 基于成效和卓越评价概念化和评估图书馆的有效性，以增强我们的义务，回应读者的期望与变化的信息环境。已启动并进行中。

• 开发一个长期战略以确保对用户需求和优先项的持续评估（2002/03）。已启动并进行中。

• 修改图书馆网站使获取信息更直观和便利，并促进更新进程（2003年秋完成）。已完成。

• 优先通过增进外借政策和文献传递服务，为读者考虑便利。已完成。

• 调整图书馆外借政策（2002年9月）和与读者的电子化沟通（试用——2002年9月）。已完成。

• 发挥Voyager/VDX的作用使馆际互借和文献传递服务合理化（2002年9月至2004年9月）。已完成。

• 测试自助借阅设备/服务（2003/04）。已完成。

• 扩展校园网络，开发校区范围内的文献传递服务（2002/03）。已完成。

第三，战略规划监控需要有一个支撑系统。监控负责人员应当需要足够的监控信息并对信息进行质询、核实其可靠性和一致性。

第四，营造图书馆战略实施的和谐氛围。将战略规划实施内容嵌入图书馆业务流程系统或内部知识管理系统中，将战略规划实施变成日常工作，同时信息公开，加强内部监督。

第五，可考虑引入外部监督评价，在读者座谈、专家座谈、主管部门汇报等多种形式将图书馆战略实施实施情况或年度监测报告的结果定期公布，以实现对战略规划的动态监督，及时收集新情况、新建议对规划进行必要的动态调整和修改完善。

第二节 图书馆年度报告

在美国费城进行的一个地区性合作调查曾就学术图书馆制定年度计划的情况开展过调查，其中有 2/3 的调查者认为年度计划比战略规划更具体，更能帮助图书馆的管理者清晰地理解图书馆的过去、现在和未来；有一半的调查者认为年度计划可以为图书馆提供更好的内部管理，并为图书馆员提供一个长期发展的图景。[1]

以加拿大布罗克维尔公共图书馆为例，图书馆网站（http://www.brockvillelibrary.ca/annual – report.htm）提供年度报告下载并与战略规划相连接：

年度报告

布罗克维尔公共图书馆年度报告，包括按战略规划完成任务的相关信息。下列该报告系 PDF 格式，需要用 Adobe 阅读浏览器浏览。

- 2012 年度报告
- 2011 年度报告

相关链接：
战略规划

美国堪萨斯大学图书馆为实施战略规划，进行年度跟踪实施，由图书馆的创新与战略部报告年度实施进展："堪萨斯大学图书馆战略方向 2012 – 2017 年度更新：2013 财政年度"（由堪萨斯大学图书馆创新和战略部提交）。

---

[1] Sauer J. The Annual Report: The Academic Librarian's Tool for Management, Strategic Planning, and Advocacy [J]. College & Undergraduate Libraries, 2006 (2): 21 – 34.

第三节 战略评价

按照战略管理原理,战略评价分为战略实施前评价和战略实施后评价,前者以拟实施的战略为评价对象,目的在于选择一个或一套战略;后者以已经付诸实施的战略为评价对象,目的在于战略控制。战略实施后评价也称为战略监测。

一、成功战略方案

戴维·乔伊和莉莎·瓦利康佳思在《战略与管理》杂志2001年第三季度第23卷发表"排名前10位的创新主题"一文,从过去100年的200种战略中筛选出10种久经考验的成功战略方案:①整合战略:将零散产业联合起来;②直线战略:越过中间商;③价值转移战略:转向一个相关的、更具盈利潜力的市场缝隙;④协同合作战略:与供应商结盟;⑤数字交付战略:提供基于国际互联网的产品与服务;⑥情感沟通战略:建立与品牌的感情联系;⑦速度制胜战略:迅捷的产品交付和信息反馈;⑧量身定制战略:让客户决定最终产品的设计和规格;⑨大众市场战略:在更广的范围内推广产品和销售产品;⑩为您解忧战略:用突破性方案解决客户的问题。这10种方案为企业制定战略方案提供了有用的指导,对图书馆制定战略也有参考价值。

二、战略评价标准

确定一项战略是不是好的战略有三个检验标准:①适合度检验。为了取得成功的资格,战略必须同行业和竞争环境、市场机会和威胁以及企业外部环境的其他方向非常吻合。同时,它还必须同公司的资源优势与劣势、竞争力(competencies)和竞争的能力(competitive capabilities)相匹配。②竞争优势检验。好的战略能够使公司建立可持续的竞争优势,然后保持这种传播。战略所帮助建立的竞争优势越大,它的威力和吸引力越大。③绩效检验。一个好的战略能够提升公司绩效。通常有两个测量标准:利润的获取;公司竞争优势及市场地位的获取。

英国战略学家理查德·鲁梅特提出了可用于战略评价的四条标准:一致性(consistency)、可行性(feasibility)、协调性(consonance)、优越性(advantage)。一致性和可行性主要用于组织的内部评价,而协调性和优越性主要用于组织的外部评价。日本战略学家伊丹敬之认为,优秀的战略是一种适应战略,它要求战略适应外部环境因素,包括技术、竞争和顾客等;同时,企业战略也要适应企业的内部资源,如企业的资产、人才等;此外,企业的战略还要适应企业的组织结构。美国的斯坦纳和麦纳给出了六个评价要素,除对环境的适应性、竞争优势和目标的一致性外,还包括预期的收益性、资源的配套性和战略的风险性。

三、图书战略规划成功的关键要素

构建一个统一的图书馆战略规划评估指标体系是十分困难的,这里通过列举图书馆战略规划要想成功需要考虑的几个关键问题,以期为战略规划评估指标的构建提供参考。

结合国外的经验,我国图书馆要想成功地制订和执行战略规划,必须要注意规划的制定过程、规划的格式、内容以及规划的使用。规划的制定过程的是否科学、是否严谨直接决定着规划的可信度和是否可以方便地使用;规划的格式是否符合逻辑,行文方式是否简洁易懂,规划内容是否全面、协调、具有可行性直接影响着人们在工作中对它的使用,人们不会使用复杂的、过时的文件;规划的实施中图书馆的管理者对规划的使用和态度是否具体科学地分解战略目标、是否设置有效的监控与评价机制,这都会影响到战略规划的实施效果。常见的战略规划成功关键可参考表10.4。

表10.4 图书馆战略规划成功关键问题一览

	关键问题	自查评价
战略制定过程	战略制定动因是否明确?	
	图书馆主要领导在整个规划过程中是如何发挥领导作用的?	
	战略规划制定主体是否体现民主性,利益相关者、工作人员是否有所参与,责任分工是否明确?	
	战略准备阶段是否制定时间进度、各项保障,提供战略规划方面的培训?	
	图书馆外部环境、读者需求等信息是如何收集、分析的?	
	是否定期举行会议就战略规划各种事项进行讨论达成一致?	
规划结构与内容	规划文本的语言和格式是否简单易懂,是否涉及核心、特色和备选要素,是否方便使用者?	
	文本标题、排版、发布形态、方式是否具有多样性,能够吸引人?	
	战略目标与图书馆内外部环境、读者需求等是否相协调?	

续表

	关键问题	自查评价
规划结构与内容	图书馆愿景、使命描述是如何反映图书馆的办馆特色的？	
	战略目标是否清晰、明确，体现本馆特色，与愿景、使命紧密结合？	
	图书馆具体目标是否具体、明确、可衡量、可实现？	
	图书馆是否将战略规划转化为具体行动的过程？如果是，需要操作性行动计划吗？	
	同时考虑了资源需求吗？	
	是否已建立实现任务与目标的可行的时间表和标志？	
	为实现某些关键目标是否设定专项规划，专项规划之间是否协调，是否为专项规划设置可实施、可行的行动计划、资源配置等？	
	设置的战略规划在目标体系、资源配置、权责等方面具有弹性？	
规划应用	图书馆如何在管理层中落实规划项目的责任分工？	
	规划实施中从时间、职能、衡量哪个维度对战略目标进行分解？	
	是否制定了关键战略目标的绩效指标？	
	图书馆是否积极地把计划用作一种管理工具，用它来指导图书馆的决策、日常工作以及新的项目活动？	
	图书馆是否将规划纳入组织每天的活动中？如是否在图书馆工作会议中经常回顾图书馆使命和愿景，提及下一步的工作重点和目标？	
	是否建立战略实施的监督机制，如评估会议、每月、年中、年终的进展报告？	
	战略实施责任人是否定期提供操作性行动计划的监控报告给图书馆工作委员会和馆领导？	

四、图书馆战略规划评估标准

图书馆战略规划的评价最重要的是评估标准的确立，图书馆应遵循系统优化、通用可比、实用性、与图书馆评估匹配等原则构建图书馆战略规划评估标准。

1976年，谢弗认为如果违背以下十条原则中的一条及以上，则此规划系统就不能得到满意的结果：①规划系统必须能帮助制订者更高效的管理其工作。②规划系统在系统的制订者和领导者的协商一致的基础上建成。③要提供充足的信息以给设定目标足够的支持。④要有战略重点，也就是说，它要能在动态交互的环境中成为实现持久目标的总方案中的一部分。⑤要培养选择意识和结果意识。⑥要促进重点问题、选择和优先问题的发展,这些也都是管理所关注的。⑦要与系统所能分配和调拨的资金紧密联系。⑧要使文档易于管理并具操作性。⑨要与众多的管理风格和规划风格相适应。⑩必须结合到组织架构中,成为保证工作顺利完成的一部分。

1982 年,斯坦纳归纳为三个问题,以便在评价图书馆战略规划系统时作为一般的指导原则。它们是:①其系统的目标是否实现;②其系统是否作出要求;③一个战略规划系统的综合评估调查都包含哪些因素。斯坦纳还研发了一种适用于营利机构的调查表(见表 10.5)。这一调查表已经被许多图书馆管理者所采用。

表 10.5　您的图书馆战略规划系统是否有效

无效——有效

A. 全面管理感知价值是什么?
1. 图书馆领导相信规划系统帮他们更好地履行了职责。　　I _ I _ I _ I _ I
2. 其他主管经理和部门主管认为该系统对他们十分有用。　　I _ I _ I _ I _ I
3. 总之,大多数管理者认为战略规划所带来的效益远远大于成本。　　I _ I _ I _ I _ I
4. 我们的战略系统需要较大变革。　　I _ I _ I _ I _ I
B. 我们的战略规划系统会产生"正确"的实质性解答和结果吗?　　I _ I _ I _ I _ I
5. 发展基本的图书馆使命。　　I _ I _ I _ I _ I
6. 预见未来的主要机遇。　　I _ I _ I _ I _ I
7. 预见未来的主要挑战。　　I _ I _ I _ I _ I
8. 恰当评判图书馆的优势。　　I _ I _ I _ I _ I
9. 恰当评判图书馆的劣势。　　I _ I _ I _ I _ I
10. 发展现有实际的信息。　　I _ I _ I _ I _ I
11. 明确优先事项。　　I _ I _ I _ I _ I
12. 发展有用的长远目标。　　I _ I _ I _ I _ I
13. 发展有用的短期目标。　　I _ I _ I _ I _ I
14. 发展实际的战略。　　I _ I _ I _ I _ I
15. 提供服务的改进。　　I _ I _ I _ I _ I
16. 阻止恶性的意外发生。　　I _ I _ I _ I _ I
17. 提高人员绩效。　　I _ I _ I _ I _ I
C. 我们的规划系统是否带来显著效益?　　I _ I _ I _ I _ I
18. 该系统提高了图书馆管理质量。　　I _ I _ I _ I _ I
19. 该系统在图书馆运行中起着统一的协调作用。　　I _ I _ I _ I _ I
20. 该系统促进了整个图书馆内的交流与合作。　　I _ I _ I _ I _ I
D. 规划系统的设计如何?
21. 图书馆的高层管理者已接受战略规划为他们的主要职责。　　I _ I _ I _ I _ I
22. 我们的系统与我们图书馆管理风格相匹配。　　I _ I _ I _ I _ I

续表

23. 该系统与战略决策制定过程的实际相适应。	I _ I _ I _ I _ I
24. 规划委员会结构正好适合我们。	I _ I _ I _ I _ I
E. 规划过程是否有效？	
25. 高层管理者在战略规划上花费适当精力。	I _ I _ I _ I _ I
26. 拖延规划过程，缺乏热情，主管经理和部门主管需要做实事代替空头支票。	
27. 部门主管花费适当精力与其他部门主管及员工制定战略规划。	
28. 该系统在一套可接受的程序上运行。	I _ I _ I _ I _ I
29. 规划程序得到全馆较好地理解。	I _ I _ I _ I _ I
30. 完成规划的工作需求是规划团队可接受的。	I _ I _ I _ I _ I
31. 引导深入思考的过程是有效的。	I _ I _ I _ I _ I
32. 过多关注事务对号入座，导致过程过于程序化、常规化和僵化。	
33. 鼓励新观点。	I _ I _ I _ I _ I
34. 规划团队在修定规划时的确面对了图书馆的劣势。	I _ I _ I _ I _ I
35. 考虑了主管经理和部门主管制定战略规划的能力。	I _ I _ I _ I _ I

五、图书馆服务成效评估

1982 年《公共图书馆服务成效评估》是为配合使用《公共图书馆规划程序》（1980）的第十三章而制订的，推出十二种评估图书馆成效和绩效的评量法，每种方法的计算公式如下①：

每年每人平均图书资料流通量 = 该年图书资料流通量总数 ÷ 图书馆服务辖区内的人口总数。

每年每人平均馆内使用图书资料量 = 该年馆内使用图书资料总数 ÷ 图书馆服务辖区内的人口总数。

每年每人平均到访图书馆次数 = 该年实际到访图书馆总次数 ÷ 图书馆服务辖区内的人口总数。

每年每人平均参加图书馆活动次数 = 该年实际参加图书馆活动总次数 ÷ 图书馆服务辖区内的人口总数。

每年每人平均使用参考咨询服务次数 = 该年使用参考咨询服务总次数 ÷ 图书馆服务辖区内的人口总数。

参考咨询服务满足率（%）= 参考咨询服务圆满回答的总次数 ÷ 使用参考咨询服务的总次数 × 100。

---

① 卢秀菊. 图书馆规划之研究 [M]. 台北：台湾学生书局，1988：66 - 68.

图书资料书刊名满足率（%）＝读者在图书馆中实际找到的书刊名总数÷读者在图书馆中欲找寻的书刊名总数×100。

图书资料主题和著者名满足率（%）＝读者在图书馆中实际找到的书刊主题和著者名总数÷读者在图书馆中欲找寻的书刊主题和著者名总数×100。

图书资料浏览者的满足率（%）＝浏览者找到其有兴趣的资料的人数÷图书资料浏览者的人数×100。

登记用者占社区人口的百分比（%）＝登记用者的总人数÷图书馆服务辖区内的人口总数×100 或＝登记用者的总户数÷图书馆服务辖区内的人口总户数×100。

每年每一图书资料的平均流通次数＝该年图书资料的总流通次数÷图书资料的馆藏总数。

图书资料的传递率（%）＝七天内图书资料传递到读者手中的次数÷经由文献传递使读者获取资料的总次数×100 或＝三十天内图书资料传递到读者手中的次数÷经由文献传递使读者获取资料的总次数×100。

在每一评量法后，附有"第二层评量释例"，建议图书馆在该项下可收集更进一步的资料。例如，评量法1是每年每人平均图书资料流通量，而图书馆可更进一步找出有关每年每一成年人或青少年人的图书资料流通量，或每年每一类图书的流通量。

我国图书馆可以结合本馆实际，灵活运用十二种评量法，选取全部或数种使用，每年至少做一次评量。

第十一章 战略管理的组织领导

> 领导力是指通过其他人完成某些目标，没有你的领导则不能完成……领导力是指能够运用理想和价值鼓动其他人……领导们发展了成员们为之奋斗的一系列愿景。
>
> ——诺埃尔·蒂奇

第一节 图书馆馆长

一、图书馆馆长的类型与选聘

在我国图书馆的发展过程中，对馆长的选拔任用并没有一个统一的标准，历史上担任馆长的既有社会名流和著名学者，如先后任北京图书馆馆长的陈垣、马叔伦、梁启超、丁西林、任继愈，北京大学图书馆馆长章世钊、毛子水（毛准）、向达等；也有著名的文献学目录学家，如曾任北京图书馆馆长或副馆长的缪荃孙、袁同礼、王重民、左恭和任上海图书馆馆长的顾廷龙等；还有老一辈的革命家，如曾任北京图书馆馆长的蔡元培、北京大学图书馆馆长李大钊、湖南图书馆馆长何叔衡等。后来，在西方图书馆的影响下，陆续有不少图书馆选用图书馆专家担任馆长，如赴美攻读图书馆学归国的洪有丰（南京高等师范学校图书馆主任）、李小缘（金陵大学图书馆馆长）等。

1. 馆长的类型

新中国成立以来，我国图书馆界逐渐形成了馆长的两大类型：学者型与专家型。

（1）学者型：在中国，选一个学术名家（如大学院系的教授）来当馆长几成惯例，通常为兼职。学者型馆长对图书馆来说，优势在于其较高的知名度有利于争取上级主管部门以及社会的支持，提升图书馆社会地位，可能的不利之处是兼职不能全身心投入图书馆工作，缺乏专业视野。著名图书馆学专家汉夫列斯 1981 年在莱比锡市召开的国际图联高校图书馆分会上说过：

"高校图书馆馆长，必须要派专职的，经验丰富的图书馆员担任，不能像日本那样由教授担任"。

（2）专家型：指当选聘有图书馆学专业背景的业务人员担任馆长，一般为专职。专家型馆长对图书馆来说，有利于实现图书馆专业化经营，准确把握图书馆行业发展走向和业务上的科学管理，提升图书馆的功能价值和管理现代化，可能的不利之处是如果过度强调图书馆的业务与服务性，则影响图书馆的社会性与学术性。我国改革开放以后，这种专家型馆长开始增多。从京广线上的北京大学（从戴龙基至朱强）、武汉大学（从沈继武到燕今伟）到中山大学（从赵燕群到程焕文），说明其影响，实际上还没有形成大学图书馆整体上强调馆长专业性的气候，传统的观念仍然占据着校方对图书馆的认知。随后，一批年轻图书馆学情报学博士相继担任馆长正职，如慎金花（北京大学情报学博士，同济大学馆长）、沙勇忠（武汉大学情报学博士，兰州大学馆长）、高凡（中科院图书馆学博士，西南交通大学馆长）、唐承秀（北京大学图书馆学博士，天津财经大学馆长）、王新才（武汉大学图书馆学博士，武汉大学馆长）等，开启大学图书馆界的一个新景象。中国图书馆学会2003年对公共图书馆950位馆长的调查发现，图书情报信息类专业背景的占到了34.42%；而据刘云惠对"211"大学110位馆长的网络调查发现，图书情报专业15人只占13.64%，其他理工科背景的60人占54.55%，文科24人占21.82%。① 据《中国图书馆事业发展报告》，2010年报送统计数据的502所高校图书馆中，图书馆学背景的馆长只有92位，占18.32%，非图书馆学背景的馆长410位，占81.67%；② 非图书馆学背景的馆长比例到了2011年下降到75.7%。③ 总体来看，专家型馆长目前的比例还不够高。

2. 馆长的选聘

馆长的选聘，一般有招聘制和任命制两种。

（1）招聘制

美国是从图书馆学专业人员中挑选馆长，主要采用公开招聘任命的方式，它的选拔和任用具有以下特点：任职条件高；专业化程度高；强调专业工作

---

① 刘云惠. 对我国大学图书馆馆长选拔与任职资格的探讨. 农业图书情报学刊 2010（1）：232－235.

② 中国图书馆学会，国家图书馆. 中国图书馆事业发展报告 2011 [R]. 北京：国家图书馆出版社，2012：101.

③ 周和平主编. 中国图书馆事业发展报告 2012 [R]. 北京：国家图书馆出版社，2013：95.

经历;实行招聘制。在招聘过程中,首先成立招聘委员会,通过媒体向全国招聘,最后由招聘委员会收集各方面意见,通过分析研究以后确定人选。① 在此期间,应聘者还有机会去图书馆参观,一方面能增强应聘者对图书馆的了解,另一方面也是图书馆对应聘者的一种考验方式。在美国图书馆馆长的任命书上包括任职时间,连任所需条件,以及对其任职期间表现的评价过程和方法等内容。

这种制度对选拔条件有较严格的要求,除管理能力和工作经验外,特别强调图书馆专业知识和能力。美国从1974年起规定馆长应具有图书馆学(现扩展为图书馆学信息学)的硕士或博士学位,并具有理工文管学科中一门专业背景;要有在图书馆较长时间的工作经验,并有实绩;有组织和管理能力。美国图书馆的馆长,从图书馆学院毕业后,在图书馆担任的第一项专业职务一般是在公共服务部门任职,从事参考咨询和其他为读者服务的工作,然后再任馆长。因为通过公共服务部的工作可以全面熟悉馆藏和图书馆的基本情况,充分了解读者的需求,掌握图书馆工作的规律,并积累丰富的工作经验。

(2) 任命制

我国图书馆领导多采用上级任命制,即由政府文化主管部门任命馆长。有关部门虽然制定了馆长的任职条件,但由于缺乏严格合理而又客观公正的选拔、考核、管理、监督机制,致使许多馆长在科学文化素养、专业知识水平和组织管理能力等方面难以胜任其职责,严重影响了我国图书馆事业的发展。②

相应地,这种制度对任用条件有很大的灵活性。我国长期以来对公共图书馆馆长的选拔条件定为政治思想好、热爱图书馆事业、有较强事业心和责任感,具有较强社交能力、组织能力、协调能力、动员能力和社会影响力等。因此,在公共图书馆,文化部门委派馆长时,大多数比较注重管理经验和领导能力,兼顾资历和思想素质,将其他文化部门如办公室、剧团、文化馆、纪念馆等的干部调任图书馆担任馆长,还有将部队转业干部、政府机关干部等调任图书馆馆长。而在高校图书馆,一般比较注重学术水

---

① 刘云惠. 对我国大学图书馆馆长选拔与任职资格的探讨 [J]. 农业图书情报学刊, 2010, 22 (1): 232-235.

② 刘星. 中美两国对图书馆几个基本问题认识之比较 [J]. 安徽大学学报 (哲学社会科学版), 2004, 28 (5): 153-156.

平和领导能力，兼顾资历和思想素质，通常将院系知名教授或学术上的权威委任为图书馆馆长。这种的任命机制，把图书馆等同于机关，忽略了图书馆的业务机构性质，易于形成图书馆领导"走马灯"式更换，从根本上违背了图书馆规律。

二、馆长在战略管理中的作用与地位

国外图书馆战略制定过程中强调馆长的参与和中立态度，而就我国情况而言，图书馆的馆长或其他馆级领导更适合担任规划委员会的核心，他参加主要战略会议，掌握战略规划进展情况，并适当做出战略决策。馆长在战略规划过程中需要承担如下责任：

首先，馆长应该是图书馆战略变革的提倡者和发动者。在战略规划准备阶段之前，图书馆馆长首先应该知道图书馆哪些地方需要变革，并且愿意将自己放在变革之中，发动和争取各方力量支持变革，推动图书馆朝着自己所提出的变革方向前进。在战略规划启动与准备阶段，馆长在馆务委员会做汇报，阐明图书馆制定规划的原因、背景以及发展总体方向等。同时，战略准备阶段的战略规划委员会的组建、合理授权以及规划进度安排、组织保障等方面由馆长领导、图书馆各部门主任及馆员代表协助完成。

第二，在战略制定阶段，馆长应该具有战略性思维，能够高瞻远瞩，预测图书馆的变革方向。在图书馆使命、愿景、战略目标、任务方面，馆长主要承担前瞻性预测、给予指导、提供建议等任务。

第三，馆长应该是图书馆战略资源的筹集者和分配者。图书馆战略规划的制定与实施，同图书馆环境以及自身的资源与能力密不可分。馆长作为图书馆管理的主体，拥有统筹全馆物质资源、配置人力资源的权利。在战略规划制定过程中，馆长需要为本馆发展筹集足够的资源，并需要把资源配置到优先考虑的战略性问题上，以保证图书馆战略重点的实施，维持图书馆的持续发展。

第四，馆长是战略制定的协调者。图书馆战略规划制定过程中会涉及各部门利益，此时馆长就需要作为各方利益的协调者和平衡者，通过有效沟通协调，努力寻求各部门利益的最佳平衡点，达成共识，推动图书馆前进。

第五，馆长是图书馆战略规划有效的战略决策者。西方著名的管理学家西蒙曾有一句名言："管理就是决策。"作为馆长，比管理更重要的是决策。从图书馆发展目标、年度计划到人事、财务及各项资源配置等方方面面都需要馆长进行最后决策。图书馆在战略规划制定中呈现多元参与主体，会提出不同的战略方案，这时馆长就需要在充分分析图书馆现状的基础上，对各种战略方案进行深度分析与思考，从全局的角度做出战略选择和理性决策。

最后，馆长是图书馆战略规划实施的推进者。一个科学的战略规划只有经过实施阶段才算真正结束。馆长不仅在战略制定阶段发挥重要作用，在战略实施阶段仍发挥引领与决策作用，在实施阶段馆长需要重点解决如何确定战略重点的问题，优化资源配置；分解目标、任务，建立合理的绩效考核制度；做好与战略执行部门的有效沟通，使战略目标顺利实现等问题。

总而言之，馆长的职责主要是管理、协调、决策，促进，并不需要参与战略规划撰写等具体事务性工作。战略制定活动中要求馆长处事干练，以确保团队高效运转；拥有管理那些难以相处的委员会成员的技巧，不会与之发生对质；能够只专注于团队互动，不会被具体内容干扰。

三、战略管理对馆长的素质要求

当今图书馆界，需要什么样的图书馆馆长？有人会说，我们需要一个有能力的图书馆馆长，为职工谋福利，为图书馆谋发展，带领图书馆前进；也有人会说，我们需要有新思维的图书馆馆长，能够打破陈规开拓创新，产生一个振奋人心的新面貌；还有人会说，我们需要一个卓越超群的图书馆馆长，提升图书馆地位与知名度，让图书馆名闻天下。对于战略管理来说，馆长有更高的素质要求，特别强调以下几个方面。

1. 战略思维

多少年来，对图书馆馆长的要求从没有到升级到战略层面，而在21世纪，无论是社会环境和技术环境的变化对图书馆的挑战，还是图书馆事业发展到一定程度的客观需要，都迫切需要图书馆馆长具有战略思维。在志愿者讲课中，郭斌馆长每次都引用文化部周和平副部长的话"馆长要善于策划项目，要学会编'故事'，有了项目，才有经费，以项目促使政府投入。策划项目，思想要广、要开阔。"只有馆长有了新的思维，图书馆才有新路子，而在馆长具备的新思维中，战略思维是最紧要的。

曾任湖南省图书馆副馆长后任深圳南山图书馆馆长的程亚男是一位既有丰富经验又有理论水平优秀的女性馆长，她不仅将战略摆到馆长的重要地位，而且向许多馆长呼吁面对未来挑战，战略是馆长必由之路。她说："图书馆馆长关系到图书馆事业的成败。21世纪将对馆长提出更为严峻的挑战,为此,馆长必须不断完善人格,加强修养,不断创新。"① 谈到馆长的职责,她认为:馆长的职责主要是创一流的管理水平,争一流的社会效益。具体来说就是两大任务四件大事。两大任务一是规划,二是管理。馆长的第一大职责是出思想,抓规划。馆长的幕后策划和设计远胜于前台的发号施令。所以馆长应该是能设计出"可灵活适应变革、充满活力组织的设计师"。有远见是馆长应具备的重要的领导素质。规划是一种目标,也是一种财富。每一所图书馆都应该有发展战略目标,只有战略目标明确以后,馆长才能带领全体员工朝着既定目标前进。馆长要抓好四件大事,一是制定目标,包括确定办馆方针、政策和近期、中期、长期发展规划,并使规划成为一种能鼓舞人为之奋斗的前景。二是树立品牌,图书馆的品牌就是图书馆形象和拳头产品。创品牌是一个战略问题,品牌的形成有一个很长的过程,不可能今天树牌子,明天就出成果,因而需要不断地探索,更需要全员的投入。三是完善服务,建立一整套读者服务体系。服务体系包括服务理念、文明用语、行为规范、仪态仪表等各个方面,同时要使规范成为全馆人员的自觉行动。四是培养人才,培养超过自己的人才。一位老总说得好,如果几年以后,还没有超过我的人,那就是我最大的失职。馆长也应该有这种胸怀。

2. 管理与决策

图书馆馆长作为组织的高层,首先应当成为管理者,善于管理图书馆的各种事务。因为在任何一个组织,成员只有两大类:操作者和管理者,馆长毫无疑问属于管理者行列。根据亨利·明茨伯格的一项被广为引用的研究,管理者所扮演的十种角色被归入三大类:人际角色、信息角色和决策角色。而根据罗伯特·卡茨(1974)的研究,管理者必须具备三类技能:技术技能、人际技能和概念技能。然而,即使馆长具备这些角色和技能,也不见得能够统领图书馆发展,因为这些职能可能是副职或部门主任可能替代的,当然,如果馆长不通晓管理,可能轻视图书馆的业务与行政事务,成为真正的外行。作为馆长,比管理更重要的是决策,管理学大师 H. A. 西蒙提出"决策是管理的心脏;管理是由一系列决策组成的;管理就是决策",弗里蒙特·卡斯特说"决策就是进行判断和作出决定,即对两个以上的方案进行的考虑、权衡

---

① 程亚男. 完善自我,追求一流——关于馆长的修养与职责. 图书馆论坛,2000 (3):9-12,27.

与选择"。在图书馆中存在某些现象：其一，馆长不愿决策，常常将决策推给上级或下级（听从于某副职或办公室），究其原因，或不懂决策，能力不足，或胆小怕事，不愿承担责任；其二，因为上级赋予图书馆的决策空间很小，馆长并没有争取必要的决策权；其三，个人决策独断，缺乏科学决策和民主决策，决策过程不透明，还是馆长个人说了算，馆长副职无决策权，甚至缺少决策参与。要解决这些问题，必须依靠图书馆法制赋予图书馆馆长的权利和义务，还需要通过馆长负责制、聘任制、任期考核、离职审计等制度，调节个人决策与集体决策的关系，优化图书馆的决策程序，考量图书馆的决策公开和决策成效。

更为重要的是，除了制度上的保障，还必须真正提高馆长的管理和决策能力。可以从个人、组织和社会三个层面来实现。从个人来说，馆长要自觉学习领导方法，向经验丰富的老领导请教。一些馆长的案头虽然摆着管理学与领导科学的著作，但实际上并没有吃透其精要，最重要的不在于显性的知识，而是隐性的经验，这不是可以照搬或简单片面使用的"纸上谈兵"，必须在"干中学，学中干"获得体验和经验，获得作为领导"活"的方法论。从组织来说，上级部门举办中层干部培训班对于馆长的理论水平和领导能力提高有一定的益处，听理论报告，听专家讲课，听老领导传授经验，都能获得启发。正确处理单位内部的党政关系、党群关系、干群关系、政治与业务的关系，掌握政治方向和政策，避免领导失败或重大决策失误。从社会来说，针对图书馆馆长这一群体，如何让这一群体在图书馆事业中发挥核心作用，如何让这一群体在新环境下健康发展，图书馆学会或协会负有一定的责任，举办馆长培训班是一个有效的方式。我曾于2002年和2004年参与组织过两期高校图书馆馆长培训班，还被邀请担任2009年、2010年两期高校图工委馆长培训班的主讲教师，以一个组织者和教师的身份与馆长们进行了深入的交流，馆长们通过培训不仅仅获得专业领域的新知识与新进展，开阔了眼界，而且学习了如何做好管理，如何当好馆长，并交流了经验，特别是有了事业的新认识，掌握了新观念，受到了一次事业与奉献、管理与知识的教育。

为了培养21世纪卓越的图书馆馆长，提高馆长的领导能力与水平，今后要采取多种形式：一是举办馆长培训班，除专业学会或协会外，图书馆院系应当承担这一任务，可以采取院系与协会联合办班的方式，既有理论，也有实践，除了讲授图书馆管理等方面的知识外，还需要关于领导科学、管理学、公共关系等相关知识，特别是需要进行案例教学。二是组织馆长进行高级研讨，举办专题的馆长研修，例如，针对资源建设、图书馆网络、参考咨询、特色数据库建设、图书馆危机管理、古籍修复与保护、图书馆合作与图书馆联盟等进行专题研究，围绕标准规范、方法对策等形成研究成果与共识，达到推动行业规范、促进业务发展的目的。三是实行新任馆长证书制度。尽管目前建立图书馆馆长职业资格认证制度时机尚未成熟，[①] 但可以通过行业协会试行颁发，新任馆长通过相应的任职专业培训达到规定的时数，通过专业考试获得行业资格证书，这将有利于推进图书馆职业资格制度的实施与实现。四是在图书馆管理学中，加强对图书馆馆长与图书馆领导的研究，开展对各类型图书馆馆长的数据调查与统计分析，研究图书馆领导科学的理论，进行不同类型图书馆馆长的比较研究与中外图书馆馆长的比较研究，研究馆长素质能力结构、馆长选拔方法、馆长薪酬标准、馆长评价指标体系与绩效考核、馆长任职模式、馆长成长规律等，这将从理论上为新一代图书馆馆长的成长奠定基础。

3. 领导艺术

从根本上说，馆长是一个领导者。对于领导虽然有多种理解：一种控制、一种影响力、一种人际关系、一种交易，但管理学家德鲁克对领导下的经典定义"通过他人的作用实现目标的特殊活动"仍然是最有说服力的。在图书馆界，人们常通俗地说馆长就是图书馆的"头"，而国外馆长的称谓通常有Head、Chairman、Chief Librarian等，都极具道理，反映了图书馆界对馆长的一种朴素的界定，然而，笔者翻了一些著作和工具书，也没有找到关于馆长的科学定义，于是试着下这样的定义：对一个图书馆负有管理和决策责任，实施图书馆运行与发展的领导者。

2009年当代中国出版社的一本《领导重于管理：本尼斯管理思想实践指南》颇有些影响，领导学大师本尼斯认为"领导不足而管理有余"，企业内存在着大量的管理者，却缺乏相应的领导者，这使得企业拥有一定的稳定性，却丧失了应该的发展性。"领导者做正确的事，管理者正确地做事"这一观点已经成为整个管理学界信奉的教义，其"领导重于管理"的思想值得图书馆馆长们思考。的确，在我们的图书馆中，不少馆长忙于管理日常事务却忽视了发展大计；做了"带动、实现、负责、指挥"，而没有做"影响、指引方向和道路、行动、提出意见"；能够承担个人的责任（个人的成败），而不能承担整个图书馆的责任（组织的成败）；善于用制度、目标、绩效等管理手段，却不通人本理论并善于运用领导的艺术。

---

① 蒋弘. 我国图书馆馆长的职业资格认证问题. 国家图书馆学刊, 2007（3）：29-34.

4. 全球视野

在今天这样一个数字化与国际化的时代，图书馆馆长需要全球化视野。全球化视野是考量新时期馆长个人素质和个人性格特点的重要指标。馆长要关注图书馆的跨文化趋势，在多文化的背景下，一要具有高度的心理资本，包括风险危机意识与冒险精神、对多样化的热情和自信力；二要具有高度的知识资本，包括国际图书馆业与信息业的嗅觉、全球化的判断力以及对复杂性的认知能力；三要具有高度的社会资本，包括跨文化的同理心、人际影响力和外交能力。

早在 2002 年中国图书馆学会首届青年论坛上，上海图书馆馆长吴建中介绍了从新加坡的"Libraries 2000"到荷兰的"Libraries 2040"计划，从多文化指标、国际用户、国际化人才、国际化业务、国际交流等角度探讨了中国图书馆事业如何走向国际化的问题，① 这使得上海图书馆较早走上了国际化道路。近几年来，全球化成为馆长研讨的主题，例如 2007 年 9 月上海举办的解放日报报业集团第十二届文化讲坛暨全球图书馆高峰论坛，2009 年 11 月在深圳举办的首届公共图书馆国际高峰论坛，2010 年 6 月上海财经大学主办的"全球化视野——大学图书馆馆长论坛"等。

馆长要立足本馆放眼全球，从世界图书馆事业的发展大局考察本馆的发展方向与目标定位。在经济全球化、信息国际化和文化多元化的背景下，图书馆如何适应不断变化的技术环境和社会环境，这是一个馆长应当经常思考的问题。要组织图书馆员工关注图书馆动向，研究图书馆对策，在全球化和本土化之间寻找适合的道路，考虑哪些方面应当与国际接轨，哪些方面应当坚持有中国特色的道路。全球视野促进图书馆管理与服务的创新，馆长要放弃狭隘的本位主义和保守的观念，树立开放的新思想，突破一些框框和难题：如拥有与存取的矛盾，高校图书馆向社会开放的问题，公共图书馆有偿与无偿服务的问题，资源共建与共享的利益问题等。

馆长要在全球视野中推动图书馆的国际化，积极参与到国际交流与国际合作活动之中。从近几年来我国参加国际学术交流的情况看，馆长参加的积极性明显增强，但是图书馆的国际合作项目还较少，在图书馆国际组织中来自中国图书馆馆长的声音还不强烈。北京西城区图书馆曾在郭斌馆长的领导下，利用国际图联会员资格打造图书馆新形象，建立德语信息中心、中瑞可

---

① 吴建中. 图书馆走向国际化的思考. 图书馆建设, 2003 (1)：1-3.

持续发展信息中心，开展各种国际学术交流，成为我国中小型图书馆国际合作的典范。

5. 责任与精神

中国图书馆界的馆长向来强调责任与精神的重要性，其实，在科学眼里，馆长就是一个职位，这并不是说职业不讲责任与精神，而是说不能将馆长职位上升到一个政治高度，需要客观地认识馆长的地位与重要性。经常有这样的案例，如业界广泛宣传的一些馆长的事迹，在没有条件或极其艰苦的条件下，凭着馆长个人的奉献与拼搏，使一个图书馆起死回生或让一个馆出了名，这样的例子证实"馆长决定图书馆的命运"，对于中国许许多多的落后地区图书馆来说，仍有极大的鼓动性和示范作用。

一方面，我们应当从图书馆管理和图书馆事业的双重角度正确认识馆长的责任与精神。从图书馆管理角度，馆长与馆员都是图书馆的重要角色，各自有其不同的职业责任与职业精神，都有其能动作用，过分夸大馆长的作用或将馆长神化的说法与做法都是违背科学的，特别是与图书馆知识管理所强调的集体智慧相悖的。从图书馆事业角度，在我国目前东西部图书馆事业存在较大差距且贫困落后地区图书馆事业亟待走出困境的情况下，增强图书馆馆长的责任感和图书馆精神是十分重要的。我作为中国图书馆学会的志愿者，在贵州、吉林、重庆、广东等地基层图书馆馆长培训班上讲课，与许多贫困地区的县图书馆馆长交流，了解当地的艰苦条件和图书馆不受重视不受理解的环境，了解到许多馆长靠着一种责任与精神支撑着图书馆，受到很大的震撼，这是许多发达地区的馆长们所感受不到的，这个时候，精神是力量，理解和支持也是力量，知识更是力量！当然，责任与精神是有限的力量，也是无限的力量，片面强调责任与精神是不够的，还要强调知识、科学与智慧，不仅落后地区要讲责任与精神，发达地区也要提倡责任与精神，既不能夸大也不能弱化，这便是关于图书馆馆长责任与精神的辩证法。

另一方面，我们必须将馆长的责任与精神具体化，不能孤立地看待责任与精神，要将馆长的责任和精神与图书馆业务紧密联系起来，通过业务发展、通过图书馆目标的实现看馆长的责任与精神。在图书馆有这样的事例，某些馆长到图书馆后既有责任感也乐于奉献，成天忙个不停，与群众打成一片甚至以馆为家，是许多人心中的"好"馆长，然而几年过去了图书馆没有大的进步与发展，没有功劳却有苦劳，实际上没有将责任和精神转化为图书馆实现组织目标的动力。理论上讲，馆长所承担的责任是有层次的，首先是个人任期责任，目前许多馆长的任期并不明确，还存在一些馆长不情愿被派到图书馆来、将图书馆作为"跳板"的状况和上任后"临时"的思想。应当将馆长的任期目标具体化，虚化的宏观指标不具有鲜明的责任，要按照任期目标责任制的要求，不断强化责任意识，做好任期内的工作，承担并完成任期责任。其次是组织责任，将个人目标的实现与图书馆整体目标的实现相统一，将个人价值与社会价值的实现相统一，发挥图书馆在组织中的作用，还要将国家利益和使命置于组织和个人之上，真正实现图书馆更大的社会价值。至于精神，馆长要讲两种精神：一是职业精神，二是事业精神。馆长除了具备一般员工应有的职业精神外，还要有强烈的事业心和图书馆精神。尽管有人经常抱怨做馆长的艰辛，甚至有人说"馆长这个位置天生就要和困难作斗争的。在困难面前徘徊不前，缺乏勇气和信心，是绝不可能当好馆长的"，[①] 馆长与其说是一个职位，不如说是一份事业，没有一种精神是无法完成壮丽的事业。

第二节　图书馆领导

一、领导是一个整体

图书馆战略管理需要一位具有卓越战略能力的馆长，更需要强有力的图书馆领导。这里领导（Leadership）不是指个人，而是指一个整体，因此，图书馆馆长≠图书馆领导。

图书馆领导是图书馆管理的一个重要概念，国外相关研究给予了充分重视。ALA 1988 年首次以"领导"为年度主题；2001 年《图书馆管理杂志》第 32 卷 3-4 期出版以"领导"为专题的专刊。还出现了与"领导"相关的机构与计划，如 Snowbird 的图书馆领导研究所，德克萨斯图书馆学会的德克萨斯领导发展研究所，俄亥俄州的"俄亥俄图书馆领导 2000 计划"等。

图书馆领导是由馆长、副馆长等组成的一个集体。他们是在推动整个图书馆发展的过程中实现自身价值的，因此领导与图书馆的发展是密不可分的。[②] 图书馆馆长是对一个图书馆负有管理和决策责任，实施图书馆运行与发

[①] 卢子博. 新世纪图书馆馆长的使命——"新世纪图书馆馆长论坛"开幕词. 江苏图书馆学报，2001（3）.

[②] Catherine J. Matthews. Becoming a Chief Librarian: An Analysis of Transition Stages in Academic Library Leadership [J]. Library Trends, 50 (4), 2003, 578-602.

展的领导者,他是图书馆领导集体中最重要的一位成员,而副馆长起着辅助和支持的作用,一般根据领导集体的分工,或根据馆长的安排,承担特定的任务。在我国,图书馆领导集体中,还有一位重要成员——书记,在图书馆组织中承担党务工作,与行政相互支持与配合。此外,有的图书馆领导集体还包括有馆长助理、工会主席等。与国外图书馆领导相比,我国图书馆领导具有领导角色多样化、领导成分复杂化以及行政党务相结合的特色。

在 2009 年 4 月昆明高校图书馆馆长培训班上,笔者提出未来的图书馆干部队伍需要的是"Leadership + Team"。按照 Hersey 和 Blanchard 的说法,领导(L: Leadership)是领导者(l: leader)、追随者(f: follower)及情境(s: situation)三个变项的函数。[1] 而团队(Team)是指一些才能互补、团结和谐并为负有共同责任的统一目标和标准而奉献的一群人。今后图书馆队伍除了强调集体领导,还要强调团队的整体业绩,处理好团体与领导的作用与关系,将是体现馆长领导艺术的标志之一。

二、战略管理要求图书馆治理

根据组织管理的所有权与经营权分离以及由此产生的委托——代理模式,战略管理要求建立图书馆治理结构。图书馆法人治理结构一般由决策层、管理层和监督层三个层面的相互协调、相互制衡关系构成。

战略管理要求区分建设主体和管理主体,明晰建设与管理责任。国外图书馆一般以地方政府或主管部门为建设主体,以根据图书馆法设立图书馆为建设机制,由建设主体设立的图书馆理事会或委员会作为管理主体,以"理事会或委员会——图书馆组织"为管理机制。

不同类型图书馆均有理事会制度,包括公共图书馆理事会、大学图书馆理事会、学区图书馆理事会、研究图书馆理事会等。图书馆理事会通常分为监管委员会(或称为管理委员会)和顾问委员会(或称为咨询委员会)两种。监管委员会拥有为图书馆制定政策和做出决策的权力。顾问委员会不拥有最终的决策权,但可以为监管机构提供建议和信息帮助。如美国联邦政府设立的国家图书馆和信息科学委员会(NCLIS)以及学区图书馆和自治城市图书馆的理事会属于这种类型。在美国,州的图书馆活动分别由州的几个有关行政当局管理,如法律图书馆由最高法院管辖,学校图书馆则委托给州教育部或

---

[1] Hersey P.; Blanchard K. H. Management of Organizational Behavior: Utilizing Human Resources. 3d ed. Englewood Cliffs, N. J.: Prentice – Hall, 1977: 84.

公共教育处，立法参考图书馆附属立法机构，其他有关公共卫生、劳动教养、社会服务和福利机构的图书馆也分别由有关部门负责。各州有图书馆法规定图书馆的设置及其管理机构，图书馆理事会（Library Trustees）或图书馆委员会（Library Board）、图书馆董事会（Library Board of Directors）负责总分馆体系的宏观规划、馆长任命、财务监督，馆长负责内部业务行政管理，人财物统一管理。

　　理事会制度通常由法律或标准规定其职责范畴。在英国，1892年修订的英国公共图书馆法规定，"图书馆主管单位（Library Authority）应授权于各市图书馆委员会"；1919年修订的公共图书馆法规定"现行图书馆主管单位应将权力转移至郡，……一区域若归并入较大之郡，仍可于该区设立图书馆委员会，并指派图书馆长"；1964年修订的现行图书馆暨博物馆法规定"英格兰和威尔士应分别设立图书馆顾问委员会"。在韩国，2006年新修订的韩国图书馆法第十二条规定"为了制定、审议、调整图书馆政策的重要内容，在总统属下设置图书馆信息政策委员会"；第二十四条规定"为了审议均衡发展辖区范围内图书馆及消除知识信息差距的主要内容，市、道设立地方图书馆信息服务委员会"；第三十条规定"为了有效地运营图书馆，加强与其他文化设施之间的紧密协作，公立公共图书馆必须设立图书馆运营委员会"。① 在美国，华盛顿州的法律授予监管图书馆委员会以下法定权力：聘用图书馆馆长，规定其职责、报酬，因正当理由予以免职；向规定的立法机构提交年度预算，或者证明其征税建议的合理性；监督图书馆财产的保管和维护；租赁或购买用于图书馆建筑的地产；租赁、购买或建设图书馆及配套财产；接受捐送给图书馆的资金或财产；制定和批准用来指导委员会工作和监管图书馆的各种管理制度、规章和纪律；控制图书馆的财务；购买图书、连续出版物、图册和小册子；促进图书馆的高效管理。依利诺依州的《服务公众：依利诺依州公共图书馆标准》中规定："图书馆由一个理事会管理；理事会任命一名取得资格认证的人做图书馆管理者；理事会拥有控制图书馆所有财产以及对图书馆募集来或是受捐赠获取的资金合理支出的专权；图书馆管理者每个月都要向理事会呈交一份关于图书馆运行的书面报告"。②

----

　　① 蒋永福. 在我国实行公共图书馆理事会制度的理论思考［J］. 山东图书馆学刊，2010（6）：23–27，37.
　　② Illinois Library Association. Public Library Management Forum, Standards Review Committee. Serving Our Public: Standards for Illinois Public Libraries. ［2012–03–21］. http://www.ila.org/trustees/serving.pdf.

图书馆理事会是图书馆的权力机构,讨论和制订图书馆总政策,审议并决定图书馆的一切重大问题,为图书馆发展指明方向;而图书馆馆长是图书馆的首席执行官。理事会和馆长的责任如下表 11.1。

表 11.1　图书馆理事会职责和馆长职责

图书馆理事会	图书馆馆长
甄选并雇用有资格的馆长;拟定馆长的绩效评鉴标准; 确定职员的薪资等级	处理馆内人事、财务、馆藏发展、设备与活动的安排等;作理事会的专业顾问;在图书馆之友会议上作为职员代表
决定采用书面政策来管理图书馆的操作与规划	告知理事会拟定新政策的需求;执行理事会做出的政策,并负责向职员、图书馆之友与社会大众进行解释
确定图书馆的目标,并获取足够的资金来实施图书馆规划	协调和执行理事会的长远计划,并适时向理事会、职员、图书馆之友及市民提出报告
了解与社团有关的图书馆项目与需求;紧跟标准与图书馆趋势;计划与实施图书馆计划	起草体现图书馆最新进展与未来需求的常规报告;与理事会合作计划与实施图书馆规划,让图书馆之友了解特殊的财务需求
建立、支持和参与公共关系规划	维持积极的公共关系规划
进行年度预算	通过与理事会协商准备图书馆年度预算,在每次会议上提交一份与预算对照的最新支出报告
了解当地与州法律;主动支持州与国家的图书馆法	了解当地与州法律;主动支持州与国家的图书馆法
参与所有的理事会大会,并确保参会记录存贮在图书馆文档中	除那些讨论本人的工资与任期的会议外,参加理事会的所有其他会议;作为理事会的秘书长
建立制定图书馆间有关图书与资料选择的政策	选择与定购所有图书与其他资料
参加地区、州和国家理事会会议与学术讨论会;参加合适的专业组织	参加州与国家专业组织;参与专业会议与学术讨论会
了解州图书馆的服务	利用州图书馆的服务与咨询者
定时向管理官员和一般公众作汇报	定时向图书馆理事会、当地政府官员和一般公众作汇报

资料来源:徐引篪;盛小平;黄颖. 美国图书馆理事会及其启示 [J]. 四川图书馆学报,2004(3):2-7.

理事会的组成在不同国家不同地区有所不同。美国大部分州的法律规定由图书馆理事会治理县图书馆。县图书馆理事会成员从3名到9名不等,有时候还包括1名或多名法定成员,任期不等,定期轮换。加利福尼亚州法律规定全州的图书馆事务由州图书馆理事会负责。法律对该理事会成员从任命/任期、组成人数以及职责,都作出了详细的规定:理事会要由13人组成,由州长任命其中9人,其中3人代表残疾人、英文不好的人和经济贫困户,另外6人来自学校图书馆、机构图书馆、公共图书馆、学术图书馆、特殊图书馆;其他4人则代表上述以外的方面,其中两名要由州议会规章委员会任命,另外两名则由议长会议任命。[①] 洛杉矶公共图书馆是洛杉矶市政的一个独立部门,由图书馆管理委员会(Board of Library Commissioners)负责管理。图书馆管理委员会经过市宪章的认定,委员由市长亲自征选并获得市议会同意后委任,委员会有5人组成,任期5年。首席执行官是整个图书馆的总馆长(City Librarian),由市长任命、理事会确认,负责图书馆日常工作的管理。图书馆系统由1个中心图书馆和72个分馆组成,总馆长下设有总馆长助理、信息技术和藏书主任、信息技术和藏书主任助理、人力资源主任、中央馆主任、中央馆主任助理、分馆服务主任、分馆服务主任助理、商务经理、公共关系主任。波士顿公共图书馆理事会(Board of Trustees)由1名由市政当局选举产生的主席、5名由波士顿市长委任的理事组成,任期均为5年。[②] 澳大利亚新南威尔士州图书馆理事会由州艺术、体育和娱乐部部长提名、州长任命的9名成员组成,且规定理事成员中至少有一名拥有教育方面知识或经历,还有至少包含一名拥有地方政府知识或经历人员担任。[③]

理事会根据需要可设立下属的专业委员会及相关咨询机构,聘请社会专业人士担任委员,为理事会决策提供专业咨询和管理咨询服务。如波士顿公共图书馆理事会设有4个委员会和2个特别小组:资金项目委员会、馆藏委员会、财政和审计委员会、社区服务委员会以及市场营销和筹资特别小组、技术特别小组。资金项目委员会、财政与审计委员会、社区服务委员会、市场营销和筹资特别小组、技术特别小组的组成规定要有至少1名波士顿公共图书馆理事会成员,其他成员由理事会主席和图书馆馆长任命。馆藏委员会从

---

① California Education Code. [2012-03-22]. http://www.leginfo.ca.gov/.
② Boston Public Library. By-Laws [EB/OL]. [2009-12-15]. http://www.bpl.org/general/trustees/trusteebylaws.pdf.
③ 蒋永福. 论图书馆理事会制度 [J]. 图书馆, 2011 (3): 31-34.

包括波士顿公共图书馆理事会、图书馆馆长、公共服务部主任、馆藏管理者、重要的高级职员及特殊藏品监护人等在内的相关专业及有收藏兴趣的代表中选取不少于2人作为该委员会成员。同时，为了体现管理的透明度、公民参与程度及实现各选区真正能够最大限度地为公众服务，社区中的所有人都可以参与到该委员会中来。①

三、战略管理要求图书馆领导信息公开

战略管理要求图书馆信息公开，包括图书馆资源公开、服务公开、内部管理信息公开即馆务公开等，不仅有助于发现和解决图书馆管理与服务存在的问题，推进图书馆改善管理与服务；而且有助于读者及公众获取图书馆各方面的信息，增进对图书馆的理解，加强管理沟通。领导信息公开不仅有助于社会各界对图书馆领导的了解与监督，以改进图书馆工作，而且有助于在战略管理过程中公众、馆员及各种利益相关者与图书馆进行沟通，以促进图书馆战略过程的民主化，从而推动图书馆战略管理的发展。

从图书馆网站上领导信息的公布情况可以看出我国图书馆管理信息公开远不能适应战略管理的要求。笔者所进行的一项图书馆网站领导信息调查显示，在被调查的30个省26个省会城市以及253个地市（区）共460个公共图书馆中，只有197个有网站，而网站上公布有领导信息只有42个，占有网站的21.3%。② 在被调查的150所高校图书馆中，"985高校"图书馆网站公布有领导信息的只有25所，占"985高校"总数的65.78%；"211高校"图书馆网站公布有领导信息的71所，占"211高校"总数的63.39%。③ 我国图书馆网站上公布的馆领导信息，主要包括职称，学历，年龄，任职时间等，较少公布领导的照片和邮箱，相比之下，美国则是特别重视对馆领导联系方式包括邮箱和联系电话的公布以及照片，一般不公布年龄等个人私密信息。

---

① 冯佳. 国外公共图书馆理事会制度及启示——以美国波士顿公共图书馆理事会制度为例[J]. 图书馆建设, 2010 (6): 93-97.
② 柯平, 成舒云. 我国公共图书馆领导的网络调查与分析[J]. 新世纪图书馆, 2011 (8): 17-21.
③ 李庆红, 柯平, 成舒云. 我国高校图书馆领导信息的网络调查与分析[J]. 图书馆, 2012 (3): 56-59.

第三节 战略管理中的领导风格

一、精明战略家的习惯

英国著名的企业管理顾问理查德·科克在《企业战略》一书中提出精明战略家们的19种习惯：（1）差异化思维；（2）了解自己公司的关键理念；（3）具有领导意识的思维；（4）关注客户，与他们进行沟通；（5）关注竞争对手，并且与他们进行沟通；（6）充分注意经济学观点；（7）有大局观念；（8）要细致入微；（9）集中性；（10）关注价值——管理价值，而不是数字；（11）把市场作为实验的平台；（12）要尽早减少损失；（13）寻求意外之功；（14）增强实力，而不是改正弱点；（15）发展行动中的战略；（16）在前进过程中，心中要有路线图做指引；（17）即使在行动中也要深思熟虑；（18）肩负责任，有目标，做个领导者；（19）要鼓励所有的执行者都成为领导者。

此外，他还提出精明战略家的日常习惯包括：每天抽出时间来思考；为创造力充电；千万不要浪费时间；为会议做好准备；从今天开始和你的客户谈心。[①]

二、战略管理的领导风格

Bourgeois 和 Brodwin1984 年在《战略管理杂志》上发表了一篇文章，对战略实施中的领导风格进行了研究，总结出五种类型，见表11.2。

表11.2　战略实施的领导类型

类型	特点	局限性
指挥型	重视制定一个最佳战略；企业领导者自己制定战略或者指示计划人员去制定战略；一旦制定出战略，就依靠发布各种命令强制下属人员去执行。	下属管理者缺少执行战略的动力和创造精神，甚至会拒绝执行战略。
变革型	重视实施战略。企业领导者会亲自或在别人帮助下进行一系列变革，采取激烈手段和控制体系来促进战略的实施，增加战略成功的机会。	企业为实施战略进行的各种变革会跟不上快速行业的变化速度；自上而下的实施战略不利于职工发挥积极性。

---

① （英）理查德·科克著，李欣，李景华译. 企业战略. 北京：中国大百科全书出版社，2004：195-210.

续表

类型	特点	局限性
合作型	重视从战略实施一开始就承担起高层管理者的责任；最高领导者和高层管理者共同制定战略，发挥集体智慧，提高战略的可行性和有效性；得到高层管理者支持，提高战略成功实施的可能性。	多数人参与决定的战略其方案可能是折中产物，而降低战略的合理性；讨论时间较长会错过战略机会。
文化型	重视战略实施中员工的重要性；运用企业文化手段，使所有员工在共同的文化基础上从事战略制定与实施活动。	受到员工素质因素的约束；强烈的企业文化会使战略失去灵活性。
增长型	重视激励管理人员去执行完善的战略；企业战略自下而上产生，各经营单位有较大的战略决定权，充分发挥下层管理人员制定和实施战略的积极性和创造性。	

资料来源：根据李玉刚．战略管理［M］．北京：科学出版社，2005：191－192 整理

　　这五种类型中，指挥型适用于企业领导拥有比较高的权威的企业，在稳定行业里经营的小型企业，以及前后战略比较一致，战略变化不大的企业；而变革型虽然有利于实施比较困难和复杂的战略，但只能适用于稳定行业中的中小企业。指挥型、变革型、合作型都没有能够解决基层与基层员工的积极性与创造性的问题，而文化型和增长型模式解决了这一问题，文化型模式打破了战略制定者与执行者的界限，让每个员工或多或少地参与到战略的制定与实施中，从而发挥员工在战略实施的积极主动作用；增长型模式充分发挥下层管理人员和经营单位的作用，适用于多样化经营的大型企业与变化较大的行业中的大型企业。

　　根据上述企业战略管理的不同领导风格，图书馆可结合实际，借鉴其合理因素，形成图书馆战略管理的独特领导风格。例如，根据我国高校图书馆和研究型图书馆的员工队伍状况，可将文化型和合作型的优点相结合，充分发挥图书馆各部门的作用，发挥每个员工在战略制定与实施中的积极性和创造性，使战略得到最广泛的支持，提高战略实施的有效性。而考虑到公共图书馆的人力资源实际情况，可综合指挥型和变革型的优点，采取有效的战略制定路径，实施强有力的组织、人事、服务与系统变革，保障战略实施获得成功。大型图书馆还可结合增长型的特点，充分依靠部门力量，给各部门较

大的战略决定权,以应对快速的图书馆业务变化;小型图书馆如果采取指挥型模式,要求馆长有较强的战略思维和战略管理水平,以保证战略方向的正确性,在强力执行过程中要预见到可能出现的矛盾与问题,善于快速化解矛盾、解决问题。

三、图书馆馆长的领导风格

图书馆馆长的领导风格是一个重要课题。领导风格有强制型(命令型)、权威型(愿景型)、合作型(关系型)、民主型、方向制定型(领跑型)、教练型等多种。

在国外,Burns 于 1978 年根据领导者与部属之间关系提出两种主要的领导类型:转化型领导(transforming leadership)和交易型领导(transactional leadership)。Albritton 于 1993 年参考转化型领导模式,以 23 所图书馆馆长与 138 位图书馆馆员为研究对象,研究结果显示:在图书馆环境下,特别是论及对组织效能的影响,转化型领导行为较交易型领导行为具更大的影响力。Patha 于 1994 年根据 Bass 的转化型领导模式,研究研究型大学馆员对馆长领导风格的认知,发现大学图书馆馆长表现的转化型领导行为多于交易型领导行为。Patha 研究还发现:女性大学图书馆馆长比男性馆长表现出更多的转化型领导行为,尤其在领袖魅力、感性启发、智能激发等行为方面;男性馆长则表现比较多的交易型领导行为,尤其在消极的例外管理(如:馆员犯错即加以斥责)方面;放任型领导行为则是男性馆长明显多于女性馆长。馆长在图书馆界的工作年资影响其领导行为,年资未满 20 年的大学图书馆馆长其感性启发的领导行为明显较年资超过 20 年者为多。女性大学图书馆馆长的领导效能表现比男性馆长好,且工作经验少于 20 年的馆长带给馆员的工作满足感也较高。

我国台湾大学陈书梅以俄亥俄州立大学领导理论为基础,将领导行为分为体恤关怀面向和任务建构面向两大类共 12 项(强调工作绩效、任务建构、代表、角色承担、说服诱导、上级取向、对不确定性的容忍、关怀体恤、对自由裁处的容忍、团体和谐的要求、整合、精准预测),利用领导行为描述问卷(LBDQ)调查了 26 所大学图书馆 446 位图书馆馆员,结果发现:台湾地区大学图书馆馆长领导行为表现较多的是任务建构面向(得分 3.48,而关怀体恤面向得分 3.25)。[①]

---

① 陈书梅. 图书馆组织心理研究——馆员的认知观点. 台北:文华图书馆管理资讯股份有限公司, 2003:25-32.

第十二章　　战略管理案例

如果实例和理论不相符合，换其他的实例好了　　——阿尔伯特·爱因斯坦

第一节　国外公共图书馆案例

国外各级公共图书馆都有战略规划，有县图书馆的（如"巴尔的摩县公共图书馆战略规划之九 2013－2015 财年"）；社区图书馆的（如"邦杜兰特社区图书馆 2010－2015 年战略规划"）；镇图书馆的（如"雷蒙德镇图书馆 2009－2012 年战略规划"）。这里举要介绍如下。

一、美国欧申赛德公共图书馆的战略管理

欧申赛德公共图书馆（Oceanside Public Library）的组织结构如图 12.1。1997 年图书馆准备了一个战略规划，指导图书馆 1998 年到 2004 年的运行。图书馆理事会（the Library Board of Trustees）有理事长吉姆麦卡戈、副理事长阿特曼德尔鲍姆、秘书阿德里安娜哈克斯以及理事夏琳威廉姆森等组成。2004 年，图书馆理事会和馆长（Library Director）意识到需要制定一个新的战略规划，为图书馆的发展提供视角和方向。

图书馆认为，战略规划以过去的成就为基础，建立在不断改进的基础上，是一个动态过程。它受到图书馆使用趋势和新兴技术的强烈影响，也受到员工和资源的限制。我们的目标是制定一个未来五年的发展蓝图，这个蓝图注重建立在未来共同愿景基础上的员工努力和预算资源。

图书馆确定的使命陈述："在一种受欢迎的，以用户为中心的环境中，通过满足不同社区用户的信息、教育、文化以及娱乐需求，促进当地社会信息素养教育、终身学习、文化丰富、信息公平和公民参与。"

图书馆确定的价值观为：诚信与责任；公众服务的质量；卓越的领导；团队和社区合作；重视和激励雇员；资源多样化；服务输出创新；自由获取知识。

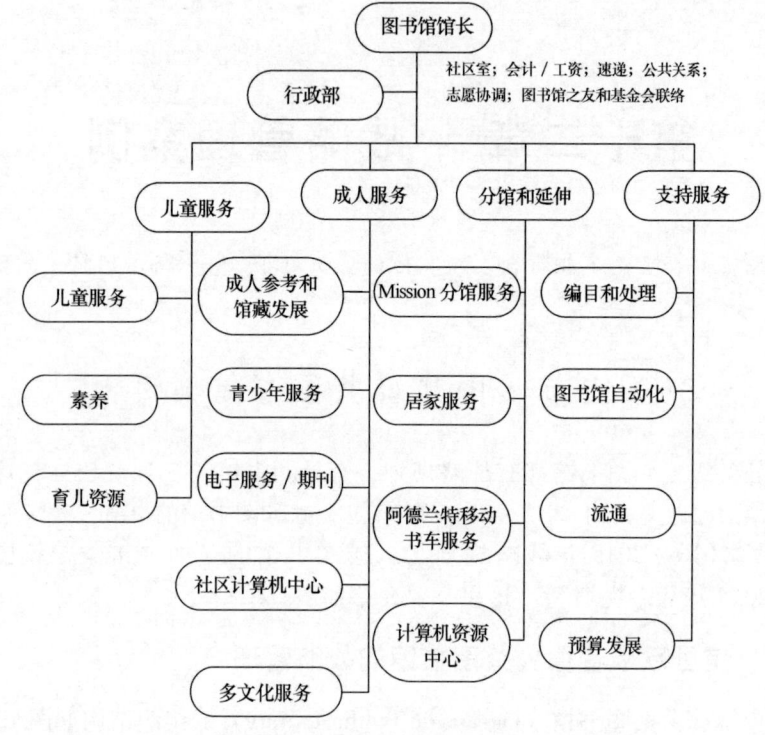

图 12.1 欧申赛德公共图书馆组织结构

战略规划的首要工作是成立一个战略规划组织。战略规划委员会（Strategic Plan Committee）由德波拉波利其（图书馆馆长）、唐娜阿诺德（支持服务）、谢里考斯比（支持服务）、格雷斯弗兰斯卡（分馆儿童服务）、豪尔赫加西亚（移动书车服务）、玛格丽特格雷罗（成人服务）、安娜迈克尔罗伊（分馆服务）、苏珊麦高恩（儿童服务）、雷达努涅斯（儿童服务）、布拉德彭纳（成人服务）、李韦斯特（社区计算机中心）等组成。

由图书馆所有级别的员工代表组成的核心小组作为战略规划团队（Strategic Planning Team）。核心小组成员有乔伊斯布朗（青少年服务）、玛丽卡帕朵拉（编目）、南希卡斯坦森（儿童服务）、埃伦古德（分馆成人服务）、凯蒂格林（成人服务）、卡瑞斯汀莫拉雷斯（图书馆行政）、金彭得尔顿（成人/电子服务）、桑迪菲利普斯（扫盲）、阿德利纳皮尼翁（儿童服务）、奥克萨拉让德米歇尔斯（分馆成人服务）、玛格丽特泰勒（成人服务）。

新的规划小组面临的关键问题是——"图书馆现在在哪里？"；"我们应当

在哪里?";"我们怎么到达那里?"。图书馆前一个规划已获得较大的投入;该规划通过审查不断更新,并纳入最新的社区规划成果如"愿景2020","2004年社区会议需求评估",市理事会的目标以及其他的市辖部门规划。

规划团队成员在2004年10月3日开始会面,并在随后的10个月时间内共会面20次,共同参加每次两个小时的会议。

在这段时间里,战略规划团队进行了以下规划活动:

1. 文献综述

确定有助于规划工作的资源,并提供背景材料。收集到的主要参考资料有:①《加利福尼亚州2005年图书馆统计数据》(萨克拉门托:图书馆发展服务局,加利福尼亚州立图书馆,2005);②沃尔特·克劳福德和迈克尔·戈曼的《未来图书馆:梦想,疯狂和现实》(芝加哥:ALA,1995);③卡斯·黛罗莎等《2003年OCLC环境扫描:模式识别》(俄亥俄州:OCLC,2004);④彼得·赫尔隆和艾伦·奥特曼《评估服务质量:满足图书馆用户的期望》(芝加哥和伦敦:ALA,1998);⑤《网络世界中的图书馆》(华盛顿:ALA信息技术政策办公室);⑥桑德拉·内尔森《新的面向结果的规划:条理化方法》(芝加哥和伦敦:ALA,2001);⑦《欧申赛德:一个需求评估》(欧申赛德:欧申赛德太平洋共同体会议的基瓦尼斯俱乐部,2004);⑧《2020年愿景规划,城市服务要素,行动计划》(欧申赛德:城市服务要素委员会,1999);⑨林恩·韦斯特布鲁克《确定和分析用户需求》(纽约:尼尔-舒曼,2001);⑩杰尼特·伍德沃德《创造用户驱动的图书馆:建立在书店模型之上》(芝加哥:ALA,2005);⑪查尔斯·维布里《自我检验的"最佳实践"》(圣地亚哥:圣地亚哥公共图书馆,2005)。

2. 最佳实践

研究新趋势为规划工作提供参考。一些重要的国家图书馆发展趋势直接影响着规划制订。分析"OCLC的图书馆景观"报告等各种资料,获得了以下趋势:①图书馆扮演着一个新的重要角色,即社区中心,而不仅仅是书的仓库。②如果图书馆不从用户的角度出发来提供服务的话,自我价值就会减少。③图书馆处于网络和人群相互联系的大环境中,无论是当地的、洲际的还是全国性的网络,对图书馆的成功发展都是至关重要的。④图书馆用户越来越自给自足。这会影响他们如何获取信息以及如何使用图书馆。⑤图书馆正在从提供纸质资源向提供数字资源转变;技术变化的巨大步伐影响了图书馆服务的各个方面。⑥随着图书馆从实体建筑延伸出来之后,图书馆"馆藏"

的概念正在发生变化。越来越多的人选择在图书馆之外的地方（家里，学校，工作场所）获取信息，服务和资源。

在此基础上，实地考察了丘拉维斯塔公共图书馆，近距离的考察其"市场模式"的输出服务。

3. 员工调查

评估员工对图书馆优势和劣势的自我认知，以及员工对用户服务的意见。

4. SWOT 分析

参与 SWOT 分析，同时在图书馆理事会也进行一项类似的分析。

5. 图书馆定标比超

采取各种措施获得数据，将欧申赛德公共图书馆与圣地亚哥郡以及加利福尼亚州类似规模和特点的其他图书馆进行比较。2003－2004 财年图书馆基准比较（数据来自加利福尼亚州图书馆统计数据，2005 年）如下：

（1）社区

地理面积—平方英里	
绍森欧克斯公共图书馆	56
安大略市图书馆	50
丘拉维斯塔公共图书馆	50
欧申赛德公共图书馆	44
卡尔斯巴德市图书馆	40
埃斯孔迪多公共图书馆	37
奥克斯纳德市图书馆	25
米申维耶霍市图书馆	18

人口	
丘拉维斯塔公共图书馆	209,100
奥克斯纳德市图书馆	186,100
欧申赛德公共图书馆	173,300
安大略市图书馆	167,900
埃斯孔迪多公共图书馆	140,500
绍森欧克斯公共图书馆	126,100
米申维耶霍市图书馆	97,700
卡尔斯巴德市图书馆	93,000

借阅者	
安大略市图书馆	138,700
丘拉维斯塔公共图书馆	133,600
埃斯孔迪多公共图书馆	114,700
米申维耶霍市图书馆	112,100
绍森欧克斯公共图书馆	104,800
欧申赛德公共图书馆	91,500
卡尔斯巴德市图书馆	87,300
奥克斯纳德市图书馆	68,800

(2) 访问

服务时间—主馆	
卡尔斯巴德市图书馆	68
丘拉维斯塔公共图书馆	64
安大略市图书馆	63
绍森欧克斯公共图书馆	63
米申维耶霍市图书馆	60
埃斯孔迪多公共图书馆	57
奥克斯纳德市图书馆	57
欧申赛德公共图书馆	53

人均面积	
卡尔斯巴德市图书馆	0.97
丘拉维斯塔公共图书馆	0.52
绍森欧克斯公共图书馆	0.51
米申维耶霍市图书馆	0.42
埃斯孔迪多公共图书馆	0.41
奥克斯纳德市图书馆	0.41
欧申赛德公共图书馆	0.28
安大略市图书馆	0.21

年访问量	
丘拉维斯塔公共图书馆	1,071,000
卡尔斯巴德市图书馆	846,000
埃斯孔迪多公共图书馆	730,000
绍森欧克斯公共图书馆	614,000
欧申赛德公共图书馆	597,000
安大略市图书馆	554,000
奥克斯纳德市图书馆	536,000
米申维耶霍市图书馆	308,000

（3）运行

运行总预算	
卡尔斯巴德市图书馆	MYM8,005,000
绍森欧克斯公共图书馆	MYM6,622,000
丘拉维斯塔公共图书馆	MYM5,752,000
欧申赛德公共图书馆	MYM3,942,000
埃斯孔迪多公共图书馆	MYM3,651,000
奥克斯纳德市图书馆	MYM3,244,000
安大略市图书馆	MYM2,551,000
米申维耶霍市图书馆	MYM2,190,000

人均运行预算	
卡尔斯巴德市图书馆	MYM86.07
绍森欧克斯公共图书馆	MYM52.51
丘拉维斯塔公共图书馆	MYM27.51
埃斯孔迪多公共图书馆	MYM25.98
欧申赛德公共图书馆	MYM22.75
米申维耶霍市图书馆	MYM22.41
奥克斯纳德市图书馆	MYM17.43
安大略市图书馆	MYM15.20

员工（F.T.E）	
卡尔斯巴德市图书馆	90
绍森欧克斯公共图书馆	67
丘拉维斯塔公共图书馆	59
埃斯孔迪多公共图书馆	39
欧申赛德公共图书馆	38
安大略市图书馆	37
米申维耶霍市图书馆	25
奥克斯纳德市图书馆	22

（4）资源

流通量	
奥克斯纳德市图书馆	1,542,700
绍森欧克斯公共图书馆	1,365,500
卡尔斯巴德市图书馆	1,353,300
丘拉维斯塔公共图书馆	1,308,700
埃斯孔迪多公共图书馆	870,300
米申维耶霍市图书馆	725,800
安大略市图书馆	625,300
欧申赛德公共图书馆	545,100

馆藏预算	
卡尔斯巴德市图书馆	MYM877,500
绍森欧克斯公共图书馆	MYM867,900
丘拉维斯塔公共图书馆	MYM591,600
欧申赛德公共图书馆	MYM470,300
埃斯孔迪多公共图书馆	MYM441,500
奥克斯纳德市图书馆	MYM394,900
安大略市图书馆	MYM301,300
米申维耶霍市图书馆	MYM283,200

馆藏量	
丘拉维斯塔公共图书馆	516,800
绍森欧克斯公共图书馆	392,200
奥克斯纳德市图书馆	362,800
埃斯孔迪多公共图书馆	353,700
卡尔斯巴德市图书馆	328,500
欧申赛德公共图书馆	318,000
安大略市图书馆	225,500
米申维耶霍市图书馆	146,700

(5) 服务

项目	
卡尔斯巴德市图书馆	1,340
奥克斯纳德市图书馆	913
欧申赛德公共图书馆	860
丘拉维斯塔公共图书馆	764
埃斯孔迪多公共图书馆	657
安大略市图书馆	497
米申维耶霍市图书馆	293
绍森欧克斯公共图书馆	239

参考咨询量	
丘拉维斯塔公共图书馆	265,700
埃斯孔迪多公共图书馆	254,300
卡尔斯巴德市图书馆	165,500
绍森欧克斯公共图书馆	142,000
米申维耶霍市图书馆	109,600
欧申赛德公共图书馆	108,200
奥克斯纳德市图书馆	89,700
安大略市图书馆	83,800

公用联网计算机	
欧申赛德公共图书馆	100
丘拉维斯塔公共图书馆	98
埃斯孔迪多公共图书馆	55
卡尔斯巴德市图书馆	53
奥克斯纳德市图书馆	45
绍森欧克斯公共图书馆	38
安大略市图书馆	27
米申维耶霍市图书馆	26

6. 社区扫描

分析关键的人口和统计信息,以创建一个详细的社区说明,具体包括以下内容:

(1) 有多少人住在欧申赛德市?(2004年)有173,307,含94,048维斯塔;92,995卡尔斯巴德;70,000彭德尔顿。有多少住在附近区域的人可能会用到图书馆服务?合计 430,350。(来源:根据圣迪哥政府协会(SANDAG)网站)。

欧申赛德市的人口预计在不同的年份会有什么样的变化?(2010)5年?188,974;(2015)10?195,613;(2020)15?201,526;(2025)20?204,099。(来源:SANDAG网站;SANDAG的区域规划处关于2015和2025年数据)。

(2) 住在本市的人口百分比如下:

	5年前(2000)	现在(2004)	5年后(2010)
小于5岁	8%	9%	7%
5-14	16%	15%	14%
15-17	4%	4%	4%
18-24	10%	10%	11%
24-64	49%	49%	50%
65岁及以上	14%	13%	14%

(来源:2000年人口普查和SANDAG网站)

(3) 有多少单亲家庭？15 年前（1990）：4，168；5 年前（2000）：5，185；现在（2004）：6，068。来源：SANDAG 网站和 2000 年人口普查网站（概括文件 1 和 3）。

(4) 市民在家里说什么语言？

英语，西班牙语，菲律宾语，萨摩亚语，及其他太平洋岛屿语言，德语，日语，法语，汉语，意大利语，韩语，波兰语，其他斯拉夫语，阿拉伯语，葡萄牙语，匈牙利语等。（来源：2000 年人口普查网站）。

(5) 本市有哪些有代表性种族？

白人——87，678；拉美裔——56，224；亚裔——10，380；黑人——10，017；夏威夷和太平洋岛民包括萨摩亚人——2，026；美洲印第安人——742；其他——311。（来源：网站 SANDAG2004 年 7 月）。

(6) a. 哪些是全市 30 个最大的非军用雇主（2004 年），他们雇佣了多少人？

欧申赛德联合学校区	2，100
三市医疗中心	1，854
欧申赛德市	1，028
沃尔玛	600 或者更多
IDEC 生物遗传公司	600
米拉科斯塔学院	589
北县交通区	582
家得宝	350 或更多
海德	283
ESC 公司	279
北县时报	240
明尼阿波利斯邮政数据中心	223
艾伯森	200 或更多
拉尔夫斯	200 或更多
J. R. Filanc 建筑公司	194
Genica 公司	172
碧迪医疗系统	154
废物管理	150 或更多
Onesource 经销商	142

第十二章 战略管理案例

续表

瑞士螺丝产品联合公司	136
Chachies 食品有限公司	135
环球媒体	134
美国住友金属矿业公司	133
Macord 建设集团	132
H K 塑料工程公司	130
德国联合溶解工程	125
Vons	120 或更多
默文	100 或更多
塔克	100 或更多

（来源：圣地亚哥全文日报网站；N 县时报 1/30/05；OUSD2/7/05；加利福尼亚州劳动力市场 05 年 2 月信息数据，美国咨询，欧申赛德人事部）。

（6）b. 本市有哪些主要的非军事产业（2004 年）？它们是干什么的？它们雇佣了多少人？这些产业在 5 年内会有什么样的不同？

教育，卫生和社会服务　　　　雇员：11,592 或 17%
预计到 2008 年 SD 县有所增长，到 2012 年实现全国增长。
制造业　　　　　　　　　　　雇员：9,303 或 13.7%
预计到 2008 年 SD 县有轻微的失业，到 2012 年全国略有下降。
零售业　　　　　　　　　　　雇员：8,354 或 12.3%
预计到 2008 年 SD 县有所增长，到 2012 年实现全国增长。

注：在欧申赛德的大多数企业只有很少的员工，不是少于 100 人，就是少于 10 人。他们主要集中在个人，商业，卫生和其他服务企业。其他行业包括维修服务，汽车，零售，信贷，保险，房地产，建筑，批发贸易和制造业。
（来源：美国参考咨询数据库，2000 年人口普查，劳动统计局，加州就业发展部）

（6）c. 本市的军队扮演的角色？
基地/设施　　海军陆战队基地约瑟夫彭德尔顿营
军事人员　　55,000 到 66,000：33-40,000 现役；22-26,000 预备
文职雇员　　3,900 到 4,100
综合的　　　59,000 到 70,000
（来源：Global Security 网站；City Economic Development 网站；Camp Pendleton 网站）

(7) 本市失业者比例？ <u>3.4%到4.4%</u> （来源：2000年人口普查网站；Venturi员工合作网站2004年10月）

(8) 本市中等家庭的收入是多少？

考虑通货膨胀因素（1999MYM） <u>MYM50，406</u>

不考虑通货膨胀因素（当前是2004MYM） <u>MYM56，285</u>

（来源：SANDAG网站2004年1月）

(9) 本市有18岁以下儿童的家庭，收入低于贫困线的比例？ <u>8.2%</u> （来源：2000年人口普查网站）

(10) 本市在不同季节的人口变化大吗？ <u>1，451套或2.4%</u> 的住房是"季节性，娱乐，或者偶尔使用"（来源：2000年人口普查网站）

(11) 本市居民可获得的信息来源？（2004年）多少（至少）

市里提供的当地报纸 <u>15</u>

市里收到的当地广播电台 <u>14</u>

市里收到的地方广播和有线电视台 <u>15</u>

书店 <u>12</u>

音像店 <u>21</u>

音乐店 <u>4</u>

市里社区居民接收到的有线电视 <u>3</u>

拨号（760区号）上网服务供应商（ISP）或其他市内可获得的访问

<u>500</u>

其他城市办公室来源（社区组织等） <u>600</u>

（来源：政府统计联合论坛报，交换机，KOCT，丹尼尔斯有线电视公司，"列表"ISPs网站，FinderBinder，美国参考咨询数据库）

上述提供的信息来源除英语外，还有哪些语言？ <u>11种是西班牙语；2种菲律宾语；中文地区出版物，亚洲/太平洋岛屿语言，俄语，韩语，越南社区也存在。</u>（来源：FinderBinder）

(12) 本市其他的图书馆还有哪些？（2004年） 多少？

x _____ 小学 <u>17</u>

x _____ 初中 <u>3</u>

x _____ 高中 <u>3</u>

_____ 职业技术学院

x _____ 社区学院 <u>1</u>

_____ 学院或大学

第十二章 战略管理案例

x _____ 医院/医疗　　　　　　　　　　　　　　　　　 1
 _____ 法律
 _____ 专业的
x _____ 其他：宗教的　　　　　　　　　　　　　　　　 1

（来源：欧申赛德联合学校区网站；太平洋联合宪章；商务技术学院；美国凤凰城；米拉科斯塔学院网站）

（13）本市有多少公立和私立学校？（2004 年）在下面空格上列出各种类型学校的数量。

学前班	6 所公立	20 所私立	0 所特许
小学	17 所公立	5 所私立	3 所特许
初中	3 所公立	4 所私立	3 所特许
高中	4 所公立	2 所私立	2 所特许
职业/技术	0 所公立	3 所私立	
社区学院	1 所公立	0 所私立	
学院/大学	0 所公立	1 所私立	

（来源：欧申赛德联合学区，继续教育，加利福尼亚州教育署网站；SBC 圣地亚哥滨海县白/黄皮书，网站搜索）

（14）本市大约有多少家庭学校？ 2,000 （来源：北县家庭教育服务指南 2000）

（15）本市 25 岁及以上公民拥有至少一个高中文凭或同等学历证书的比例？ 81% 。（来源：SANDAG 和 2000 年人口普查网站）。注：1990 年在 SD 县，81.9% 的 25 岁及其以上公民有一个高中文凭或同等学历证书。

25 岁及以上居民接受至少 2 年大学教育的比例？ 31% ；至少 4 年大学的比例？ 23% 。

（16）本市有多少社会服务提供商？（2004 年）

护理院（延续护理）	11
日间护理中心	43
收容中心/中途宿舍/药物治疗中心	26
青年娱乐中心	12
其他（名单）	18

美国红十字会 24/7 紧急救济；圣地亚哥县 CCCS；教育改进服务；宗教社区服务；圣地亚哥法律援助协会；圣地亚哥路德会；MAAC 项目；大圣地亚哥送餐；与行业伙伴合作；WIC；圣地亚哥 ARC；北岸服务中心；圣路易

斯雷伊帕里什团；SD县进步工作；加利福尼亚州农村法律援助公司；卡莱独立同伴；米拉科斯塔学院；成人学习计划

（来源：说明；2004-2005年代理服务目录；美国SD联合有限公司网站）

（17）估计2004年本市组织（服务团体，俱乐部等）的数目和类型：

<u>　　　135个特别关注的组织，企业，兄弟团体</u>

<u>　　　　　29个服务，宗教，文化组织</u>

<u>　　　　　42个类别/教派的335个教会</u>

（来源：圣地亚哥原始资料集（2004年冬）；欧申赛德商会）

（18）本市没有计算机的家庭比例？<u>16%到19%</u>。（来源：圣地亚哥区域技术联盟2003年）

（19）本市16岁以上年龄的人口有多少无读写能力？<u>24%</u>。（来源：圣地亚哥素养委员会2000年）。注：SD县2000年的比例是22%。

（20）本市有多少无家可归的人？（2004年）<u>1,098</u>。（来源：地区处理无家可归者工作队，欧申赛德报告）。

7. 焦点小组工作

在规划进程中确定规划的关键要素十分重要。一系列关键要素使整个规划形成一个共同的主线。这些要素是：①图书馆需要从商业市场吸取教训，特别是在营销材料和服务方面，应该更注重满足顾客（图书馆用户）的需求和期望。②图书馆需要规划新技术，跟上发展的步伐，以提高图书馆的运行效率。③图书馆需要检查当前所有的进程和程序，尽可能简化运行程序，并做到事事以用户为中心。④图书馆需要推进设施的向前发展，无论是在重塑还是新建方面，否则它将更加不能满足不断增长的人口的需求。⑤在执行战略规划的过程中，图书馆需要为持续增长的员工和社区参与提供机会，征求他们的意见建议，并提供行动计划的反馈。⑥图书馆需要创造一种鼓励灵活性和创造性思维的组织文化，使员工能够应对环境变化的挑战。

核心小组的主要工作是在6个规划领域制定详细的行动计划，这6个规划领域就是六大功能类别，每个类别形成"目标（Goals）"——"战略"（Strategies）和"行动"（Actions）系列。规划既具体，又可以衡量，有执行的时限，还有责任者，以确定负有更大责任的人员。具体的6个规划领域对应的行动计划如下：

（1）图书馆资源

目标1：提供一个动态的，当前的馆藏资源，以满足社区目前和未来的需求。

战略：通过提供图书馆资源的远程访问（从家里，学校和工作场所），增加对信息数据库和图书馆资料的访问

	行动	领导责任	支持	年份
11	对远程访问数据库的用户进行身份验证。	服务部经理	I.T.部支持	2006年7月
22	为儿童和学生提供网上杂志和文章。	儿童服务部经理	服务部经理支持	2005年8月
33	提供可下载的有声读物。	电子资源服务部馆员	服务部经理，I.T.部支持	2005年8月
44	开发一个电子书集合，补充印刷图书馆藏。	成人服务部经理	成人馆藏馆员	2006年7月-2007年7月
55	随着新技术和格式的出现，审查，维护和发展另外的电子资源。	电子资源服务部馆员	部门主管	2006年7月-进行中

战略：为了提高效率和满足用户的期望，定期审查和修正图书馆运行的程序

	行动	领导责任	支持	年份
11	针对简化电话号码分配、图书馆资料贴标签和加工的方式，提出建议。	服务支持	编目和技术处理	2005年8月
22	通过重新评估程序，对确定的编目和技术加工程序实施改革。	服务支持	编目和技术处理	2005年10月
33	执行新的程序和视频及DVDS安全案例，以便更大程度上的自助服务。	服务支持	编目和技术处理；志愿者	2006年1月

战略：改善部门之间关于文献选择和采访过程的沟通

	行动	领导责任	支持	年份
11	建立反馈机制，以跟踪用户和员工对新项目的需求。	成人馆藏馆员；儿童服务部经理	负责订购的专业人员	2006年1月
22	开发基于Web的方法来接收和响应用户的需求。	服务部经理支持	I.T.部	2006年7月
33	利用部门员工会议和跨部门员工培训，扩展员工的知识。	部门主管	监管者	进行中

战略：通过员工培训和专业发展，确保员工有一个高水平的能力

	行动	领导责任	支持	年份
11	确保培训清单有效地用于所有新员工的培训。	成人馆藏馆员；儿童服务部经理	部门主管和图书馆馆长	2005年10月
22	为所有员工提供一个年度的员工发展日，进行全馆范围内的培训。	服务部经理支持	图书馆馆长	2006年12月
33	鼓励参加培训讲习班，会议和网络培训。	部门主管	部门主管和图书馆馆长	2005年10月-进行中

战略：执行一个馆藏清点计划

	行动	领导责任	支持	年份
11	制定一个针对整个馆藏的清点计划。	服务部支持	部门主管	2005年12月
22	研究购买一个手提的清点设备的可能性。	技术核心小组	服务部支持	2006年4月
33	制定一个重复条码项目，以便于利用图书馆自助设备查找馆藏。	技术核心小组	服务部支持	2006年7月-2007年7月
44	对文物室的档案进行评估，必要时剔除和重组馆藏。	成人馆藏馆员；编目员	历史协会；志愿者	2006年7月-2008年7月

战略：通过提供更多能满足大众需求的最新资料，提高馆藏流通量

	行动	领导责任	支持	年份
11	建立系统化的方法，确保专业期刊和以其他媒体为载体的资料的定期审查，以便及时采购符合大众需求的资料。	成人馆藏馆员；儿童服务部经理	电子服务馆员	2006年1月-进行中
22	分析流通趋势，并建议重新分配资料预算。	馆藏发展流通委员会	管理委员会	2005年9月，年度
33	馆藏发展重点放在日益大众化的资料，提供更多的畅销书和"需求"项目，并且减少其他的馆藏领域。	成人服务部经理；成人馆藏馆员；儿童服务部经理	馆藏发展流通委员会	2005年10月-进行中

战略：为馆藏发展和维护创造更有效的流程

	行动	领导责任	支持	年份
11	为调整和维护馆藏的需要，利用 CCL 和 MBL 的员工，将馆藏领域分配到图书馆员。	馆藏发展流通委员会	所有专业员工	2005 年 10 月
22	审查目前咨询台的人员配置的情况，为馆藏的调整和剔除创造时间。	咨询台调度人员	部门监管	2006 年 1 月 – 2006 年 7 月
33	组织一个系统的，持续的剔除计划。	馆藏发展流通委员会	所有部门员工	2006 年 1 月 – 2006 年 7 月
44	确保每个季度的轮换，并维护阿德兰特和移动书车的馆藏。	分馆/延伸服务经理	馆藏发展流通委员会	2005 年 1 月 – 进行中
55	建立一个馆藏发展流通委员会，以执行战略规划建议。	图书馆馆长	部门主管	2005 年 10 月

（2）公众访问/基础设施

目标2：提供必要的基础设施和公众访问，以满足不断增长的人口对图书馆的需求。

战略：重新配置市民中心和 Mission 分馆以创建一个基于书店模式的"图书馆市场"

	行动	领导责任	支持	年份
11	为重新设计的替代品制定全面的计划： • 组合设计团队 • 准备 RFP 和选择顾问 • 研究搁置/显示选项 • 制定成本估算 • 获得图书馆理事会和市委员会的项目批准	市民中心设计团队；图书馆馆长	公共工程	2005 年 10 月 – 2006 年 7 月
22	在市民中心图书馆和 Mission 分馆开发一个建筑格局，使借书和预订的自助服务能够实现。	市民中心设计团队；图书馆馆长	公共工程	2005 年 10 月 – 2006 年 7 月
33	建立一个图书馆任务组，研究市民中心图书馆各个公共电脑区，并为修改和/或整合服务提出意见建议。确定推行改革所需要的资源（设备，布线，家具）。	技术任务组；图书馆馆长	I. T. 部门	2005 年 10 月 – 2006 年 7 月

续表

行动		领导责任	支持	年份
44	重新设计和增加空间储存和推销馆藏。	市民中心设计团队；图书馆馆长	公共工程	2006年7月
55	为超特大型图书（XQ）创建一个适当的浏览区。	市民中心设计团队；图书馆馆长	公共工程	2007年10月
66	评估期刊馆藏，必要时剔除一些，以最大化利用空间。	成人服务部经理	电子服务部馆员；成人馆藏馆员	2006年7月－2007年1月

战略：购买一个替换的大移动书车

行动		领导责任	支持	年份
11	制定设计规范并选择供应商。	图书馆馆长	团队管理	2006年1月
22	准备合同和预算案，以获得市委员会的批准。	图书馆馆长	财务；团队管理	2006年1月
33	着手准备更换车辆。	图书馆馆长；团部图书馆经理	移动书车员工；图书馆行政部	2007年1月

战略：规划和启动一个新图书馆设施建设

行动		领导责任	支持	年份
11	聘请一个图书馆顾问，以更新图书馆1990年的设施规划，获得社区投入，并为设施发展提出意见建议。	图书馆馆长；图书馆理事会；市委员会	2005/2006年批准的150,000 MYMCIP预算	2006年4月
22	制定2006年图书馆债券法案申请书，以获得未来分馆建设资金。	图书馆馆长	市管理办公室；公共工程；图书馆顾问	2006年7月
33	为未来分馆建设和运行准备资金规划。	市管理办公室；市委员会；图书馆馆长	市管理办公室；公共工程；图书馆顾问	2006年10月

战略：延长图书馆服务时间，以方便用户和提高图书馆利用

第十二章　战略管理案例

行动		领导责任	支持	年份
11	确定在周日开放 mission 分馆所需要的资源，向理事会和市委员会提交延长时间的提议书。	图书馆馆长	部门主管	2006 年 4 月
22	确定图书馆每天提前一小时开放（从 9 小时到 10 小时）的机会和影响。	图书馆馆长	部门主管	2007 年 4 月
33	移动书车恢复周六的服务。	图书馆馆长	部门主管	2007 年 4 月

战略：提高吸引力，为所有设施创造一个令人舒适的外观

行动		领导责任	支持	年份
11	重新粉刷 Mission 分馆。	公共工程	分馆主管	2005 年 8 月
22	改善市民中心和 Mission 分馆的照明 • 评估照明不足之处 • 确定改进照明的措施 • 安装新设备	公共工程	成人服务部经理；分馆主管	2005 年 10 月
33	文娱中心图书馆的翻新 • 确定翻新的队伍 • 研究移动/搬运书架的公司 • 规划和宣传翻新工程，以减小对公众的影响 • 翻新	公共工程；成人服务部经理	图书馆行政部	2006 年 6 月

（3）技术

目标 3：实施技术战略，提高效率，服务和对社区的响应度。

战略：减少员工花费在日常用户通知和采访过程上的时间

行动		领导责任	支持	年份
11	对借书过期不还和续借的用户实行自动化的电话通知。	服务部主管支持	I. T. 部；Sirsi	2006 年 4 月
22	用电子邮件发送逾期告示。	服务部主管支持	I. T. 部；Sirsi	2007 年 4 月
33	评估 Sirsi 采访模块，以实现财务控制。	服务部主管支持	I. T. 部；Sirsi；财务	2008 年 4 月
44	调查实施 Sirsi 连续出版物模块实现杂志控制，以替代期刊主管。	服务部主管支持	I. T. 部；Sirsi；财务	2007 年 4 月

战略：规划和实施自助借书与登记

	行动	领导责任	支持	年份
11	为自助结账制定执行计划，包括材料处理和供应商的选择。	服务部主管支持	流通部总监；首席编目员	2005年7月
22	确定资金并购买自主借还书设备。	图书馆馆长	服务部支持；I.T.部	2007年10月–2008年
33	对借书处进行必要的更改。	图书馆馆长	公共工程；服务部支持	2007年10月–2008年
44	就新的借书过程对员工和公众进行培训。	图书馆技术部主管	流通部总监	2007年10月–2008年
55	用户办理借书证时，实行自助登记。	服务部主管支持	I.T.部；Sirsi	2008年4月
66	研究RFID技术未来升级的潜在成本和收益。	图书馆技术部主管	服务部支持	2009年10月

战略：使公共计算机服务的自助服务能力更有效

	行动	领导责任	支持	年份
11	为公共计算机预定系统购买和安装软件及硬件。	服务部主管支持	图书馆技术组；I.T.部	2006年1月
32	实施公共电脑打印机管理和支付。	服务部主管支持	图书馆技术组；I.T.部	2007年4月
33	提出升级和提供一个备用的缩微阅读器/打印机系统的需要。	成人服务部主管	电子资源部馆员；I.T.部	2007年7月

战略：通过网络基础上的公众使用和电子战略，改善接收和响应用户参考咨询及信息需求的方法

	行动	领导责任	支持	年份
11	制定新的参考协议。	成人服务部主管	电子资源部馆员；成人服务部员工；服务部主管支持	2006年1月
22	指定参考咨询馆员对用户提问做出响应，包括一周每天24小时服务。	成人服务部主管	成人服务部员工	2006年4月

战略：在加利福尼亚州图书馆，执行加利福尼亚图书馆目录（CLC），以实现资源共享

行动		领导责任	支持	年份
11	更新图书馆记录，以符合 CLC 标准。	服务部主管支持	Sirsi；流通部总监	2006 年 1 月
22	对员工进行查找目录方面的培训。	电子服务部馆员		2006 年 4 月
33	宣传新的目录。	成人服务部主管	图书馆行政部	2006 年 4 月 –2007 年
44	制定新的馆际互借的政策和程序，反映新的目录的利用情况。	成人服务部主管；服务部主管支持	成人服务部；服务部支持	2006 年 7 月

战略：通过使用远程培训，会议和远程学习，培养员工和公众利用视频会议的能力

行动		领导责任	支持	年份
11	确定资金来源并书写拨款申请书。	成人服务部主管	图书馆技术组	2008 年 7 月
22	购买和安装设备。	I.T. 部	服务部主管支持；技术部主管	2008 年 10 月
33	员工和公众培训。	电子资源部馆员；计算机中心总监	成人服务部总监；计算机员工	2009 年 1 月
44	服务宣传。	电子资源部馆员；计算机中心总监	成人服务部主管	2009 年 4 月

战略：在图书馆设施内，建立一个无线网络，以提供灵活的电脑服务和最大化用户利益

行动		领导责任	支持	年份
11	获取成本估算,并为无线网络制定技术方案。	服务部主管支持	I.T. 部	2007年10月
22	确定资金选择。	图书馆馆长	财务主管	2008年1月
33	在以下机构优先建立无线网络: • 市民中心图书馆 • Mission 分馆 • 社区计算机中心	图书馆技术部主管	I.T. 部	2008年7月–2010年4月

战略:为图书馆罚款和收费创建一个现金管理系统,以提高资金透明度,保证资金安全

行动		领导责任	支持	年份
11	研究所有公共服务场所的现金登记软件。	图书馆行政部	财务部	2005年10月
22	为所有公共服务场所购买现金等级软件。	图书馆行政部	财务部	2006年7月
33	培训员工,制定报告方法,并实施制度。	图书馆行政部	服务支持	2006年10月

战略:创建一个团队结构,以优先考虑和推行系统范围内的技术项目

行动		领导责任	支持	年份
11	包括一个员工和公众的培训,以及为所有技术项目做宣传。	技术组	主管	2005年7月
22	创立一个图书馆技术主管的职位,以监督图书馆技术项目并配合技术部。	图书馆馆长	人事部	2006年7月
33	建立图书馆技术组,每月定期交流以协调和执行任务。	服务部主管支持;成人服务部主管	来自图书馆所有部门的代表	2005年10月

(4) 营销

目标4:创建和推广图书馆作为一个重要的,动态的,用户友好的,以及终身学习,丰富文化,公民参与的重要信息来源机构的公众形象。

战略:对内和对外推广图书馆项目和服务,特别是向非图书馆用户

行动		领导责任	支持	年份
11	制定一个新的图书馆手册。	主管	图书馆行政部；图形艺术家	2006年4月
22	面向西班牙语人口，开展有针对性的公关活动。	文化服务部馆员	图书馆行政部；图形艺术家；双语员工	2006年7月
33	提供图书馆的相关信息，作为城市雇员方向的一部分。	图书馆行政部	主管	2006年10月
44	创建信息打包和分配方法，使信息能够到达欧申赛德新的居民和企业手中。	图书馆行政部	营销委员会	2007年1月

战略：创建图书馆"品牌"，以使图书馆能立即得到公众认可

行动		领导责任	支持	年份
11	购买宣传材料，在社区交易会和活动中分发并举办展览会，以宣传图书馆标志和服务。	主管；营销组	图书馆行政部	2006年1月
22	获取有图书馆标志的横幅和桌面覆盖物，在社区交易会和活动中展示。	主管；营销组	图书馆行政部	2006年1月
33	在所有图书馆出版物上突出图书馆标志。	图书馆行政部	营销组	2005年10月
44	制作图书馆吉祥物，以在广告，节目和展览中使用。	营销组	图书馆行政部	2006年10月

战略：利用新的技术和先进方法，将图书馆信息推送到目标用户手中

行动		领导责任	支持	年份
11	维持动态的，互动的网站内容，展示馆藏，目录和项目。	成人服务部主管；服务主管支持	主管	2005年10月
22	调查一个图书馆"博客"中当前的图书馆新闻和信息。	儿童服务部主管	参考咨询员工	2006年10月
33	评估通过电子邮件和其他电子方法（如电子通讯，USPS.com等）直接邮寄的机会。	营销组	I.T.部；图书馆行政部	2009年1月
44	包括一个任何新服务或公共技术项目的营销构成。	主管	图书馆行政部	2005年-进行中

战略：保持在战略规划进程中产生的销售势头

	行动	领导责任	支持	年份
11	建立公关和营销团队，每年会面两次。	营销组	图书馆行政部	2005年10月–进行中
22	每年对营销策略和工作计划进行审查。	营销组		2006年1月
33	通过讲习班、会议和其他培训机会，给员工提供市场营销和公共关系方面的培训。	图书馆行政部	主管	2006年10月
44	调查潜在的赞助、资金和网络机会，以协调公关项目（如暑期阅读和识字促进活动）。	主管	营销组	2006年1月–进行中

战略：开展一项营销活动，以配合"图书馆市场"模式的实施

	行动	领导责任	支持	年份
11	设计标语以适应新的形象。	营销组	图书馆行政部	2007年10月
22	设立招待员，以帮助用户自助借书和自助登记。	主管	所有员工	2008年1月
23	制作书签、标牌、手册和其他物品，以帮助和面向公众。	营销组	图书馆行政部	2008年1月

（5）用户服务

目标5：在图书馆服务输出的所有方面，创建一个以用户为中心的环境。

战略：对选取的人群进行调查和需求评估，以规划服务重点

	行动	领导责任	支持	年份
11	每年至少选择一个服务人群（如残障人士、西班牙语人口、老年人、青少年等）进行调查。	管理委员会	公共服务部员工	2006年1月
22	利用结果来发展馆藏和提高服务。	馆藏发展小组	公共服务部员工	2007年1月
33	恢复和继续现有的关键咨询小组（拉丁美洲人、美国黑人、企业、残障人士、青少年），并指定个人联系和会议的负责人。	图书馆馆长；文化服务部馆员；成人服务部主管；儿童服务部主管；分馆服务部主管	公共服务部员工；选择的参考咨询员工	2006年7月
44	确定社区需要的新的咨询小组。	管理委员会	公共服务部员工	2007年7月

战略：设计和执行一项业绩奖励制度，以奖励提供良好用户服务的员工，建立员工士气

	行动	领导责任	支持	年份
11	从其他图书馆的员工认可中，研究"最佳做法"。	管理委员会	人事部；创新组	2006年4月
22	实施一项"立即认可"反馈过程，以获得同行认可。	部门主管；图书馆行政部	人事部	2006年7月
33	选择适当的奖励和获得奖励的过程。	管理委员会	人事部	2006年10月
44	将兼职员工纳入服务认证项目（证书，别针等）。	部门主管；图书馆行政部	人事部	2006年1月

战略：重新设计参考咨询台的运行，以提高用户服务和个人帮助

	行动	领导责任	支持	年份
11	从其他图书馆研究"最佳做法"。	成人服务主管；儿童服务主管；分馆服务主管	所有参考咨询员工	2006年7月
22	调查在帮助用户时，对手提电话和其他设备的使用。	服务部主管支持	部门主管；I.T.部	2006年10月
33	探索对电话参考咨询和一般信息的整合。	管理委员会	公共服务部员工；I.T.部	2007年1月
44	对为新的咨询模式而建立的咨询台，确定其可能发生的变化。	成人服务主管；儿童服务主管；分馆服务主管	所有参考咨询员工	2008年4月

战略：重视在用户服务和新服务增强方面的员工发展和培训

	行动	领导责任	支持	年份
11	挑选员工参与图书馆会议，并带回信息与员工共享。	管理委员会	所有员工	2005年10月
22	审查反馈服务的满意度，必要时做出调整。	管理委员会	所有员工	2006年10月

（6）合作伙伴

目标6：加强现有的伙伴关系，并与学校，机关，企业，社区组织以及个人发展新的合作关系，向社区提供最大化的服务。

战略：确定新的合作伙伴和主要的社区关系

	行动	领导责任	支持	年份
11	建立合作团队，以沟通和协调团队合作活动。	图书馆馆长；分馆/儿童/西班牙语馆员	部门主管	2006年1月
22	更新社区联系人和咨询小组名单。	合作团队	图书馆行政部	2006年7月
33	为作家，演员和社区项目资源建立项目联系。	合作团队	负责项目的专业员工	2006年10月
44	与图书馆所有部门共享名单，并每年更新。	合作团队	图书馆行政部	2007年1月

战略：与民族和文化团体合作，体现社区多样化

	行动	领导责任	支持	年份
11	为欧申赛德的美国黑人，菲律宾人，拉丁美洲人，萨摩亚人以及亚裔社区，每年至少规划两届文化活动。	成人服务部主管；儿童服务部主管；分馆服务部主管	参考咨询员工；文化服务部员工	2006年1月－进行中
22	为与文化项目相关的图书馆展览募集社区捐助。	文化服务部员工；分馆服务部主管	合作团队	2005年10月－进行中
33	寻找项目资助机会和合作，以提高和支持文化节目。	成人服务部主管；儿童服务部主管；分馆服务部主管	负责项目的专业员工	2007年1月

战略：推广和发展老年人、残障人士和居家服务

第十二章　战略管理案例

	行动	领导责任	支持	年份
11	更新"居家服务"小册子,并将其分发给老年人中心和机构。	居家服务馆员	图书馆行政部	2005年10月–2006年4月
22	更新"为残障人士服务"宣传册,并将其分发给为残障人士服务的机构。	成人服务部主管	电子服务馆员	2006年1月
33	对员工进行为残障人士设计的技术的培训,并三年更新一次软件。	成人服务部主管	计算机中心监事;电子服务馆员;图书馆技术主管	2005年4月

战略:为社区信息素养教育开发更多的支持

	行动	领导责任	支持	年份
11	与社区合作伙伴和其他城市部门合作,开发新的场外辅导地点,这将容纳一个扩大的信息素养项目。	信息素养协调员	儿童服务部主管	2006年7月–2007年7月
22	扩大公共关系和机构联系,向非图书馆用户推广信息素养,并扩展到缺少教育的人群。	信息素养协调员	信息素养志愿者	2006年1月–进行中

战略:维持和扩大商业合作,以支持欧申赛德地区小企业和经济的发展

	行动	领导责任	支持	年份
11	继续与梅恩斯里特,商会,SCORE以及SBDC沟通,每年至少参加一次这些组织的会议。	成人服务部主管	成人参考咨询员工	2005年10月–进行中
22	探索让SCORE在图书馆内设立一个用于小企业建议和咨询位置的可能性。	成人服务部主管	成人参考咨询员工	2008年4月
33	每年建立2个业务导向的工作组,采用来自商界的专题建议。	成人服务部主管	成人参考咨询员工;计算机中心监事	2006年10月–进行中
44	准备图书馆业务资源和服务方面的手册,包括经济发展协会分发的新业务包。	成人服务部主管	成人参考咨询员工	2007年7月

战略：扩大与学校和教育机构的合作

	行动	领导责任	支持	年份
11	审查和加强教师的借阅特权，以最大化利用资源。	儿童服务部主管	服务部主管支持	2006年7月
22	建立一种网上在线的方法，方便老师提交"作业通知"。	儿童服务部主管	I.T.部；青少年服务馆员	2006年7月
33	指派员工定期参加学校媒体会议，并与欧申赛德地区所有学校建立个人联系。	儿童服务部主管；青少年服务馆员	儿童服务部员工	2005年10月－进行中
44	与学校的家长教师组织以及家庭学校的家长组织建立联系。	儿童服务部主管	儿童服务部员工；青少年服务馆员	2005年10月

战略：发展图书馆基金会和社区对图书馆的捐赠

	行动	领导责任	支持	年份
11	与基金会合作，吸引捐赠者和捐助者，以建立一个图书馆捐赠系统。	图书馆基金会理事会；图书馆馆长	图书馆行政部	2005年10月－进行中

战略规划形成后在本馆内部工作网进行公示、收集意见，并交由理事会与读者代表讨论、审核并颁布。

2005年9月《欧申赛德公共图书馆2005－2010年战略规划》由战略规划委员会制定和正式公布（http：//www.librarytechnology.org/lwc－displaylibrary.pl？RC＝10737）。其文本共46页，主要内容有：①前言；②使命和价值；③目标概要；④行动计划，包括图书馆资源、公共访问、技术、营销、用户服务、合作伙伴；⑤图书馆定标比超；⑥社区扫描；⑦图书馆组织结构图；⑧参考书目；⑨致谢。

这是一份工作文件，由图书馆理事会进行每年一次的正式审查，必要时加以修改。很多人对该规划的发展做出了贡献，如加州州立图书馆州数据协调员艾拉布雷以及丘拉维斯塔图书馆员工给予的支持。图书馆真诚地感谢他们的意见和帮助。

图书馆2005－2010年的战略规划将指导部门的目标发展，并且图书馆管理者将该规划纳入图书馆员工的绩效目标。在整个过程中，参与者意识到规划必须每年审查并加以修改，以跟上图书馆技术发展的步伐。该规划中包含很多新的因素，这些因素在过去五年甚至没有设想过；随着变化步伐的加速，这些新的发展在未来的岁月里将怎样影响图书馆变得更加难以预测了。

二、英国布伦特委员会的战略管理

公共图书馆正在经历着一些变化。新的服务、不断转变的社区需求以及用户期望值的不断提高，意味着许多公共图书馆的建筑已不再适合为21世纪的用户提供服务。布伦特图书馆也不例外。研究咨询显示，布伦特需要重新配置服务和传递方式。布伦特图书馆深受用户的喜爱，拥有高度熟练、忠诚的员工队伍，他们为布伦特社区提供了广泛的服务。然而，布伦特仍有许多居民没有使用过图书馆，甚至不知道公共图书馆能够为他们的生活提供方便。所以，布伦特委员会（Brent Council Draft）目前面临着既为用户提供现代化的服务，同时还要保留着借书、培养阅读技巧等核心服务的挑战。尽管这里的图书馆用户满意率较高（86%的人认为我们的服务是好的），但这之中只有18.2%的人口是积极的图书借阅者。很显然，图书馆的资源还必须更多地用于改善书籍借阅、延长开放时间以及一些能够造福布伦特居民服务的提高上。

布伦特委员会启动战略规划《布伦特委员会2008－2012图书馆战略草案》（http：//www.brent.gov.uk/stratp.nsf/Files/LBBA－64/MYMFILE/Library%20Strategy%20Appendix%20A.pdf），旨在解决布伦特图书馆面临的挑战，吸引更多的参观者和读者，并提出了图书馆服务的未来发展方向。它是在对可获得的业绩进行分析，并广泛的咨询、调查、考虑了主要国家、区域和地方的影响因素后制定的。主要调查发现已被转化成为优先实施事项和行动，而这些行动将进一步改善服务，满足布伦特所有市民的需求。

布伦特委员会的战略研究包括以下方面：

1. 布伦特区域因素分析

布伦特区位于伦敦的西北部，尽管是伦敦外围的一个自治市，它却具有伦敦中心地区的许多特点。布伦特约四千三百二十五公顷面积，两条主要干线跨入伦敦，并被北环公路分成两半。这一区主要是以北部的富足而闻名，并且逐渐发展到南部地区。主要包括一些有着重要意义的一系列的基尔伯恩地区以及新建的温布莱体育馆周围的一些地方，后者将成为这个区全新的中心。

布伦特与其他七个地区相邻，所有这些地区都拥有图书馆设施，这些图书馆设施紧挨着区镇边界（见图12.2）。在设计布伦特图书馆时这些都是考虑过的。用户有可能选择离他们居住地、工作或购物地方最近图书馆，而不会考虑这些地方有没有在布伦特的行政范围内。

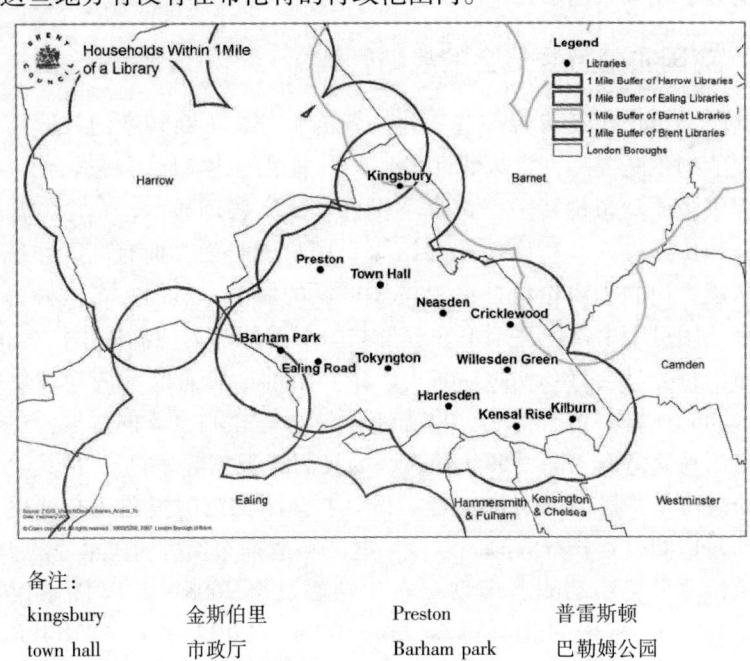

备注：

kingsbury	金斯伯里	Preston	普雷斯顿
town hall	市政厅	Barham park	巴勒姆公园
Willesden	威尔斯登	Harlesden	夏理斯登
Kensal Rise	坚守台站	Kilburn	基尔伯恩
Hammersmith	密斯	Fulham	富勒姆
Kensington.	肯辛通	Chelsea	切尔西
Camden	卡姆登	Westminster	威斯敏斯特

图12.2 布伦特区地图

这个地图显示了居住在图书馆一英里以内的住户比例，并包含了其他地区图书馆所覆盖的一些区域。

布伦特拥有271,4001人口，大约10万住户，在全国种族最复杂城市中排第二：超过一半的人口是黑人和少数族裔社区。在理事会儿童学校，来自于黑人和少数民族的布伦特居民所占比例已上升到四分之三。这里的人使用130多种语言，古吉拉特语、印地文、旁遮普语、索马里和乌尔语都是主要的少数民族语言。此外，有120万人口在布伦特自治市工作。失业率为百分之五，高于伦敦和国家的平均水平。总体而言，布伦特在伦敦最贫困的自治市中排名第13。失业率也是平均水平的六倍之高。目前，布伦特已在采取一些重建活动来解决这些问题。

一个地区与公共图书馆相关的有许多重要因素，布伦特委员会主要分析了以下因素：

(1) 政治结构。伦敦的布伦特自治市被划为21个区，每个区由三个监护议员代表，总计63个。当前自治市有三个议会席位，以及一位欧洲议会会员，这代表了其在全国的地位。

(2) 人口统计数据。布伦特人口增长速度非常迅速。在过去的十年里，其增长速度已超过了3%，但在过去两年，这种增长幅度已经很明显了。当前估计显示，目前布伦特99，991住户拥有27.14万居民。布伦特的居民男女比例非常平衡，其中49%的布伦特人口是男性，51%为女性。每年，有8%的人口移居到布伦特，其中2%是由其他城市移居而来，6%是由英国内部人士移居而来的。此外，每年在布伦特城市内部也会有一些重大的市镇运动，大约5%的居民从布伦特的一个区迁移到另一个区。因此，每年大概14.6%的居民都将会生活在不同的地方。与此同时，布伦特还有着大量的、多样化且不断增长着的难民和寻求庇护的人群。据估计，这些人群已占据了几乎布伦特人口5%的比率，且超过一半的人不会说或者只会说一点英语。

(3) 年龄。相对于英国其他市区来讲，布伦特是一个相对年轻的自治市，平均年龄为35.49岁。37%的布伦特人口，年龄介乎于20到40岁之间。近四分之一的布伦特人口在19岁以下，16%的超过了60岁。尽管目前的布伦特人口相对年轻，但是老年人的增长速度却也是可以预知的。在未来的20年以后，44岁以下的居民将会有小幅度的下降，45–64岁的人群将会增加，65岁以上各个年龄段的人口也会有所增长。

(4) 民族。在欧洲，布伦特是世界上民族最为多元化（非白人）的城市之一，尤其是在少数民族社区，其多样性更是其他城市无法比拟的。黑人和少数民族人口构成了布伦特人口的绝大多数。图12.3显示了布伦特自治区的种族分布。

很明显，从图12.3来看，布伦特的人口非常多样化。此外，值得指出的是，年轻人似乎更加多样性。73%的布伦特在校生来自于少数族裔社区。45%的学生将英语视为第二种语言来使用，并且有130种不同语言都在使用，如古吉拉特、印地文、旁遮普语，以及主要的少数民族语言乌尔都语、索马

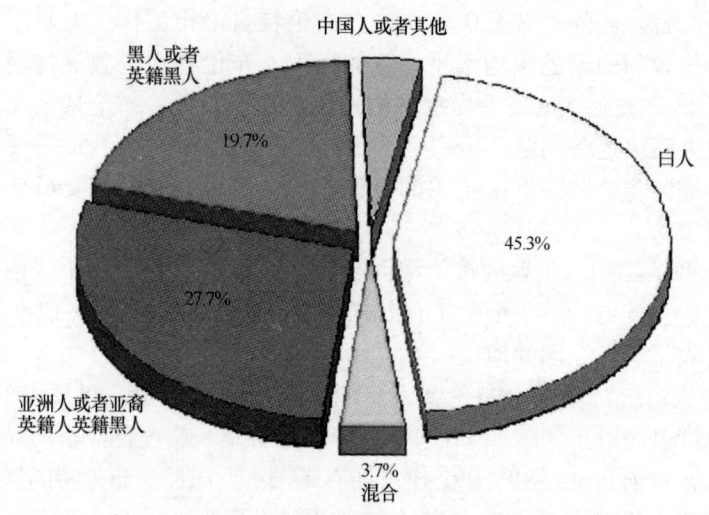

图 12.3　布伦特居民种族概貌

来源：2001 年人口普查

里语言。布伦特还有一个社区，由各种不同的宗教人士组成。布伦特最大的宗教群体是基督徒（48%），其次是印度教徒（17%后）和穆斯林教徒（12%）。

（5）当地经济及就业情况。布伦特是个传统的制造业城市，但整个地方在其经济发展过程中却呈现出制造业衰退，房地产大幅增长，租赁和商业活动日益活跃的趋势。零售和批发是就业最多的行业。除此之外，布伦特还有许多发展较好的中小型企业，包括：吉尼斯黑啤酒，亨氏食品，联合饼干，达美航空公司，法国航空公司和英国有限公司，埃尔夫石油公司。伦敦最大的商业公园——皇家公园，坐落在本区的西南角。有一千多家公司都设在这里。但是，也有一些高失业率的地区，在布伦特和自治市镇的失业率高达5%，超过了伦敦的平均水平并且也超过了国家平均水平的40%。但是，在重点街区也有一些地方失业率高达17%，如南吉尔布恩和圣拉斐尔，几乎是国家失业率水平的六倍之高。布伦特的所有统计数据显示，布伦特被划为长期失业居民的比例比国家平均比例还要高出三分之一。

在基本失业率的数字背后，隐藏着一些明显的事实：黑人和少数民族群体的经济停滞率为31%；29%的布伦特居民只有基本的计算能力或者说毫无计算能力；17%的布伦特居民只有基本的识字能力或者说毫无识字能力；

51%已经工作的布伦特居民有基本的信息和通信技术能力或者毫无此技能。

（6）贫穷和匮乏。布伦特是一个多样化的自治市，周边有很富裕的区域，这些郊区紧邻着充分显示伦敦特点的地区。但是在本区南部，贫困和社会排斥已成为布伦特一个非常重要的问题。贫富差距在逐步扩大，低收入家庭的数量也在逐渐地增加。在英国，布伦特有一些地方其贫困程度排名已排到全国前十位，有一半的布伦特住户其收入低于伦敦平均水平。在这些比较贫困的地区里，已经有超过布伦特半数的家庭收入低于伦敦的平均水平。其中，布伦特最贫穷的街区，20%的家庭总收入一周还不到100英镑。40%的家庭收入主要来自于一些社会救济。此外，布伦特居民主要还存在一些技能障碍，使得他们没有能力使用和获得一些服务。

根据以上情况，分析了布伦特图书馆的问题：布伦特的人口和技能基础，显然直接影响着图书馆的服务。布伦特图书馆服务要响应和满足布伦特所有居民的需求，如图书馆为英语外的其他语言使用者提供文献和使用信息通信技术，支持本区的青少年就业能力的提升等等。事实上，许多来自新社区的居民可能不知道公共图书馆的服务能够为他们生活质量的改善提供什么样的帮助。布伦特的图书馆服务要对这些没有潜在的需求作出反应。

2. 战略影响和发展分析

（1）法律框架

根据1964年通过的公共图书馆和博物馆法，布伦特委员会有提供公共图书馆服务的法定义务。该法案认为，图书馆方应为那些希望利用图书馆服务的人提供一个全面有效的服务。2001年，文化、媒体和体育部门出版了"综合的、高效的和现代的公共图书馆：标准和评估"的文件，来定义现代的公共图书馆服务。这个文件将最初概述的33个标准做了一下修改，最后被修正为10个公共图书馆服务标准（见表12.1），希望所有的公共图书馆都能够达到这个标准。

表12.1 公共图书馆服务标准

公共图书馆服务标准	标准的定义	2006-2007 布伦特业绩
标准1	99%的家户应居住在图书馆附件一公里以内；	99.3%
标准2	每1000人中，图书馆应该保证128小时的累积开放时间；	105.9

续表

公共图书馆服务标准	标准的定义	2006－2007布伦特业绩
标准3	所有一周开放时间超过10小时的图书馆必须向公众提供访问互联网的服务；	100%
标准4	每1000个居民中，图书馆应提供6个工作台，便于公众上网和进行图书馆书目（联机）检索；	6.03
标准5	用户借书请求得到满足的比例，7天之内50%应该得到响应，15天之内70%应该得到满足，而一个月之内85%都得到处理；	7天：69% 15天：80% 30天：89%
标准6	在伦敦之外，每年1000个人中布伦特必须接受8600个访问者；	6954
标准7	在年终公共图书馆用户满意度调查中，16岁以上的用户，有94%的人认为图书馆提供的服务为"好"或者"很好"；	86%
标准8	在年终公共图书馆用户满意度调查中，16岁以下的用户，有77%的人认为图书馆提供的服务为"好"或者"很好"；	68%
标准9	每年图书馆必须为每1000个人增加216本的馆藏；	205
标准10	每6.7年，外借图书必须进行一次补充。	7.3年

目前，十个公共图书馆服务标准中，布伦特图书馆只能满足标准1、标准3、标准4和标准5这其中的四个标准。文化、传播和体育部门为公共图书馆修订了业绩管理框架，新的指南将于2008年4月公布。

当人们开始抱怨并且有理由相信图书馆当局不能履行义务时，文化、媒体和体育部门国务卿便可行驶否决权。当哈林吉当地政府被认为没能很好地提供公共图书馆服务，伦敦哈林吉自治市引入外部咨询来管理变更程序的权力便开始在实施。在图书馆服务做了巨大的改进提高后，目前图书馆服务已由当地政府来控制。

（2）国家和地区影响因素

1）未来发展框架

在2003年，DCMS出版了它的现代公共图书馆战略《未来发展框架》。未来十年的愿景是"···推动公共图书馆发展，拓宽它们的视野，并认识图书馆发展的必要性。"这个战略中心主题包括：

书籍、阅读和学习：知识、技能和信息是社会生活和经济的核心。

数字国民：通过网络获取更多的信息。

社区和公民价值：图书馆作为一个安全、受欢迎的中立空间，对所有社区开放。

2）博物馆、图书馆以及档案馆委员会

2003年，建筑环境委员会以及博物馆、图书馆和档案馆委员会共同出版了《更为完善的公共图书馆》一书，强调了在公共图书馆设计中改革和创新的重要性。来自于博物馆、图书馆和档案馆委员会的未来发展报告宣称：对于用于学习的图书、信息、电子资源以及相关的服务，可以通过很多方式和媒介去获得。即便如此，有形的图书馆建筑也将永远发挥着重要的作用。无论是调整、翻新现有的建筑群，在图书馆中开辟新的商业服务，还是为了满足不断变化着的21世纪的需求进行新馆的建设。

3）公共图书馆国会特选委员会

2005年，在公共图书馆国会特选委员会报告中强调了以下几点：目前，许多公共图书馆破落；需要修理和重新装饰，它成了用户访问的主要问题，它也不符合现代公共图书馆的服务标准。

2006年，伦敦博物馆，图书馆，档案馆委员会在"在社区的心脏"发言中强调了以下调查结果：建筑整修和重新设计，可以有效地增加图书馆的会员，并提高图书馆的使用率。伦敦有许多公共图书馆都意识到了这一点，因此，在过去的10年中，新建了26个图书馆，并对91个旧馆进行了装修，其中大部分图书馆使用率都呈现出明显而持续的增长趋势。然而，重建和翻新公共图书馆的资金来源却是非常有限的，因此图书馆服务必须寻求更多的资金支持，并制定降低成本的策略。其他与服务提供者合作建立多用途建筑，不仅能够节约成本，而且对用户也有诸多好处。

4）卓越蓝图

2007年，博物馆、图书馆和档案馆委员会出台了一个新政策草案——卓越蓝图，为未来三年的公共图书馆设定了优先发展内容。与之前的文件相比，相似的是对未来框架的强调，但是更为清晰地强调了社区的参与，文件如下：

为儿童、年轻人、家庭以及社区提供普遍服务是公共图书馆的核心任务。

- 不管是在村庄、城镇、郊区，还是在市中心，当地图书馆都可以作为社区生活的资源和交流中心；
- 同社区合作共同为公众提供资源、技术、信息和知识服务；
- 全球的、交互的信息、资源和社区服务，24/7的服务模式用于获得知识和灵感；

实现上述目标给公共图书馆提出了很大的挑战，并要求其做出相应的改变，因此公共图书馆必须拥有：

- 与其相适应的资源、服务和设备；
- 形成满足并引导社区公众需求和期待的文化；
- 形成高效和有影响的领导与管理；
- 不断地提高自身，为当地政府有限发展的领域提供支持；
- 使国家、地区以及地方性政府认识到公共图书馆对个人、家庭以及社区发展的重要性。

5）临近议程

图书馆在临近区域改造方面具有独特的优势。他们和当地社区保持着长期、持续的关系，使得当地政府对图书馆的投入愈来愈多。这种持续不断的关系意味着这项工作必须深植于当地社区，并且为其持续不断地提供资源。

（3）综合的性能评价：文化平台

2001年12月，公共图书馆引入了综合绩效评估（CPA），以衡量所有的基层、区和郡委员会的业绩，并评估他们的功能和为当地社区提供服务的能力。2005年，审计署又引进了一个"难度更大的测试"，作为2005-2008年综合业绩评估的一个新框架。它还包括文化服务评估（也被称为"文化平台"），主要是为了让公共图书馆与之前合作过的图书馆和娱乐休闲服务平台相比，看的更长远、更宽阔些。然而，公共图书馆绩效指标却显示，其图书馆的绩效相对于公共图书馆标准来说，只是现代文化平台的一半。

在布伦特，虽然访问图书馆的人数和用户、居民的满意度指标都处于综合绩效评估的中间值，但人们仍然十分关心图书馆的馆藏利用指标：借阅量和可以借阅的馆藏，2007/8年这些很可能只是处于综合绩效评估的最低水平，因此不可避免地影响了委员会的综合绩效评估总体水平。

（4）对图书馆博物馆和档案馆的最具价值审查

2003年，布伦特委员会对所有的图书馆、博物馆和档案馆进行了一次最具价值评审（Best Value Review，简称BVR）活动。评审发现，对于那些需要图书馆服务的人员来说，图书馆本身是一个永远不变的需求。该组织认为，布伦特图书馆要满足潜在的用户需求，有必要进行彻底地重新思考，发掘新的伙伴关系以及提供广泛的设施。建议主要有：

- 检查图书馆的地理位置和可能的合作伙伴关系；
- 对威尔斯登绿色图书馆进行重大改善；

- 从战略水平的高度来提高员工提供高质量创新性服务的能力；
- 在所有的图书馆中增加服务设施，如商店、公共厕所、学习空间，家庭作业俱乐部等；
- 增加满足公共图书馆标准的能力，如在开放时间、访问者数量上等；
- 布伦特委员会被视为利用现代化图书馆建筑提供绝佳服务的提供者，它提供一系列服务和设施；
- 布伦特图书馆被视为吸引更多外来资金的合作伙伴。

(5) 对2004/2007年文化服务的审查

2004年8月，审计署作了一个关于布伦特文化服务具有积极性的报告，认为其服务有很大的发展前途。尤其是最近伊灵路图书馆的改进和用户使用量方面的增加，图书馆的服务被大力称赞。然而，检查最终确定该建筑物在慢慢地损坏，这是一个需要解决的问题。

2007年7月，审计署重新造访了布伦特的文化服务，以检查其在这段时间内是否有所进步。图书馆建筑物的改善以及服务质量的提高，都受到了审计署的表扬，但是报告也强调，要鼓励布伦特居民使用图书馆，提高图书馆的使用率。

(6) 当前本地的战略影响

1) 2006-2010年布伦特的组织战略强调了未来4年布伦特委员会的愿景，价值观和优先事项。它列出了将要解决的主要问题，并且理事会承诺要建设一个更美好的行政区。这项战略提出了委员会对图书馆的愿景："我们将不断提供现代化的图书馆服务，满足一个多样化的、城市社区的信息和休闲需要，尤其应更多地通过使用新的信息通信技术和新方式来特别获取理事会的其他服务。"

到2010年，公司战略具体承诺：
- 增加图书馆的访问者数量，让访问量达到国家每一千人的平均标准；
- 提高儿童和青少年对图书馆的满意率，达到77%；
- 让人们在利用图书馆时，需求满足率达到94%。

2) 布伦特理事会2006-2010年战略综合描述了当地居民的需求和需要优先发展的内容。这个战略由布伦特的地区战略合作者（LSP）制定，为该自治市规划了以下愿景：

"布伦特将是一个繁荣而活跃的市镇，充满了机会。一个地方如果想世世代代的得以繁荣发展，其未来主要取决于当地的居民。"

在这一愿景下，战略又提出了一些布伦特有关图书馆服务未来发展的进一步愿望：

"布伦特将是一个非常适合生活和旅游的城市。它是安全的、干净的、绿色的、活泼的。当地居民都坚信我们的街道和开放空间是安全的，我们绿色的空间和娱乐设施是值得游览的。居民也将更加关爱他们的环境，感激他们所居住的地方以及布伦特所能为他们提供的一切。"

很显然，布伦特的图书馆服务必须能够反映人们对这些设施质量的要求以及对图书馆服务质量的愿望。

3) 当地发展框架（LDF）

布伦特地方发展框架的核心战略（2006年10月）为布伦特设计了发展愿景，主要包括以下目标：

- 振兴城市和地方中心——维护和增强其活力和可行性，改善可获得性并确保新的发展建议得到实施；
- 促进旅游及艺术业发展——为了布伦特居民、企业，工人和游客的利益，提高其再生的效果。尤其应该考虑温布利的关键作用；
- 保护，并加强提供公共空间、休憩用地及休闲活动——为布伦特居民现在和未来考虑；
- 满足社区多样化需求——继续为多元化的布伦特社区提供一个反应迅速，灵敏和公平的服务，其中包括提供一系列完善的社区设施。

为适应首都和自治区人口的不断增长，地方发展框架（LDF）为布伦特自治市确定了一系列未来几年的增长领域。这些增长的领域包括：温布利和南非吉尔布恩再生领域以及一些如焦橡树、科林代尔和 Alperton 的领域，但现行的城市中心也需要满足不断增长着的人口需求。这些增长区将需要为居民提供一些全新的和不断改善的服务。如学校，卫生部门和图书馆。图书馆服务需求应与规划部门密切合作，确保机会可以最大化，并保证新移民与常住居民能同样获取图书馆服务。

4) 布伦特的文化 2006–2009 战略

文化战略为布伦特的未来几年提供了一个文化上的大致构想，概述了一系列的地区优先发展内容。在欧洲最多样化的自治市里，文化作为确保社区和谐关键因素之一，报告还概述了布伦特的文化前景。并为该市的文化提供者确定了三个优先事项：市民自豪感；安全、健康、有聚合力的社区；就业——构建文化经济。

文化战略具体地概述了布伦特图书馆发展的优先事项，包括确保图书馆的建筑能够满足21世纪的需求，延长开放时间以及提高馆藏水平。

5）一个崭新的布伦特市中心

布伦特理事会计划在温布利重建区建设一个市艺术中心，以取代现有的市政厅以及偏远的委员会办公室。已选定了比较合适的地点，并且确定了最终的新建筑详细说明以及市中心的设计。新的市中心的一个重要组成部分是这个区新的中心图书馆（取代现有的市政厅图书馆），以此来确保所有的居民都可以利用到图书馆，市中心的愿景规划也包括：温布利愿景的一部分是必须将温布利建设成为一个新的文化中心和教育中心。显然，一个新的中心图书馆将有助于促进这一目标的实现，对于推动重建区未来文化设施的发展有潜在作用，并且为未来的设施建立一个基准。

对于图书馆服务来说，这是一项重要的工程。如果实现了市中心计划，对图书馆将是一项非常重大的投资。在温布利地区图书馆服务将需要重新评估，且潜在的配置依赖于市中心地点的最终确认。

6）用户接触前景审核 2007

用户接触前景审核 2007 提出了与其他单位或组织共有的本地可获取的用户接触点，并且建立试点项目，连接图书馆与新用户接触点。金斯伯里图书馆坐落于繁华的金斯伯里路上的一站式服务点，它为用户提供现代化的、有吸引力的图书馆空间，包括为用户提供最先进的信息与通信技术辅以整体的用户接触服务。这项新服务提供了一个未来的新模式，并且将以其自助服务、巡走式馆员、书店式馆藏展示以及分散的个人面谈室引领布伦特的现代图书馆以及用户接触服务。同时由于靠近主要的购物区以及良好的交通连接点，这使得用户更容易到达图书馆，而且在用户数量、外借图书总数等综合绩效评估指标方面也有重大改善。图书馆的开放时间也将作为选址过程中的一个讨论的细节。

3. 关于布伦特图书馆现状分析

图书馆服务是图书馆、布伦特理事会、环境与文化部门艺术和遗产的一部分。该服务大约雇佣了 200 名图书馆的工作人员，其中很多人只是作为兼职，晚上和周末工作。2006－2007 年，图书馆共花费五百四十万英镑，平均每人每年消费 20.35 英镑，低于外伦敦平均水平 3 英镑。9% 用于书籍和其他材料借阅。作为回报，布伦特获得了大约 190 万的图书馆访问人次和 160.00 万个问题。不过，这些数字尚未达到国家公共图书馆的标准和目标。

（1）目前的图书馆服务

布伦特理事会主要是靠 12 个静态（实体）图书馆、一个流动图书馆以及为老人和残障人士提供一些上门服务来扩展其公共图书馆的服务的。

- 地区最大的图书馆是新近装修的威尔斯登绿色图书馆，坐落在威尔斯登绿色图书馆中心，该中心还设有布伦特新博物馆、一站式服务、电影院、咖啡馆、书店和艺术画廊。在威尔斯登高路并且一周开放7天。该图书馆无论是从读者借阅图书还是到访率来看，均堪称为地区最为繁忙的一个图书馆。
- 哈勒斯登图书馆是一个非常高的临街建筑物，临近商店和交通枢纽。该图书馆坐落在维多利亚式建筑三个楼层里，目前尚未充分满足读者的需求。2007年，人们提交了将彩票基金用于改造图书馆的申请，与教育服务和一站式服务合作建立图书馆、学习和用户接触中心，如果这个申请获得批准，将会改变这个自治市南部地区学习和图书馆服务贫困的局面。
- 基尔波恩图书馆位于繁忙的Salusbury路上，接近女皇公园地铁站。维多利亚式建筑是现代化的需要，即便其儿童图书馆是在2004年翻新的。
- 伊灵路图书馆位于温布利的伊灵路，接近购物中心和交通中心。图书馆坐落在一个非常空阔的地方，尤其适合扩展。伊灵路图书馆目前是布伦特第二个繁忙的图书馆。2003年，图书馆进行了翻新，到访率大大提高，而且一直保持着较高的使用率。其中有大量来自亚洲的用户，这也反映了它处于伦敦一个亚裔人购物中心。
- 普雷斯顿图书馆位于自治区的北部，靠近购物中心和交通枢纽。普雷斯顿是一个非常受欢迎的地方图书馆，每一寸地方都利用的非常好。但是由于地方太小，不能够满足用户不断增长着的需求，因此有必要在当前的基础上进行扩充。
- 市政厅图书馆位于布伦特市政厅（温布利公园），是布伦特的第三繁忙的图书馆。但是，随着服务量的下降，图书馆急需翻修和扩大投资。新馆已经包括在新的布伦特文娱中心计划中，将改变温布利图书馆服务。
- 金斯伯里图书馆目前位于自治区北部的斯塔格路，远离交通枢纽和购物中心。尽管增加了开放的时间，但使用率依然在下降。新的"金斯伯里链接"共享服务中心和用户接触点将于2008年初在金斯伯里路上开放。
- Neasden图书馆位于Neasden High Road，是购物中心的一部分，邻近交通要道，但其本身有些孤立，靠近北环。该图书馆目前在一楼，影响了它的访问、可见性和使用率。Neasden图书馆在被出租，且现有租约将于2012年到期。
- 肯瑟尔图书馆是一个庞大和有吸引力的维多利亚式建筑，是牛津一公共图书馆。图书馆位于一个住宅区街道，远离主要道路。肯瑟尔是布伦特使用率最低的一个图书馆。
- Cricklewood 图书馆坐落在一个令人愉快的、安静的住宅区街道上，紧邻莱斯顿公园。图书馆由于不在交通要道，因此使用率不可避免地受到了一定的限制，是其市中第二个使用率最低的图书馆。这个图书馆现在还包括布伦特档案馆。
- Tokyngton 图书馆建立于 20 世纪 70 年代，坐落在远离温布利的哈罗公路上，靠近北环的交通要道。使用率虽然较低，但自从隔壁开放了一个保健中心以来，越来越多的人都开始利用起了图书馆。
- 巴勒姆公园图书馆与布伦特公园服务共同使用的是一幢二级保护建筑，坐落在巴勒姆公园和布伦特公园。它位于一巴士路线，但远离温布利市中心，需要重新设计和翻新。
- 流动图书馆停靠在路边站和社区边。然而，车辆已经过时，将不符合新机动车排放法规，这就意味着它必须被替换或在 2008 年 7 月报废。
- 上门服务去过 400 多户家庭，为那些无法去图书馆接收服务的老弱病残送去服务。这项服务对于那些无法前往当地图书馆利用图书馆服务的用户来说起着至关重要的作用，同时要对这项服务进行重新审视，使投入到这些资源的经费得到充分利用。
- 延伸服务主要是针对一些老年人以及那些不能到图书馆利用图书馆服务的人的。当然这些服务也是需要不断改进的。

提供的图书馆服务包括：
- 各种形式和语言的书籍，CD 和 DVD，包括最新的畅销书；
- 获得广泛的信息和意见；
- 24 小时在线访问图书馆的目录，网上续借信息和在线获取信息、学习资源；
- 图书馆提供免费的互联网服务和电子邮件服务，大型图书馆 wifi 覆盖服务；
- 信息和通信技术学习中心；
- 为使用其他语言的人提供文化，算术和英语学习资料；
- 学校班级的参观活动和家庭作业支持；
- 年度事件和活动的安排，包括黑人历史，阅读促进活动，暑期阅读计划，节日活动，文化活动，阅读小组，家庭学习会，信息通信技术培训；
- 咨询活动；
- 学习空间；

- 艺术展览和研讨会；
- 会议室租用和提供培训或成人教育场所；
- BRAIN 社区信息网站。

(2) 目前的业绩信息

图书馆服务能否成功的两个关键指标是到馆的访问量以及图书馆能够提供的外借服务数量（书籍，CD，DVD 光盘等），4 年间（2003-2007 年），图书馆总访问量增加了 15.7%，但馆藏借阅量却减少了 11.2%。这与国家的总体趋势是相符的，但是各个图书馆间之也存在着较大的差距。需要分析的因素主要包括图书馆用户的统计以及这些因素是如何反映整个自治市的总体水平的。

1) 图书馆访问量

图 12.4 通过统计每个图书馆入口处的电子计数器，比较了图书馆之间访问量的差距。访问次数作为衡量公共图书馆服务的标准（见表 12.1）。威尔斯登绿色图书馆的访问人数最多（2005/6 年的下降反映了翻新时图书馆的暂时关闭），对比 2006 年 3 月的翻一番，2006/7 年增加了 43% 的访问量。事实上，2006/07 年威尔斯登格林的访问量达到了 4 年内的最高水平。这种持续的提高，以及 2007/08 年度前 6 个月继续表现出的访问量的增加（增加约 10%）都出现在 2006/07 年度同期。

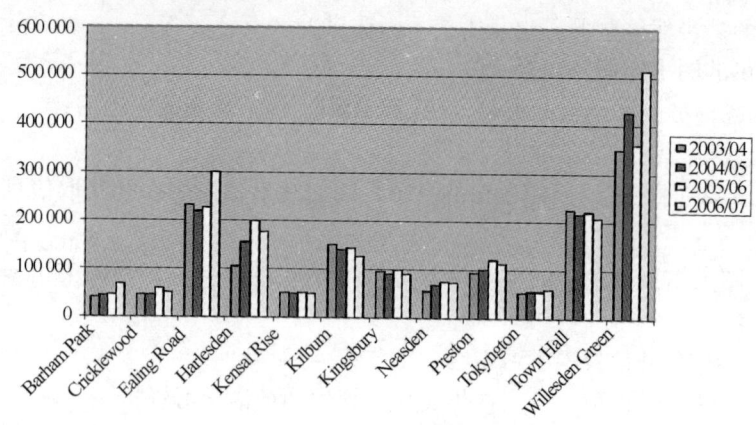

图 12.4　图书馆访问趋势

相反，肯瑟尔图书馆的访问人数最少，且对比 2005/06，2006/07 下降了 6 个百分点，也比过去 4 年总体访问量下降了 4%。Tokyngton 图书馆，虽然只是一个较小的分支，自从隔壁开放了一个健身房后，在访问量上也有一个很明显的提高。Neasden 还显示，从过去四年 8% 的整体增长来看，Neasden 地方可能开始改善。

2）图书馆采购贷款额

布伦特的图书馆提供书籍、CD、DVD 光盘、录像带、杂志和电脑游戏的借阅，借阅量都已通过电子图书馆管理分析系统做了记录。图书馆的借阅问题，由图 12.5 可以看出，在过去的四年中，已减少了 10.5%。然而，不同的地方，图书馆的表现也是不一样的。以伊灵路图书馆为例，过去的四年增加了 12.4%，而巴勒姆公园图书馆却呈现出 16.3% 的下降趋势。Tokyngton 图书馆再次显示出改善的迹象，增长了 12%，与 2005/06 年度相比，2006/07 的 Neasden 却有所下降。经历了 2003/04 和 2006/07 年之间急剧的下滑之后，威尔斯登格林的贷款表现出某种恢复迹象，这个在 2007/08 的第一季得到了证实，同期相比 2006/07 借阅量有很大增加。

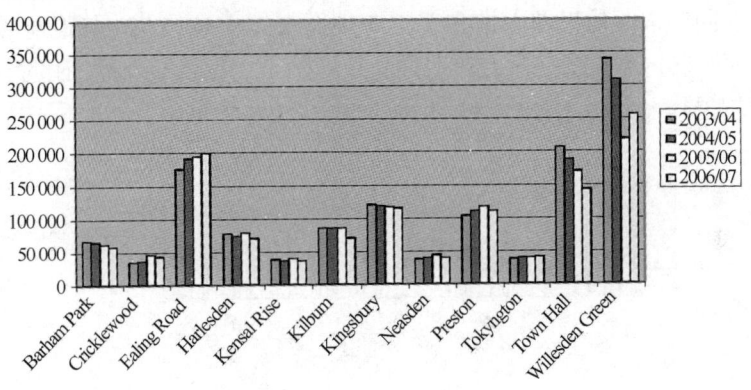

图 12.5　图书馆借阅量趋势

3）相互关系

很明显，基本的数据也需要进一步进行解释，因为图书馆的借阅量与其所提供的服务、开放时间等相关。图 12.6 比较了 12 个图书馆在访问量与其开放时间、图书馆空间之间的关系。

图 12.6 显示了威尔斯登格林图书馆和伊灵路图书馆在读者访问以及借阅量问题上比其他图书馆表现的都要好。其他图书馆，如 Tokyngton 和 Cricklewood 图书馆效果就不理想。这已暗示在一些分馆要进一步提高图书馆利用率，开放时间需要进一步调整。

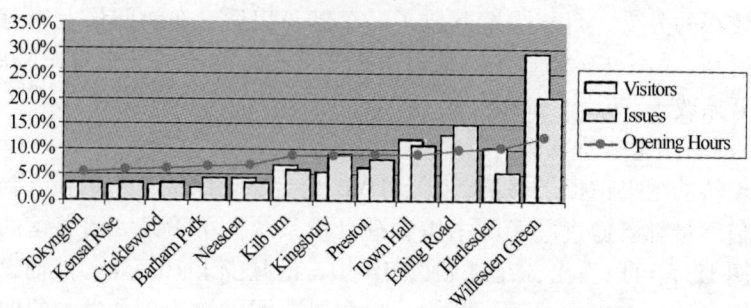

图 12.6　与 2006/07 的开放时间与访问者和贷款之间的关系

图 12.7 显示了不同图书馆面积的大小与图书馆访问量之间的关系。显然，图书馆的面积大小不一定与其读者的访问量以及借阅量成正比。例如，基尔伯恩图书馆在规模上要比伊灵路图书馆大，但却没有伊灵路图书馆总体表现好。同样金斯伯里图书馆和普雷斯顿图书馆也是如此。其他能够决定图书馆高业绩的因素主要包括开放时间、馆藏水平、位置、外部/内部环境等。

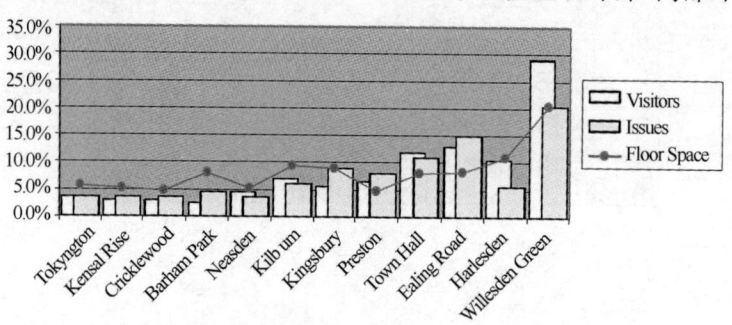

图 12.7　2006/07 年，访问者和占地面积之间的关系

4）图书馆信息通信技术

虽然，哈勒斯登图书馆访问者很多，但其借阅量、所占空间面积以及开放时间却比较少。2006 年公共图书馆用户调查表显示（见表 12.2），很多访问者使用哈勒斯登图书馆更多的是在使用电子服务（相对于平均水平 33% 的比例，哈勒斯登达到了 47%）。该调查显示，用户在不太发达的南部地区图书馆使用个人电脑，是他们选择去图书馆的一个重要原因。

第十二章 战略管理案例

表 12.2 2006 年计算机使用率

1	夏理斯登	47.0%
2	基尔伯恩	43.0%
3	Tokyngton	42.2.%
4	威尔斯登	38.5%
5	Kensal Rise	31.9%
6	Cricklewood	31.3%
7	巴勒姆公园	29.4%
8	市政厅	29.3%
9	伊灵路	28.8%
10	Neasden	25.6%
11	金斯伯里	23.2%
12	普雷斯顿	13.5%
	总计	32.9%

5）图书馆馆藏量

图 12.8 比较了每个图书馆馆藏的利用情况。Kensal Rise 的馆藏利用率是每本书借阅频率为 1.79 次/年。普雷斯顿图书馆馆藏利用率几乎是这个数的三倍。

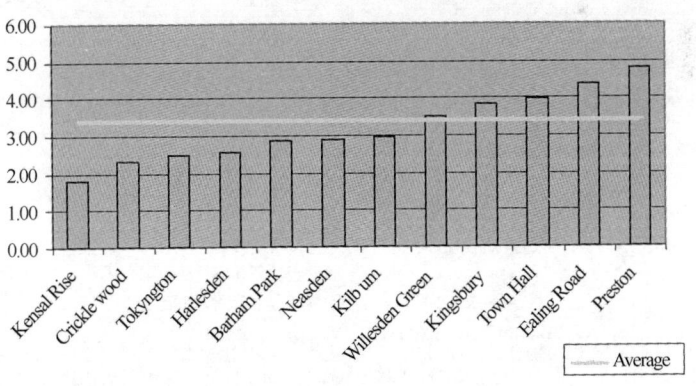

图 12.8 每年图书馆藏书出现问题的比率

6）其他服务

目前，流动图书馆每星期提供 22 个小时的服务，每两周运行一次，大约能为 850 个用户提供服务。其中，有 70% 的用户来自儿童学校、托儿所等（他们中的一些人也是因为学校班级组织活动而来过图书馆）。在 2006/7，流动图书馆的借阅量在自治市中排名倒数第五位，比上一年下滑了4.5%。目前，现行的车辆挂号F（即第一批在1/8/88到31/7/89年间注册的），未能符合新的汽车排放法规，因此即将被完全取代。上门服务目前能够为大约400名因疾病/残疾或因其他社会因素而行动不便的用户提供书籍等服务。2006/7，延伸服务能够为托儿所、成人住房以及其他的社区住提供约14,500本书籍和其他材料。

显然，实体图书馆服务与流动图书馆服务、上门服务、延伸服务之间会有一些交叉和重复。居住在图书馆附近的布伦特居民，有超过99%的会直接选择实体图书馆，因为这样实体图书馆能更方便更有效，更能够集中资源为用户服务。同时，要对向不外出居民提供的服务和针对社区组织的服务进行重新调整，能够确保最脆弱的居民接受到服务。

（3）财政绩效

1）收入和资金

2007/8年，图书馆总收入预算为630万英镑，净预算五百七万英镑。图12.9显示了这份财政预算在图书馆的各项服务中是如何分配的：

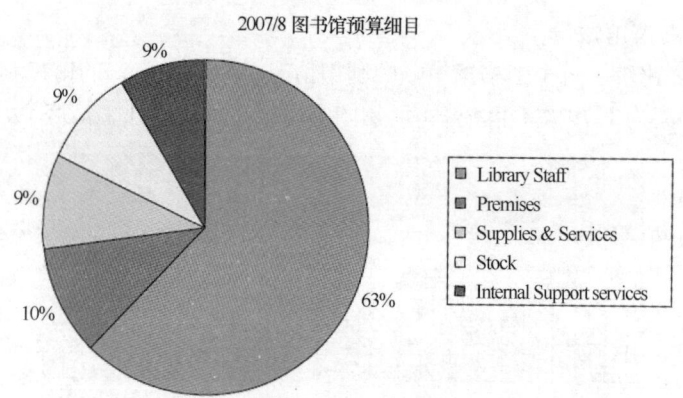

图12.9　2007/8 财政预算百分比细目

除了收入预算，2007/8政府财政已确定对目前的图书馆建筑进行一些维修和保养增加投入，以解决当前存在的一些问题。不过，这些并不包括对移动图书馆设备的更换以及图书馆建筑的整修。

2）收入

收入主要来自于人们租借CD和DVD费用、罚款以及社区租用场地所支付的费用。但是这些费用永远也不会成为图书馆总体收入中重要的一部分，因为与其他部门相比较，这项收入还不及其图书馆总体预算的5%多。此外，与各国的发展趋势保持一致,图书馆开始努力发展数字图书馆,因此对试听资料的租用越来越少,其租金收入也越来越少。为了避免严重的收入赤字,需要制定一项创收战略来审查创造性和创新性的收入,这也是 2007/08 服务规划中优先考虑的事项。

3)外部资金机会

图书馆有很多外部资金机会,无论是大项目还是小项目都已被用于发展图书馆的服务:

- 大乐透社区图书馆基金,例如:布伦特图书馆已提交了发展哈勒斯登图书馆的计划书,与 BACES 合作建立图书馆学习中心;
- 支持文化遗产相关项目的遗产彩票基金;
- 私人融资动议(PFI);(但是,将来那些低于 20000 万英镑的私人融资对于图书馆建设或项目的作用并不是很大)
- 计划所得,如 106 部分;
- 与文学发展战略相关的艺术委员会;
- 来自于像保罗哈姆林/阅读社等组织具体项目的资金;
- 商业赞助。

(4)图书馆用户统计

图书馆管理系统所收集的数据根据用户的民族,年龄,性别和是否残疾进行了详细分类,这些都是用户在进入图书馆时提交的资料。目前,服务尚未收集一些团体的信仰以及性行为。

1)种族分析,见图 12.10。

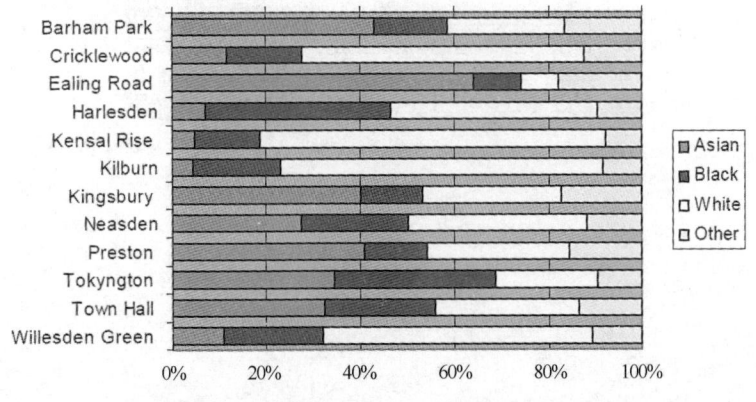

图 12.10　各个图书馆有着不同种族背景的用户比例

2）年龄分析，见图 12.11。

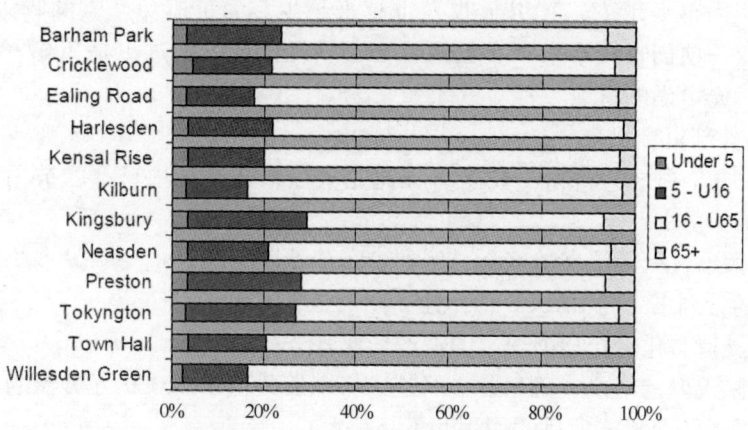

图 12.11　不同年龄人员间的比例

3）性别分析，见图 12.12。

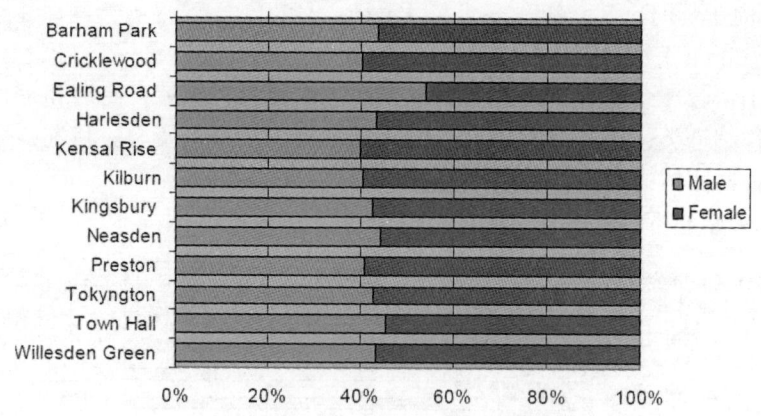

图 12.12　使用图书馆的男女比例

4) 残障情况分析，见图 12.13。

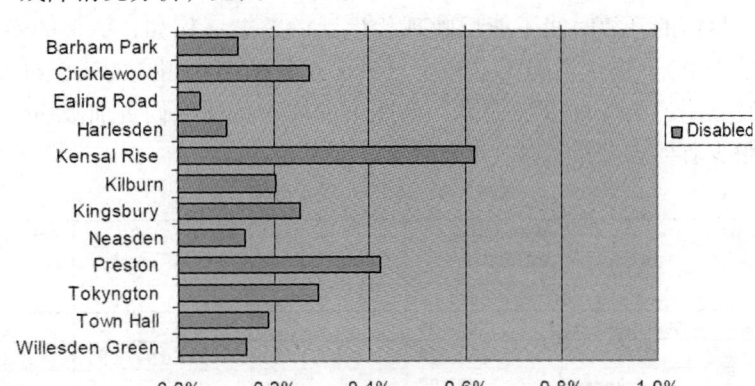

图 12.13　用户使用图书馆时，显示自己是残障人士的比例

（5）定标比超

目前，综合绩效评估框架中的一个措施是围绕每个图书馆经费使用有效性，即图书馆每个访问者所需花费。布伦特离这个目标还有一段距离，但是其他指数比布伦特低得违背了伦敦政府的规定。在伦敦 32 个自治市中（不包括伦敦自治机关），布伦特排第十二，在 20 个伦敦外部自治区中排第十一。在 2006/7 年度，布伦特每个用户的实际花费为 2.99 英镑。从布伦特图书馆藏书利用率与伦敦当局其他部门 指数相比：布伦特每 1 000 人借阅图书的数量在伦敦排倒数第二，在伦敦外部自治区中排最后一位。2005/6 到 2006/7，布伦特的藏书经费也越来越低，使得馆藏利用也越来越差。2007/8，分配给藏书经费的为 550 000 英镑，这就使得布伦特在伦敦的排名有所上升并处于中间位置。

表 12.3 是以布伦特的表现为基数，比较 2005/6 伦敦其他部门的支出与服务点和服务人口规模之间的关系。

4. 咨询和最佳实践

（1）咨询结果

从 2002 年开始对战略有所影响的关键咨询发现如下：

2002 年 4 月 "让你说"——超过 2 000 名儿童和年轻人参与了图书馆、博物馆和档案馆最具价值评审的部分调查。27% 的年轻人感觉，如果图书馆提供更多的空间来做家庭作业，他们的生活将会提高。

2002 年 11 月 "MORI 居民态度的调查"——55% 的居民使用图书馆。

2002年12月"用户和用户报告"（最具价值评审）——被促进的焦点小组发现：目前的开放时间不能反映现代生活的需求（例如，更多的晚上和周末的开放需求）；提供系列图书和资料的满足；图书馆用户的满意度是好的；非用户感觉用户服务可以被提高，如图书的展示将使他们更加吸引人；图书馆网络很少有标志来指向潜在的使用者来使用它。

表 12.3　2005/6 现实数字

Authority	Population estimates June 2005	No of service points (inc mobiles)	Net expenditure 2005/6 Actual	Per capita
Westminster	244,400	12	£9,445,542	£38.65
Islington	182,600	10	£6,947,097	£38.05
Camden	226,100	14	£7,785,408	£34.43
Tower Hamlets	213,200	11	£6,892,286	£32.33
Hackney	207,700	7	£6,198,991	£29.85
Harrow	225,615	11	£6,552,725	£29.30
Kensington & Chelsea	196,200	6	£5,593,592	£28.51
Richmond upon Thames	186,300	13	£5,214,083	£27.99
Hounslow	212,500	11	£5,555,722	£26.14
Newham	246,200	11	£6,349,970	£25.79
Sutton	177,700	11	£4,479,159	£25.21
Enfield	280,500	17	£6,954,278	£24.79
Bromley	301,900	16	£7,429,904	£24.61
Southwark	257,700	14	£6,339,395	£24.60
Bexley	220,300	12	£5,233,047	£23.75
Redbridge	251,500	10	£5,856,810	£23.29
Haringey	224,500	12	£5,100,765	£22.72
Barnet	329,700	18	£7,436,416	£22.56
Wandsworth	281,400	13	£6,326,727	£22.48
Lewisham	247,500	12	£5,544,435	£22.40
Lambeth	269,100	9	£6,008,995	£22.33
Greenwich	228,100	15	£5,042,277	£22.11
Hammersmith & Fulham	179,900	7	£3,971,196	£22.07
Barking & Dagenham	164,500	11	£3,444,291	£20.94
Havering	226,200	10	£4,394,096	£19.43
Brent	270,100	13	£5,057,697	£18.73
Kingston Upon Thames	153,000	7	£2,858,562	£18.68
Waltham Forest	224,100	12	£4,048,536	£18.07
Merton	194,700	7	£3,224,005	£16.56
Croydon	342,700	15	£5,589,314	£16.31
Average	232,197	12	£5,695,844	£24.76

2003年11月"公共图书馆用户调查"——16岁以上的图书馆用户，对布伦特图书馆有85.3%的满意度。

2003年11月"布伦特居民满意度调查"——56%的居民对自治市图书馆提供的服务表示满意。

2004年7月"图书馆、运动场和公园非用户目标调查"——决定为什么某些团体是布伦特伦顿自治市提供特殊服务的非用户或低级用户。难民儿童、成人难民、残疾年轻人、残疾儿童和年轻人的护理者、儿童看护者、14－19岁人的各焦点小组认为：开放时间是有限制的，意味着所有用户团体的使用限制——特别在小分支图书馆所有用户团体以使用区分的图书馆；个人电脑的使用对难民团体是重要，但是需要语言解释软件；残疾相关者发现图书馆限制使用停车并缺乏合适空间；14－19岁不想要浪费时间等待使用个人电脑等，更喜欢付款获得立即的登陆。

2004年10月"儿童补充调查"——16岁以下图书馆用户，对小型图书馆不满；用于学习的空间不足；没有足够的电脑。

2005年夏季"职员咨询"——决定布伦特图书馆战略的主要内容：需要重新配置职员以适应现代服务的需要；需要提高建筑和定位；激发满足所有居民需要的要求；提高信息通信技术的提供。

2005年9月"有关新格林·威尔斯登图书馆的年轻人咨询"——就重整图书馆，决定设计为年轻人的新领域：需要为年轻人的会面空间；广泛的活动需求；更多专门为年轻人准备的书籍。

2005年9、10月"布伦特居民态度调查"——57%的居民说他们对布伦特图书馆非常满意或相当满意；75%的图书馆用户说他们对布伦特图书馆非常满意或相当满意，仅仅17%的居民感觉到图书馆是理事会能提供的3－4个最重要服务中的一个。52%的被调查家庭2005年访问过图书馆，相对2002年的55%有所下降。

2005年11月"成年人补充调查"——16岁以上图书馆用户，83.8%认为图书馆服务是好的或非常好的。

2005年12月"布伦特Internet使用调查"——发现Internet使用方式在整个自治市的使用方式：17%的居民使用图书馆作为经常性的基础进入Internet（相比前年的相同调查增加了5%）。

2006年5月"图书馆管理者关于布伦特图书馆战略的咨询"——为布伦特图书馆的未来开发一个愿景（详见大纲的5.4部分）

2006年7月"主要利益相关者咨询"——决定布伦特图书馆的将来和可

能的合作者：来自理事会部门和外部组织的利益相关者和合伙人；确定如 BACES、OSS 作为共享服务的合伙人；确认提高建筑物和服务传递位置与意义的需求。

2006 年 9 月"成年人补充调查"——16 岁以上的图书馆用户，86% 认为图书馆服务是好的或非常好的（相比 2005 年增加了 2.2%）。

2006 年 11 月"布伦特居民满意度调查"——67% 的居民对自治市图书馆提供的服务表示满意。（相比 2003 年的调查增加了 11%）。

2007 年 1 月"夏理斯登社区咨询"——形成对图书馆/研究中心的大彩票投资，确保工程满足社区需要，图书馆用户，非用户，儿童和年轻人，学校，社区和志愿者组织：图书馆的开放学习设施；增加的操其他语种者的英语课程（ESOL）和基本技能；非雇佣人员的支持，包括工作经验；年轻人的专用空间；让儿童快乐的图书馆；满足社区需求的供应和资源；令人自豪的建筑物。

2007 年 5 月"金斯伯里社区咨询"——83% 的人对图书馆可能搬迁到主要街道分布区感到高兴；63% 将使用新图书馆阅览和借书，40% 将想要接受关于理事会的信息和建议；居民想要有吸引力的店面的完整设计；更多的重大事件和活动要求。

除了用户的意见和建议，他们表现出一致的主题：
- 扩大或重新修改开放时间，以满足用户需求；
- 改善获取图书馆服务的方法；
- 改进信息和通信技术设施；
- 为学习和家庭作业提供更多的支持；
- 更多的书籍；
- 翻新建筑；
- 提供服务，以满足社区需求。

表 12.4 列出了 2006 年公共图书馆用户调查的结果。图书馆的总体满意率从去年的 83.8%，上升为今年的 85.6%。

因此，必须牢记，尽管用户满意度水平高，但布伦特居民到 2006/7 年只有 18.2% 的用户在使用借书证。

图 12.14 显示了图书馆的开放时间与用户满意度之间的关系，也表明了用户对小图书馆的开放时间有些不太满意。

（2）最佳实践

为响应政府对公共图书馆的远见卓识，整个国家的委员会都在着手解决对图书馆投资不足以及急需现代化的问题。这导致了图书馆使用情况的好转，其建筑物也被视为重要的社会资源，甚至赢得建筑奖（Jubilee Library，Brighton；Bournemouth Central Library；Peckham Library）。例如：

表 12.4　2006 年公共图书馆用户调查表

		Opening Hours	Seating and Tables	Condition of Inside of Library
1	Barham Park	70.70%	77.70%	74.50%
2	Ealing Road	90.10%	63.10%	78.00%
3	Willesden Green	90.60%	81.10%	86.10%
4	Cricklewood	56.60%	64.10%	71.60%
5	Kingsbury	81.80%	71.60%	69.50%
6	Town Hall	80.40%	70.00%	59.10%
7	Harlesden	88.10%	67.50%	66.60%
8	Kilburn	80.10%	70.10%	55.70%
9	Tokyngton	53.40%	65.90%	64.80%
10	Kensal Rise	47.10%	78.90%	81.30%
11	Preston	88.50%	58.40%	67.70%
12	Neasden	69.50%	63.10%	61.20%
	Mobile	86.10%	54.10%	75.90%
	Overall	85.00%	69.60%	72.40%

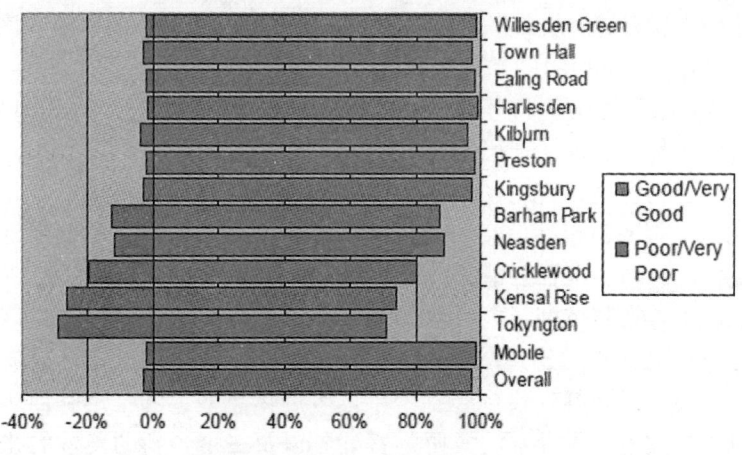

图 12.14　2006 年 plus 调查满意源

在陶尔哈姆莱茨，委员会正在投资数百万英镑建立一个成人教育、图书馆和信息服务网络，被称之为创意商店，地处于当地购物中心技术先进的 7 幢建筑里。在过去三年中，目前已有四个处于开放状态。像传统图书馆所提供的服务一样，居民们也十分珍惜网络为他们提供的服务，主要包括成人教育课，职业生涯辅导，培训，托儿所，会议区，咖啡厅，艺术和休闲活动等。在一次对伦敦图书馆的民意调查中，来自于陶尔哈姆莱茨居民反馈了他们对图书馆简单而清晰的需求：他们所想要的就是一个高品质、现代化的图书馆，且能够为他们提供的服务远远超过目前所提供的服务。尽管他们对图书馆员的工作努力程度表示了认可，但仍然对他们所提供的服务质量、图书馆位置、他们所获得的服务种类等仍表示了不满。在纽汉，Gate 取代了原来面积小且获取困难的图书馆和独立的地方服务中心。它对于当地居民获取以及利用服务的方式产生了显著的影响，并且一直吸引着国内以及国际上的注意力，已有超过 50 家机构的人员来访。第一年，与老图书馆相比，服务量增长了 64%，同时用户数量增长了 315%。其中 82% 的活跃用户是来自少数民族群体。图书馆和当地服务中心位于一处有诸多好处，用户可以在图书馆同一建筑内获得房屋津贴服务，免费校餐咨询，对年长亲属的家庭帮助，以及获取全套的理事会服务。图书馆工作人员巡走于读者之间，随时为他们提供帮助，同时智能卡的采用以及自助服务技术解放了图书馆员，使得他们能够专注于用户服务。

在克罗伊登，当地一所中学通过 PFI 项目而得以重建，由此提供了一个机会将当地图书馆、当地成人教育服务以及理事会音乐服务纳入到"阿什伯顿学习村"之中。现有的公共图书馆建筑已不能满足现代图书馆的要求。该建筑没有通往一楼儿童图书馆的残障人士通道，同时由于坐落于公园内，也产生了很多相关问题。学习村在 2006 年 5 月开始开放，迄今用户数量已增长了 13%。

作为罕布什尔县议会现代化文化服务项目的组成部分，发现中心是新的，以社区为中心的设施，它将图书馆服务置于一个新的宜人环境中，并配以一系列其他信息服务，包括信息科技设施，博物馆和当地历史展览和资源，会议和展览区。针对当地社区情况，每个发现中心的内容将有所不同。

萨顿图书馆在整体翻新之后于 2005 年 1 月重新开放。它现在是该国第一个完全运作自助服务的公共图书馆，在该馆里面，用户可以在自助借还区自行电子借出或归还书籍。设施包括一个读者的休息室，咖啡馆和商店，最先进的信息科技设施，听音乐的"听觉盛宴"以及一个全新的美妙的儿童图书馆，围绕着世界环境主题。新图书馆的整个概念设计始终围绕着用户的需求。

布伦特图书馆对两个案例进行了研究：

案例一：伊灵路图书馆

伊灵路图书馆位于温布利亚裔社区中心，这是一个充满活力、繁忙的购物区。

2002年，布伦特图书馆获得了人民网卓越基金支持，在图书馆建构了一个多元化的图书馆信息和通信技术中心。虽然伊灵路图书馆的繁忙程度在布伦特仍排名第三，但当地社区却非常珍惜并支持他们的服务。图书馆本身也需要进行一次大的整修，将那些看起来黑暗、肮脏的地方，不匹配的课桌椅和看起来很古老的固定木架一一换掉。该服务决定，配合政府的信息和通信技术资金，对图书馆进行全新的整修。它也认识到，通过计划和管理整修，将有机会促进机会平等并将人们的凝聚力汇合起来。当地的居民应充分参与该项目，并让该图书馆能够真正反映居民多元化且多民族的特性。

当地居民、企业都参与进了协商和访问。结果显示一些用户和非用户的需求：一个安静的阅读区——不要离儿童区太近了；一个青少年区，并为青少年专门配备特定的桌子、椅子；专供讨论的区域；书架上面放有图片和油画；在画廊前面应放置绘画作品和艺术品；延长开放时间。

图书馆工作人员与设计人员一起工作，使用着用户建议的颜色模式，并将布伦特图书馆设计成有许多创新和新颖性的图书馆：青年区应该有专门的CD视听区；信息和通信技术中心提供布伦特地区使用最多的十种语言的翻译软件和文字处理设备，为使用其他语言的学生提供网上学习英语的资源；在信息通信技术区，用大家最经常使用的十种语言设立标志牌；为那些视力以及身体上有残疾的人提供专门的免费网络服务；在该地区周日开放以弥补商店和餐厅的开放时间。

装修后的图书馆使用率和满意度都有了明显的提高，也证明了适度投资的重要性。在图书馆开放的前4个月，访问量增加了46%，图书借阅也增长了6%。

2005年3月，访客增加了88%，借阅量增加了16%。在2006/7，伊灵路图书馆虽然还只是很小一部分，但却成为继威尔斯登格林之后布伦特第二繁忙的图书馆。

案例二：威尔斯登图书馆

威尔斯登绿色图书馆开设于1989年，为布伦特的旗舰馆。图书馆只是中心的一部分，由图书馆服务部管理，同时它还设有一家一站式管理店，电影院，咖啡馆和一个艺术画廊。

尽管威尔斯登绿色图书馆是布伦特表现最好的图书馆，但是2005年，威尔斯登却面临着迫切翻新的需要。用户期望值不断提高，抱怨声不绝于耳，工作人员的士气非常低落。昏暗的图书馆不仅灯光不足，而且还缺乏足够的学习空间。且由于新布伦特博物馆迁移到了威尔斯登绿色图书馆中心，因此有人认为，为了最大限度发掘该中心的潜力，图书馆应进行全方位地翻新。

2005年3月，该图书馆重新开放，并提供了一系列新的服务，其改进主要表现在：一周七天开放；全新的儿童图书馆；全新的青少年专区，有音乐视听、游戏以及互联网服务；为方便班级参观和全体活动而专门设计的区域；大量的投资用于购买图书、DVD和CD；重新设计学习区，提高亮度；40多台可以免费上网的电脑；笔记本无线上网；自助式借书服务。

整修后，越来越多的人来到威尔斯登绿色图书馆参观，与之前的一年相比，参观人数增长了43%，借阅量增加了5%（与整个国家借阅量下降趋势相反）。用户满意度也呈上升趋势。同时作为博物馆的布伦特图书馆，其前途一片光明。

5. 关键发现和未来愿景

布伦特图书馆目前并不能满足公共图书馆国家标准的所有指标，这对理事会的综合绩效评估会造成重大影响。显然，这个问题和其他因素，如2003年最具价值的审查结果，从其所开展的活动以及关键绩效指标的分析来看，改善布伦特图书馆提供给居民的服务质量似乎是迫在眉睫的工作。然而，这一步改变需要进一步地审视资源是如何分配的，有哪些部门可以提供服务，哪些服务能够满足21世纪的需求，而工作人员又有哪些技能可以满足这些不同的需求。目前，通过研究和咨询已产生了一些优先发展的主题：

- 资产与资源
- 获取与利用
- 认知与想象

（1）关于资产与资源

1）建筑物/交通工具方面：

图书馆的服务目前主要是由实体图书馆即在图书馆建筑物里提供的，这种方法适应性并不是特别好，目前处于年久失修状态，急需现代化；图书馆建筑物的翻新/新建筑物的建立/图书馆馆址的变更已经为布伦特及其周边城市带来积极的影响；调查与内部/外部供应商之间的合作和共享服务，以使其资源得到最大化利用是非常必要的；现有流动图书馆将不符合新的二氧化碳碳排法规，2008年7月前必须更换或者停止使用。

2）工作人员方面：

在过去十年中，随着网络的出现、用户期望的提高以及满足新社区不同需求的需要，图书馆的角色在很大程度上发生了改变；在布伦特图书馆的工作人员需要适应这些变化，并将重点放在用户需求，社区参与，灵活性以及新技能的获得上。

3）藏书方面：

图书馆的藏书需要进行大量的更新，以满足布伦特居民的多样化需求；布伦特图书馆需要现代化的涉及国家/区域/地方优先发展事项的藏书政策；需对图书馆的藏书进行管理、推广和监督，以确保其藏书的广泛性、相关性和物有所值。

4）经费来源方面：

目前的财政拨款既不足以维持当前配置下图书馆的服务，又无法作出大的改进或达到国家公共图书馆标准的所有要求；主要资金来源必须作出重大改进；收益流不断变化，图书馆为使所获得的资金得到最大化利用，必须使其自身具有极强的适应性和前瞻性。

(2) 关于获取与利用

1）物理可获取性方面：

布伦特图书馆目前不能满足国家规定的目标，布伦特居民中图书馆用户比率或借阅量；布伦特图书馆的开放时间并不是始终一致的，不能反映用户的需求和现代的使用模式，应予以检讨；然而，国家公共图书馆服务标准有关开放的规定，短期内布伦特仍然是无法实现的；目前一些图书馆距离市里的主要商业区还有一定的距离。一个比较实际的方法就是立一些标示牌，以确保能够吸引更多的访客；图书馆除了传统的借还书作用外，也是主要的社区学习/会议场所，布伦特现有的图书馆不是所有的都在空间/适用性上满足要求；需要重新审查流动图书馆服务、上门服务和延伸服务，并使其更加现代化，以确保布伦特居民能够最大化地获取这些关键服务。

2）信息通信技术服务方面：

在线服务和自助服务越来越成为人们访问图书馆时最受欢迎的方式；布伦特图书馆需要发展和扩大信息和通信技术服务，以提高用户使用率、拓宽获取渠道，采用更多新的有效的方法。

3）服务优先方面：

国家对图书馆的优先事项已经有了明确的认识，将儿童和青少年的服务、数字公民、终生学习、读者发展等活动作为服务的核心；图书馆的一个关键作用即提供信息，作为理事会的接触点，布伦特图书馆需要为更多的新用户提供服务。图书馆必须支持文化活动，如2012年伦敦奥运会、布伦特的节庆活动和健康生活议程。

4）多样性方面：

布伦特是一个种族众多的城市，居住着不同的民族且使用着不同的语言。布伦特图书馆应该走在推动图书馆服务发展的前沿，满足居民的多样化需求；围绕简化获取图书馆服务程序问题，伦敦全城或者局部地区采取了相关举措，布伦特图书馆应当参与其中，例如：覆盖整个伦敦的会员制度，简化加入程序以及针对难以接触到的团体所采取的会员活动；需要重新审视布伦特为残障人士提供的服务，并使其现代化，以确保最大覆盖面和效果；图书馆需要有各种格式和语言形式的藏书，以反映布伦特所有居民包括残障人士的需要；图书馆服务都必须与所服务的社区相结合，不管是在服务人员、馆藏、活动，还是在推动社区凝聚力的活动中。

(3) 关于认知和想象

1）想象方面：

尽管新的服务、新的活动层出不穷，但认为公共图书馆已经过时的看法仍然存在；有必要改变人们对图书馆的"品牌"认知，以吸引那些非用户以及不再使用图书馆服务的用户，年轻人和BMW团体。

2）营销方面：

零售商所采用的新的销售技巧正在改变着全国许多家图书馆的形象，布伦特图书馆也正在向其学习；图书馆应使用更富于想象力和专业化的沟通技巧，将服务推向社区更广泛的团体，使用适应受众的各种方法和渠道。

3）合伙人方面：

同其他公共和私人的合作者（例如，"阅读指南"，志愿者计划）共同创新服务的方法，通过分工合作有助于提高图书馆潜在的服务意识，布伦特需要主导这个行动；以下是金斯伯里和夏理斯登的例子，布伦特图书馆需要进一步考虑和其他委员会服务之间的合作关系，以服务更多的用户，并使其服务物有所值；通过与伦敦图书馆发展委员会，博物馆，图书馆和档案馆委员会以及伦敦主要的图书馆社团合作，确保布伦特图书馆在地区实施改变对图书馆的看法和市场服务过程中的利益；以用户团体和"朋友"组成的小组可以为图书馆提供定期的有意义的咨询服务、资金支持，并积极参与藏书选择。

(4) 布伦特图书馆的愿景

经过分析上述调查结果，并经过与诸多图书馆工作人员利益相关者广泛的咨询后，布伦特图书馆已经制定了未来四年的宏大愿景：

到 2012 年，布伦特图书馆将拥有：

- 21 世纪的图书馆建筑和服务；
- 满足社区需求的开放时间；
- 每年拥有更多的访客和借阅量；
- 平均每人的借阅量要比英国其他任何城市都要多；
- 各种语言和各种形式的服务；
- 处在最前沿的信息通信技术服务；
- 每周七天每天 24 小时的信息服务和咨询服务；
- 伦敦最好的活动项目；
- 以平等和多样化的公共图书馆服务而享誉英国。

6. 优先事项和行动

（1）资产与资源

1）建筑物

a）所有的图书馆均需要重新装修，并使其现代化；

b）图书馆用于重新选址和发展的经费应该来源于外部捐赠，公共/私人融资和布伦特委员会资金项目；

c）应积极寻找适当的 BACES 地点，将图书馆和学习服务连接起来；

d）与一站式服务未来合作的潜力还需进一步考证。

2）工作人员

a）布伦特图书馆的管理结构，包括战略层和操作层，必须进行改组，以实现效益最大化。前线人员应进行审查，以确保现代图书馆的服务能够满足社区需求。

b）强化培训工作，以使得工作人员具备现代化图书馆服务所需要的技能。

c）持续的规划和招聘活动需要进行审查，以确保各级工作人员能够反映本市的多样性。如布伦特与国家 PATH 在就业和培训方面的伙伴关系应予以扩大就是一个成功的方案。

3）藏书

a）藏书政策应加以修订，以确定优先采取的措施，如管理，现代发展方法，范围以及一些相关的事情；

b）藏书选择和购买程序应简化，以确保物有所值；

c）展览和促销藏书时应采取零售的原则；

d）应定期审查藏书的性能指标，以符合公共图书馆的服务标准以及综合绩效评估文化平台的要求。

4）延伸服务

a）随着移动设备的老化、新访问系统的建立和馆藏的建设，流通图书馆服务、上门服务和延伸服务应该予以审查和重新配置资源。图书馆应该更多的发展一些能够使那些不方便使用图书馆的人利用图书馆资源的新方式。

5）收入

a）为使可利用的资金最大化，应保证收入战略完整实施；

b）图书馆应积极寻找一些像销售、商业合作、向增值服务收费等这样一些机会；

c）应立即实行在线支付和电子账单支付工作；

d）对大厅和会议室的租金进行审查，确保收入最大化，同时鼓励社区利用这些设施；

e）寻找赞助目标，对图书馆活动获得的外部资金进行监督。

（2）获取和利用

1）以用户为中心

a）应审视最前沿的工作方法，引进最新的工作方法，例如自助服务终端、快速抉择部分等；

b）应重新修改一下开放时间，以满足用户需求，例如周末可适当延长，满足地区开放标准；

c）应尽量简化申请图书馆会员资格的程序，鼓励更多的人可以获得图书馆的服务，包括很难达到的群体；

d）布伦特图书馆应积极地签订伦敦范围内的公共图书馆会员资格协议，并同布伦特委员会合作提供智能卡服务；

e）图书馆建筑进行任何翻新都要包括学习空间和设备；

f）应该改进各种水平的服务管理；

g）布伦特图书馆应确保 Chatter Mark 保持其最高水平的用户服务；

h）学习活动，如银色冲浪，家庭作业俱乐部，家庭学习以及信息通信技术学习等应扩大到所有的图书馆，并与关键供应商/合作伙伴合作。

2）信息通信技术

a）2007 年 10 月图书馆将引进新的管理系统，要发挥其所有的潜能；

b）老化的图书馆安全系统应被新技术如 RFID 所取代，以确保与整个图书馆的馆藏安全与现代标准保持一致性；

c）在所有的地方都应该引进自助借还书服务终端，并积极向用户宣传；

d）引进用于催还、续借和图书馆营销为目的的 SMS 和 Email 系统；

e）为残障人士提供一些像 WiFi、在线参考咨询、数字化学习和相关技术的信息交流技术服务，并使其服务最大化。

3）公平和多样性

a）布伦特图书馆应积极地、适当地向社区宣传自身的服务；

b）对于残障人士，所有的图书馆都应该有相应的技术来保障他们利用图书馆；

c）用户在自己需要的时候，能够以相应的语言以及格式获得与图书馆藏书、事件、活动相关的服务；

d）布伦特图书馆应积极地寻求合作，为人们提供终身培训以及家庭学习服务，以提高生活上的选择以及布伦特居民的就业能力；

e）应取消对访客以及其他临时性社区所设置的任何障碍。

(3) 认知和想象

1）营销/沟通

a）图书馆服务，事件和活动均应将目标设定为一些主要的受众，以鼓励他们对图书馆的利用，促进阅读和学习；

b）创新性的营销方式应该用来扩展到最广泛的受众，挑战图书馆过时的看法。并在市场营销职位任命时，给予充分的考虑；

c）用户应该积极参与对现代图书馆的规划；

d）图书馆的业绩信息应方便、定期地提供给所有用户；

e）应加强建设用户的意见和建议系统，包括在线设施、经常性广泛地与用户交流成果。

2）社区参与

a）应该为所有图书馆设立有价值的用户委员会，使当地民众能积极地确定图书馆的服务类型；

b）应利用现有的和被提议的交流论坛，如青年议会，公民小组和生物医学工程论坛等，让社区的各个部分都参与到图书馆服务中；

c）通过事件等活动的评价，从用户那得到的咨询和反馈意见应当用于目标和服务发展；

d）应开展与重要社区有关的目标性工作，增加图书馆的会员和使用，满足当地和国家的目标。

7. 建议

（1）2008 至 2009 年度，需要增加 30 万英镑图书馆财政预算，以弥补当前的财政亏空，保证目前馆藏购买和开放时间等方面的费用。这将为服务带来稳定性，使得图书馆在为布伦特居民提供服务时取得持续的进步。

（2）在长期现代化进程中的资本投资（从伊令路和威尔斯登·格林图书馆开始持续不断地提高）开始于下列图书馆：

a）金斯伯里区域（在 2007/2008 年度已确认有四十万英镑的资金资助）一个新的图书馆/用户服务中心、位于金斯伯里路一站式服务中心，将在 2008 年初期开放，以取代在 Stag Lane 的现有图书馆和一站式服务。

b）夏理斯登图书馆和学习中心。2008/9 年度，夏理斯登图书馆申请了 170 万英镑的资金，其中有 25 万英镑提供给了大乐透，目的是为了与 BACES 合作，在目前的夏理斯登图书馆地址处建立一个新的联合图书馆/学习中心。当 2009 年秋新中心完工时，这项资本融资将会由现有的夏理斯登图书馆 BACES 建筑的潜在资本收入来偿还。

c）Neasden 图书馆。2008/9 年度，共花费了 18 万英镑将 Neasden 图书馆由一楼位置迁移到了目前的底楼。

d）市政厅图书馆，2011 年，一所新的旗舰图书馆将成为市中心（Civic Centre）项目的一部分。一旦选中了市中心的位置，投入多少资金则主要是由图书馆的位置和温布利去的图书馆数量来决定了。

（3）现在所有图书馆服务追求的增加合作关系和共享服务都要物有所值。

（4）从 2008 年 4 月移动图书馆服务中止。

（5）对上门服务和延伸服务进行回顾，在现有的资源基础上发展服务。

（6）在现有资源下，对图书馆开放时间重新安排，以更好地满足社区需要。

（7）总结图书馆最新的管理和组织结构，员工培训和目前工作实践，以一个全副武装的馆员队伍面向 21 世纪。

（8）制定一个向布伦特居民宣传现代化图书馆服务的计划。

附录：CPA 文化平台——布伦特图书馆业绩

最低水平

中间水平

	2006/7 业绩
C2a：PLSS1 家户应居住在静态图书馆适当的距离范围内	99.31%
C2b：PLSS2 所有图书馆每—1000 人总计开放时间	105.8
C2c：PLSS6 每 1000 人口访问图书馆的人数	6954
C3a：PLSS3 静态图书馆提供网络服务的比率	100%
C3b：PLSS4 每 1000 个可以获得的电子工作台	6.1
C4：借阅比例	18.2%
C6：BV119b 图书馆居民满意率	66%
C11：总体的比值是建立在各个分值比例基础上的	组成部分：低、中、高
C11a：PLSS 请求回应时间： 7 天 15 天 30 天	 69% 80% 89%
C11b：PLSS9 每 1000 人通过购买获得的项目	205.8
C11c：PLSS10 流通馆藏替换年限	7.3
C12：总体成绩建立在两个副指标的基础之上	组成部分
C12a：图书流转率：	3.72
C12b：每 1000 人可获得的图书期数	1150
C13：每个访问者的花费	£ 2.99
C14a：PLSS7 16 岁以上读者对图书馆服务的评价	86%
PLSS8：16 岁以下读者对图书馆服务的评价	68%

指标 C11 和 C12 主要由一些副指标组成。且总体成绩也是由这些副指标构成的。

CPA Upper Threshold	CPA Lower Threshold
N/A	99%
128	102.4
8600	6020
N/A	100%
6	4.5
27.3%	20.4%
72%	63%
All above lower threshold and at least one upper	More than one at lower threshold
50% 70% 85%	45% 63% 76.5%
216	183.6
6.7	8.71
Both above lower, at least one higher	Both lower, or one middle and one lower
6.7	5.2
1532	1108
3.2	2.4
87%	75%
82%	72%

三、加拿大桑德贝公共图书馆的战略管理

1. 图书馆概况

桑德贝公共图书馆由 Waverley Resource Library、Brodie Resource Library、Mary J. L. Black Library、County Park 分馆、虚拟图书馆（24/7 小时开放）等组成。2005 年图书馆用户总使用次数达 2381689，包括：2005 年图书馆访问人次 588550，月访问人次 49045；外借 921369 件；有 21730 人参加 766 个图书馆计划；回答信息提问 93050 个；全年在图书馆索阅 288500 件，包括报纸、期刊和参考书；在图书馆使用计算机 138400 人次；访问图书馆网站 269550 人次。

2. 战略管理的组织领导

领导 2006 - 2008 战略管理的图书馆理事会主席是 Patrick Morash，副主席是 Margaret MacLean，成员 7 人：Mary Catherine Chambers、Ginny Czaczkowski、Barb D'Silva、Councillor Rebecca Johnson、Ed Metzler、Umed Panu、George Saarinen。图书馆总馆长 Barry Holmes 担任理事会秘书司库。而领导 2009 - 2011 战略管理的图书馆理事会主席是 George Saarinen，副主席仍然是 Margaret MacLean，成员 7 人：Charles Campbell、Mary Catherine Chambers、Ginny Czaczkowski、Barb D'Silva、Councillor Larry Hebert、Beverley McKinnon、Terrence Yahn。Gina La Force 担任理事会秘书司库。

图书馆理事会在 2006 - 2008 规划中"连续性和改变"部分发挥重要作用。为完成这一部分，理事会考虑了从社区收集到的信息以及帮助他们对城市主要图书馆进行决策的相关报告。

为制定 2006 - 2008 战略规划，图书馆成立有战略规划常设委员会，由 George Saarinen 和 Margaret MacLean 共同担任主席，成员有：Terry Yahn（图书馆之友会）、Jacqueline McBride（- Non - Union Staff）、Mary Lou Warren（- CUPE Local 3120）、Barbara Philp（- CUPE Local 1803）、Barry Holmes（总馆长）、Janet Carroll 和 Tina Tucker（馆长）、Lorna Olson（执行助理）。另设有战略规划协调人，由 Margaret Wanlin 和 Tom Walters 担任。

3. 确定愿景与使命

桑德贝公共图书馆在 2006 - 2008 战略规划中确定了愿景和使命，在 2009 - 2011 战略规划中，使命和愿景通过咨询过程重新审查，原有战略规划的指导原则仍将成为社区、委员会和员工的共识。其愿景是：

启迪公民：为所有年龄、拥有不同能力和不同文化传统的人们提供追寻

目标和梦想的知识。

融入社区：创造一个触手可及的可供学习和娱乐的目的地，这一目的地有助于成长、合作和创新计划，并且将人与信息、世界联系起来。

丰富城市：保持和发展与我们城市和宗教的挑战和需要相关的服务和计划。

图书馆的使命是：桑德贝公共图书馆通过帮助人们获取本地和全球信息和知识，提高人们的素养，提供终身学习和娱乐，来加强和巩固社区。

4. 战略规划的连续性

早在 2005 年，桑德贝公共图书馆就在开发新战略规划上迈开了第一步，这一过程与以往图书馆的战略规划有所不同，这一次图书馆采用了基于社区成效的方法——以多种方式全年寻找来自社区的反馈和投入，其结果是，公共图书馆和社区一起开发战略规划有助于使其所在的城市成为一个健康的、充满生气的以及学习型的社区。

图书馆规划的主要步骤有：组织有图书馆理事会、管理和员工参与的焦点小组；2005 年 6 月举办的社区论坛首先界定了社区的最大需求以及图书馆在"城市构建"中的角色；组织有主要战略合伙人和社区组织参与的焦点小组。

还将工作手册分发给个人和城市的每个家庭，鼓励社区成员在工作手册上发表关于战略规划的言论，这些意见和建议被吸纳到了战略规划中。

《桑德贝公共图书馆战略规划 2006－2008》确定了四个战略方向，每个方向下设立具体的目标：

（1）连续性和改变

关于"改变目标"，计划加强图书馆设施：发展、计划、支持和描述长远的集成图书馆系统，这有利于加强图书馆和全部社区；加强社区分馆建设以提高获取有质量的、有效的和创新的服务与计划；审查图书馆的管理模式，确保它为图书馆系统的更新和巩固提供支持；调查和执行募款方式以满足图书馆未来增加的资金需求，以支持更新和加强图书馆设施。

关于"连续性目标"，保持服务质量同时适应变化的社区需求：保持用户服务的卓越；继续虚拟服务和技术提高；继续建设受欢迎的易于获取的图书馆环境；关注员工和委员会的发展；保持创新的和成功的合作伙伴；确保馆藏是及时的，且能满足社区需求。

（2）人口统计学：青少年与老年

关于"青少年目标"，帮助青少年了解本地机遇，增加经常利用图书馆的青少年的数量；为青少年提供空间与场所、馆藏和服务以及活动；经常向青少年征询有关图书馆空间与场所、馆藏、服务和活动的建议，确保他们感觉与图书馆相连；增强在线素养，为青少年提供在线服务；支持青少年发展领导技能，帮助他们适应从上学到上班的转变；通过响应计划和馆藏在青少年间鼓励热爱阅读；通过学校拓展、作业帮助和研究能力训练帮助青少年在学校取得成功。

关于"老年目标"，提高图书馆在满足老年公民娱乐、信息和社会需求方面的图书馆服务：为老年人提供空间、场所、图书馆馆藏、服务和活动；经常向老年咨询图书馆的空间与场所、馆藏、服务和活动，确保他们感觉与图书馆相连；为老年人提供可以获得和创造空间与场所的机遇；促进跨代之间的分享和学习。

（3）多样性：土著文化

关于"土著人目标"，铸造和加强与桑德贝土著社区的伙伴关系，扩大他们获取信息和自主学习的途径，同时可以宣扬和传承他们丰富的文化遗产：为土著居民提供可获取的空间、场所、图书馆馆藏、服务和活动；经常向土著居民咨询图书馆的空间与场所；促进文化间的分享和学习。

（4）城市建设和连接：合作

关于"城市建设目标"，促进建设一个健康的、持续的、有活力的学习社区：提高城市与宗教历史的获取；鼓励改进城市方式和手段的争论与对话；提高能够处理社会与经济挑战的馆藏、服务和计划；展示城市的文化和遗产；提高图书馆用于艺术活动、素养活动、文化活动和市民活动的空间利用率；成为发展组织的最佳实践信息来源；支持商业和企业的发展。

关于"合作目标"，维持和加强与战略伙伴的合作关系以提高图书馆资源和利用：与教育委员会和教育局一起优化图书馆资源利用，为初、高中学生的成功提供帮助；与社区团体合作发展创新素养和阅读支持；与社区团体一起支持其他目标和活动；为筹款目标而发展伙伴关系；与地方图书馆合作。

在2006-2008年战略规划成功的基础上，开始制定新的战略规划，咨询小组对背景文献进行了研究，并回顾了图书馆运作，统计和公共图书馆最新动态的研究。市政委员会、图书馆理事会、馆长、部门主任和工作人员及社区机构和政府各级机构代表进行了社区咨询、调查和访谈。

2009-2010年的战略规划将目前的人口预测，图书馆最新趋势，新社区咨询纳入其中。新的图书馆战略规划也明确了建立内部能力的需要，以满足社区的需求。还包括了与城市和社区的战略优先相一致的动议。此规划定位图书馆促进桑德贝从资源经济向知识经济转变。

2009年3月12日由桑德贝公共图书馆理事会通过了《桑德贝公共图书馆战略规划2009－2011》。新的战略规划确定了5个新的目标：①通过对基础设施的投资来增强能力；②将图书馆作为21世纪的信息提供者；③加强和突出图书馆在社会包容方面的角色；④促进桑德贝的经济发展；⑤增加组织能力以进一步服务社区，完成使命。

《桑德贝公共图书馆战略规划2013－2016》文本共38页，内容大纲主要有：①理事会主席和馆长致辞；②致谢；③前言；④战略规划过程；⑤我们的根：历史和环境；⑥我们的历史；⑦我们的最新成就；⑧我们的环境；⑨SWOT分析；⑩我们的价值；⑪我们的主干-关键成功要素；⑫规划分支-我们的战略方向和目标；⑬促进多样性和社会包容；⑭支持本地经济；⑮鼓励终身学习；⑯培育良好社区和个人发展；⑰迎接变革与创新；⑱下一步工作；⑲附录Ⅰ；⑳附录Ⅱ；㉑附录Ⅲ。

5. 更新行动计划

图书馆在制定战略规划后，及时更新年度行动计划以实现战略方向和目标，这些行动计划都发布于网站上。

以"青少年目标"为例，2006年行动计划针对2006－2008战略规划中"帮助青少年了解本地机遇，增加经常使用图书馆的青少年用户"进一步细化如表12.4。

表12.4 2006年行动计划任务细化表

实施步骤	计划安排	完成时间	备注
为青少年提供空间与场所、馆藏和服务以及活动：	2006.12		制定有关条款
利用皇家银行的捐助和青年中心提供的想法在布罗迪图书馆为青年人提供活动空间。	2006.10	2006.9	完成前一半工作，后一半工作将于2007.3底完成
把青少年绘画小说的收藏范围扩大到分馆，挖掘馆藏资料中可以替代绘本小说有效来源；			
基于网络、书单等为图画小说纳入更多的特点。	2006.1－2006.12	2006.12	计划制定中，资金尚未落实
把捐助资金用于支持游戏、图书/杂志。	2006.12	2006.11	
建立一个专门针对青少年的网页。			

第十二章　战略管理案例

续表

实施步骤	计划安排	完成时间	备注
经常向青少年征询有关图书馆空间与场所、馆藏、服务和活动的建议，确保他们感觉与图书馆相连：	2006－2008	2006.12	在2007年继续进行
着重就青年人的空间、馆藏、服务和活动等问题，每季度都向青年研究中心咨询一次，并且把他们的反馈意见融入战略规划中。	正在进行	2007.6	2007年青少年调查计划
与图书馆员工研究和分享关于青年服务、项目、馆藏和技术等发展趋势的成果，并且以此为依据改变我们服务青年的方式。			
建立一个论坛，用于反馈青年研究中心对网页的建议。	2006.12		一旦制定，将配合青少年的网页
增强在线素养，为青少年提供在线服务： 　　向青年人营销在线数据库或者提供服务（7－12级）	2006年秋天	2006.6	青少年网站的发展计划、筹资办法目前正在审议、参考调查继续向高中展开；2007年继续进行
支持青少年发展领导技能，帮助他们适应从上学到上班的转变： 为学生（桑德湾地区的小学、中学、或者大专的正式学生）提供免费的、非注册的借书证。	2006.9	2006.9	非注册在校的学生如今已经收到了免费的借书证。
通过响应计划和馆藏在青少年间鼓励热爱阅读：建立青年读书博客。	2006.12	2006.7	青年研究中心博客
通过学校拓展、作业帮助和研究能力训练帮助青少年在学校取得成功： 继续与大学的领导者或者先进分子等这些读者保持伙伴关系，同时利用一切机会扩展这些志愿者基地，进而更好地开展家庭作业辅导活动（如Cpark）。	正在进行		读者是布罗迪和韦弗利的领导者，在县公园开展的家庭作业辅导活动开始于2006年9月。
开展网络发展研讨会，以拓展学生的课堂学习，教授学生编目技巧、数据库知识和图书馆服务。	2006.8	2006.8	幻灯片放映工作，准备2007年放映的电影（需要安装设备）由青少年志愿者创建的两个壁画。
让志愿为儿童区创建墙报；彼此之间良好的关系使志愿者在志愿服务时间里的工作更有意义；在工作日的效率更高，并且让更多的公众参与到图书馆活动中。	2006.9	2006.8	现在的重点是向高中推广。
为青年人制定有目的的培训课程（特别是互联网课程），以增强他们利用电子资源的能力。	2006.9		

2007年行动计划针对2006-2008战略规划中"帮助青少年了解本地机遇,增加经常使用图书馆的青少年用户"进一步细化表12.5。

表12.5　2007年行动计划任务细化表

	行动	完成时间	备注
a. 为青少年提供空间与场所、馆藏和服务以及活动:			
1	向更多的青少年读者宣传绘画小说	2007年7月	
2	调查零星捐赠的藏于联合学院的科幻图书状况	2007年9月	已联系
3	在网站上通过增加图书馆资源以及其他感兴趣的网站的链接以丰富青少年主页的内容	2007年2月	
b. 经常向青少年征询有关图书馆空间与场所、馆藏、服务和活动的建议,确保他们感觉与图书馆相连:			
1	每季度征询青年事务顾问委员会的意见,如青少年空间,藏书,服务,活动等,并将这些反馈意见纳入到战略行动计划中	进行中	
2	设计并发放调查表(在线的或印刷的)给城市里的青少年,以决定他们希望自己的图书馆有哪些新书或节目	2007年3月	
3	调查一下青年事务顾问委员会哪些是需要改变的——名称,组成,会议次数等等	2007年6月	提出并整合了有关变革意见
4	制作短片,由一些青少年向其他人讲述在图书馆可以获得什么,并做成DVD向青少年群组、班级发放,并将数字剪辑作为一种特别服务形式放到网站上	2007年9月	"YAC对话青少年"已经在电视、图书馆网站发布,并于春季向学校发放
5	在MSN上注册一个图书馆账号,以便与青少年就图书馆问题展开交流	2007年4月	

续表

	行动	完成时间	备注
6	开设一个青少年博客	2007年4月	2007年4月与YAC会面；他们倾向于将"Facebook"作为在线社区；建立一个YAC"Facebook"群组
7	与青年事务顾问委员会商讨建立一个论坛，收集关于网页的反馈信息	2007年4月	2007年4月与YAC会面；他们倾向于将"Facebook"作为在线社区
c. 增强在线素养，为青少年提供在线服务：			
1	向7-12年级的青少年宣传在线数据库和服务	进行中	Facebook小组、YAC博客和通讯
2	继续走访高校，提升休闲性阅读及青少年活动	进行中	3月和10月举办会议
d. 支持青少年发展领导技能，帮助他们适应从上学到上班的转变：			
1	提供简历制作以及面试技巧的研讨会	2007年5月	
2	在网站的青少年页面中建立连接青少年领袖和员工的站点/项目	2007年2月	
e. 通过响应计划和馆藏在青少年间鼓励热爱阅读：			
1	利用YAC正在挑选的书为青少年病房建立一个永久性的医院平装书馆藏	2007年7月	藏书已到位；正联系医院以采取下一步行动
2	为7、8年级的青少年提供"红枫树"读书活动，并向高校学生调查对于"白松树"活动的兴趣	2007年5月	
3	与YAC成员一起组织面向青少年平装图书的本地采购，并通过插图和评论宣传他们的投入	2007年8月	2007年采购两次
f. 通过学校拓展、作业帮助和研究能力训练帮助青少年在学校取得成功：			
1	继续"读者至上"活动，并与弗兰蒂尔学院保持友好合作关系	进行中	"读者至上"活动顺利进行；家庭作业辅助因参加人数太少而取消
2	继续走访学校，展示图书馆的电子资源	进行中	3月和10月举办会议

2008年行动计划针对2006–2008战略规划中"帮助青少年了解本地机遇,增加经常使用图书馆的青少年用户"进一步细化表12.6。

表12.6 2008年行动计划任务细化表

	行动	部门	时间安排	完成	备注
a. 为青少年提供空间与场所、馆藏和服务以及活动:					
1	遵从皇家银行的捐赠意见,制定并执行开支计划,挑选家具和书架以加强各分馆的建设	儿童与青少年服务部	3月		
2	利用YAC挑选的图书在桑德贝区医院建设青少年藏书	儿童与青少年服务部	12月		
3	利用捐赠和精选的资料在吸毒中心建设青少年馆藏	儿童与青少年服务部	7月		
4	购买有关青少年的和他们感兴趣的资料	馆藏发展委员会/全体	进行中		
5	调研可供选择的游戏并为桑德贝图书馆开展游戏项目服务提供建议	儿童与青少年服务部/虚拟服务部	8月		
b. 经常向青少年征询有关图书馆空间与场所、馆藏、服务和活动的建议,确保他们感觉与图书馆相连:					
1	制定适合青少年输入的交流策略(如Facebook)	社区服务	12月		
2	通过YAC Facebook小组与青少年保持联系,掌握它们在网上的动态	虚拟服务部/儿童与青少年服务部	进行中		
c. 增强在线素养,为青少年提供在线服务:					
1	为Teen Ramp网站计划寻找资金及合作者	儿童与青少年服务部/虚拟服务部/社区服务	12月		
d. 支持青少年发展领导技能,帮助他们适应从上学到上班的转变:					
1	使青少年参与图书馆展览的壁画创作,设计吉祥物,并参加皇家银行的年轻人计划以及青少年网站,以及其他一些领域的活动,如参加YAC或图书馆会议	儿童与青少年服务部	进行中		
e. 通过响应计划和馆藏在青少年间鼓励热爱阅读:					
1	年内让YAC参加两次本地采购,为桑德贝图书馆馆藏挑选资料	儿童与青少年服务部	11月		
f. 通过学校拓展、作业帮助和研究能力训练帮助青少年在学校取得成功:					
1	召开网络研讨会以将延伸服务提供到教室,如讲解图书馆使用技巧,演示数据库等。	参考部/虚拟服务部	9月		

第二节 国外高校图书馆案例

一、美国佐治亚理工学院图书馆的战略管理

1. 回顾总结

通过 2002 – 2007 年战略规划的运行，美国佐治亚理工学院（Georgia Institute of Technology）图书馆和它的优秀工作人员取得了很多显著的成绩。从 2001 年下半年开始，图书馆负责人发现了可以促进组织学习和研究问题的机会。为了应对学生和员工大量的数据输入，开始快速广泛地向数字馆藏转化。也开始在增加新的服务项目和革新图书馆空间方面，与学生和教员开展合作性交流。

图书馆的重要进展如下：
- 延长时间来更好地配合学生的习惯，采取统一的服务点来促进用户服务的开展和利用；
- 创造图书馆西部共享空间（LWC），提供电脑设备，信息帮助，技术支持以及在特定地点提供迫切需要的报告演练厅；
- 通过图书馆星期二讨论交流节目，畅所欲言周"图书馆庆祝活动"为学生，教员和工作人员扩展活动，增强技术和信息能力建设、多媒体指导、支持校园倡议的培训等等；
- 果断地同大学生领袖一起参与制定我们的项目，并且正式成立可以与图书馆和 OTI 的领导定期会面的图书馆咨询委员会，以配合图书馆多样化的活动；
- 开展图书馆东部共享空间（LEC）来讨论实验小组计算机技术，一杯咖啡，一个展示舞台和一个陈列学生艺术品和展览品的设备；
- 整体上增加在线全文获取期刊，数据库和电子书的获取，发展和使用屡获殊荣的软件来提高对电子资源的获取和利用能力；
- 运用 SMARTech，一个用于收藏和保护佐治亚理工学院电子出版物的机构库，一个为电子出版机构提供技术支持的电子出版系统；
- 运行由图书馆维持的佐治亚理工学院记录中心，来整理所有的校园事务和运行记录，将它们存储在远程库中；
- 在课堂上增加对纸质档案和电子档案馆藏的利用；

- 与 OIT、CETL、DLPE、Tutoring 和 Advising 建立长期有效的协作关系——并且开放资源中心，提供 OIT 用户支持，在中心图书馆提供建议咨询和个别指导服务；
- 系统完整地评论 2003 年和 2006 年的一系列订阅活动，从全体教员那里得到了解，尽可能有效地关注学生，教员和研究者最需要的杂志的内容。

点击 http://hdl.handle.net/1853/12982 查阅已经完成的"2001-2006年：战略成果：为佐治亚培养接受过更好教育的毕业生"。

佐治亚理工学院图书馆，被公认为是"2007 年学术图书馆奖最佳学院和研究图书馆协会"的获胜者，现在正准备迎接未来的挑战，而且，作为一个世界级的研究机构，它增强了自己在全球的责任，承担起领导者的角色。我们的挑战来自日益增加的费用和要求所带来的预算问题，满足主要用户不断增加的信息需求，应对学术交流领域的主要变化，包含技术方面的动态变形，以及培养有才能的员工的技能来提供 21 世纪所需的服务和资源。2007-2011 年战略规划将在我们遇到这些挑战时，以及我们继续建立一个关于这个机构的服务和领导的规范记录时提供指导。

2. 规划过程

随着图书馆 2002-2007 年战略规划文件的指导接近尾声，很明显，我们需要为图书馆全体人员建立一个全局性的指导方针并且可以转化为可达成的目标，而且这个新的战略方针与机构当前的优先发展事项和倡议活动相一致。

2006 年 6 月，包含众多图书馆高级管理机构的战略规划指导委员会成立了。指导委员会决定了在未来五年制定一个战略计划的目标，同时新的战略规划过程必须是合理的。委员会确定了在规划周期中将被利用的过程（Bryson 战略更改周期的修改版本），还选择了制定战略规划的专门人员，形成战略规划任务小组（SPTF），该小组由 Lori Critz（协调人）和 Kathy Tomajko 担任共同组长，成员有 6 位包括 Joey Fones、Tom Grice、Brian Mathews、Susan Parham、Bonnie Tijerina、Kent Woynowski。这个小组负责计划的开展。

规划过程一般要经过（外部）协商，（内部）学习和不断重复。

SPTF 在 2006 年 8 月下旬开始工作。团队建设工作帮助任务小组从由无数图书馆部门组成的一个简单集合体，变成了一个凝聚在一起的团队，作为一个整体为图书馆制定动态战略计划而奉献出自己的意见和经验。任务小组讨论图书馆的任务和愿景，然后确定图书馆运行中的责任和组织的任务。这些任务包括提供资金支持和委托授权的组织所要求的正式的任务，以及我们的

第十二章　战略管理案例　　　　　　　　　　　　　　　255

用户或员工口头的期望等非正式任务。分析这些任务有助于确定，作为一个机构我们"应该做"什么，或者我们"想要做"什么，以及谁要求我们做这些。

然后 SPTF 开始"评估"，并且检查图书馆的内部情况和图书馆所处的外部状况。为此，一个当前情况分析小组（CSA）开始运行。CSA 负责收集，分析和报告信息，这些信息描述当前图书馆所处于的环境情况，也预测未来环境的变化。它由一个环境扫描系统（机会和风险）和内部评估系统（优点和缺点）构成——因此，具备直接和间接的，内部和外部的输入。调查，问卷和关注图书馆部门的团体，佐治亚理工学院的学生和全体员工都参与到关于用户，我们的服务，资源等等方面的"谈话"。另外，大量的文件，包括属于（图书馆）内部的文件，（佐治亚理工学院）机构文件，（全球性的）被认为与过程有关外部文件，都被评论了一番。关于数据聚合扩展的分析，以及包含一个综合的 SWOT（优势，劣势，机会，风险）分析，都有助于确定发展/提高的空间。SWOT 分析模型面对未来 3-5 年的图书馆，提供确定关键因素的框架。所有图书馆员工参加的开放性论坛有助于 SPTF 为图书馆选择五个最有战略意义的方向。（包含 35 个成员的）工作小组随后建立，帮助定义/提炼这五个关键因素，提供关于任务影响力的情况，如他们为 2007 年 4 月完成的最终规划文件发展目标，目的和期望的结果等。

过程中的细节信息，背景材料的收集和检查，以及关于反馈和信息的深度分析详见：http://smartech.edu/handle/1853/14251

3. 追求卓越

佐治亚理工学院图书馆与信息中心（Library and Information Center）2007 – 2011 年战略规划（见图 12.15）在更新战略计划的过程中，重新确定了曾在 2002 年阐述过的使命和愿景。

使命

佐治亚理工学院图书馆与信息中心在学习型社区和组织建设，学习和研究项目等方面是一个富有创造力的合作者和必不可少的力量。图书馆规划，发展和完成这些项目，以给学生、教职员工和部分校外用户提供专业团队，信息，学习资源和信息能力。通过利用合理的技术，图书馆传递资源来满足信息需求，促进终身学习以及为学习型社区创造有价值的联系。

愿景

为佐治亚培养受过更好教育的毕业生。

图 12.15　战略规划封面

核心价值

为了追求我们的愿景和使命，我们以下列核心承诺为指导：
- 支持组织目标并且分享其在教学、学习、研究和服务方面的承诺；
- 通过提供高效的信息存取和资源的管理，增进机构对于教学，研究和专业的追求；
- 传递资源和服务给那些同样需要的远程学者，发放特许通行证；
- 创造、获取、组织、保护以及传播信息和知识；
- 通过高效合作，提高学术团体水平；
- 扩展和加强图书馆服务，使其作为学习的地方和提供终身学习服务的地方；
- 尊重、支持和加强一个多样化的图书馆员工和用户团体；

- 为用户提供优质的专业服务。

4. 目标预期

这些核心承诺充当起主要的管理原则从而指导图书馆成为一个组织。根据以上承诺所处环境，2007－2011年的战略计划确定了5个战略主题：
- 合作：加强教育、协作和营销；
- 发展、管理和加强存取图书馆馆藏；
- 增加建筑资源，扩展图书馆空间；
- 扩展、保护和促进数字馆藏和服务；
- 通过促进内部联系和合作来激励和提高图书馆员工水平。

这些主题在广泛的领域开展，表明采取行动是为了确保图书馆的使命和愿景得以实现。

"佐治亚理工学院图书馆与信息中心2007－2011年战略规划"采用了"主题（Theme）—目标领域（Goal Area）—目标（Goal）—任务（Objectives）—预期结果（Expected Outcomes）"五级模式。

例如，战略主题之二"发展、管理和加强存取图书馆馆藏"的说明是：

图书馆必须利用各种各样的信息来发展合适的馆藏，支持机构的研究和教学任务，优化预算资源的利用。我们需要在关键领域增加馆藏，作为一个专门性的研究图书馆，来增加国家的声誉。我们必须考虑如何提升我们的工作以及管理跨越部门的馆藏——建立清晰、透明、灵活的过程和工作流程来选择，采购，加工，以及获取我们的资源。我们根据用户的需求，继续在电子资源方面每年花费较大部分的预算，我们需要关注电子资源的管理以及如何达成海量电子内容、新的内容类型、有限的预算以及尖端技术的融合问题。其他需要关注的领域是沟通、妥善保管馆藏和创建一些鼓励利用的网页。

其下列出4个目标领域，每个目标领域下有若干目标、任务和预期结果：

目标领域：Ⅱ.1 发展馆藏

随着佐治亚理工学院不断成长，需要不断增加图书馆的馆藏来满足机构的研究，教学和学习需要，关注社区需求、优先收藏领域和增加的资金资助。

目标Ⅱ.1.1：通过增加投资机会，满足现有的、新的和正出现的学术项目的研究和课程需要。

任务：

a 评估和确定给予现有学术项目合适的支持。

b 继续确定新的学术项目以便适当的资助它们，包括将图书馆资金需求融入到学校项目的发展中。

c 评估图书馆馆藏、识别优点和不足。

d 增加捐赠和调查、选择资助资源，比如图书馆合作伙伴，筹款活动或者资助。

目标Ⅱ.1.2：积极将图书馆的馆藏转变为电子格式。

任务：

a 在任何可能的情况下，购买电子格式的参考资料。

b 扩大电子文本的使用（馆藏和个人层面）。

c 识别和采购以前收集的缩微版本内容的电子版本。

目标Ⅱ.1.3：阐述佐治亚理工学院社区的休闲馆藏需求。

任务：

a 利用用户输入和可获得的数据，建立一个委员会来指导有关休闲馆藏的决定。

b 制定一个馆藏发展政策，确定一系列休闲资料的赞助资源。

c 教育用户在佐治亚理工学院以外获取休闲资料。

目标Ⅱ.1.4：制定馆藏发展战略来指导和优先制定馆藏决策。

任务：

a 筹备一个数据驱动的特别关注电子资源问题的馆藏发展政策。

b 筹备特殊学科馆藏发展政策。

c 利用现存的和新增加的数据分配图书馆的馆藏预算。

目标Ⅱ.1.5：定期交流图书馆的馆藏倡议和决定

任务：

a 确定馆藏发展政策的重点。

b 组织和交流与馆藏有关的数据和决定（讨论、补充、取消）。

c 在馆藏发展特别是和电子资源有关的问题上，与馆员沟通，并展开教育。

预期结果：

• 图书馆的预算会增加到一个足以支持位列发展潜力前十位的公共机构的研究、教学和学习需求的水平。

• 图书馆的馆藏发展政策每年更新。

• 2009年"Libqual+调查"结果会显示，教师和学生对图书馆的馆藏更加满意。

- 图书馆提供基于用户输入和数据的消遣方面的馆藏,满足佐治亚理工大学社区的不断发展。
- 定期举行筹款活动来支持特殊馆藏。
- 为新兴的正在形成中的学术项目提供的核心参考项和期刊可在一年内完成批准程序。
- 建立一个可以标识馆藏的优势和劣势,并对这些优势、劣势有优先发展计划的文档。
- 图书馆资料越来越多地采取电子化的采购和传递。
- 将相关馆藏数据和政策集中在一个网页上。
- 定期举行关于电子资源的信息会议。
- 佐治亚理工学院学习社区将存取有关期刊馆藏数据的数据库的数据。
- 与教师的新的伙伴关系将继续得到巩固,现有的关系将得到加强。

目标领域:Ⅱ.2 管理馆藏

对于图书馆部门内和跨部门馆藏的有效管理需要有明确、清晰和灵活的沟通程序,同时要有选择、采购、加工于一体的工作流程,以及轻松获取图书馆资源尤其是关键的电子资源问题。

目标Ⅱ.2.1:提高各个馆藏管理的工作流程的效率。

任务:

a 开发工具和程序来改进与馆藏管理相关的内部沟通。

b 分析跨部门的工作流程来管理各种格式的材料,执行基于该流程分析为基础的建议。

目标Ⅱ.2.2:更有效地管理电子资源。

任务:

a 开展并实施一个电子资源管理(ERM)系统。

b 利用这个 ERM 系统培训合适的工作人员。

c 提供持续的工作人员培训以及与电子资源有关的教育。

d 继续实施和调整馆藏档案数据库管理系统。

预期结果:

- 设立顾问来进行跨部门的工作流程分析以管理各种格式的资料。
- 管理印刷制品和电子资源的工作流程,得到更加有效地处理。
- 实施一个提高电子资源管理效率的电子资源管理(ERM)系统。
- 培训图书馆的工作人员有效地利用 ERM 系统。
- 提高和改善档案馆藏的工作流程和管理。

目标领域：Ⅱ.3 获取馆藏

图书馆需要关注直接的用户反馈、营销和友好用户程度的建立和利用，在适当的时间获取所需资源的互动工具，无论是在课件中，图书馆网站内，还是在开放的网络中。

目标Ⅱ.3.1：提供更多以用户为中心的馆藏获取途径。

任务：

a. 通过可用性测试，使用情况分析和调查，定期获取用户的反馈

b. 为所有的用户帐户创建一个集中的界面。

c. 更加有效地识别在图书馆目录中可循环利用的和不可循环利用的资料。

d. 创建一个更加友好的图书馆目录，如书籍封面、评论和建议。

e. 选择方法和/或开发技术，使馆藏可以通过开放的网站和课程管理工具来获取。

目标Ⅱ.3.2：提高利用馆藏的意识

任务：

a 搜集、分析使用统计数据来确定哪些资源利用不足。

b 提高教师和研究生助教对新的电子资源的意识，以及帮助他们如何用新的电子资源进行教学。

c 对佐治亚理工学院社区开展跨部门的图书馆馆藏营销和服务。

d 创建屡获殊荣的特色数据库或者关于特殊兴趣的馆藏。

预期结果：

- 用户帐户和服务将会有唯一登陆方式。
- 用户评论和建议服务（类似于亚马逊）会准备就绪。
- 设置一个可以对领导图书馆营销和公共关系活动负责的，与图书馆范围内的营销委员会合作的职位。
- 增加对电子材料的普遍利用率，以及教师在课堂上对电子内容的利用率。
- 用户的反馈意见被用于更好地获取馆藏和更新图书馆网站。
- 把图书馆资源纳入课程网站或课程管理软件的工具（比如 Sakai），供教师和助教使用。
- 佐治亚理工学院图书馆的资源可以在图书馆网站以外得到利用。

目标领域：Ⅱ.4 保存馆藏

对所有不论何种格式的馆藏进行合适的保存，为确保现存馆藏和新增馆藏的长期存取是非常必要的。保存工作必须扩大到有永久价值的所有馆藏，

包括数字的和非数字的项目以及独特稀缺的资料。

目标Ⅱ.4.1：开发和实施战略来保存所有格式的现有馆藏。

任务：

a 制定和扩展所有格式的馆藏保存政策，包括技术报告式，其他的缩微胶卷和任何处于危险中的馆藏格式。

b 调查替代存储解决方案，比如离站存储和高密度存储，适当地实施。

c 给有关保存方面的培训和工作人员拨款。

d 每年都进行保存项目的优先、进度评估。

目标Ⅱ.4.2：交流保护政策，程序和做法

任务：

a 为图书馆工作人员和佐治亚理工学院居民的教育机会，召开保护工作培训会议。

b 将保护性政策和做法放在一个重要位置。

预期结果：

- 成立一个训练有素的图书馆范围内的保护会，此外还要设置一个职位对领导图书馆的保护活动负责。
- 所有缩微技术报告都得到充分的保护。
- 图书馆资料都存储在适合于其专有的保存的地方。
- 图书馆有足够的能力适应馆藏的增长。
- 档案馆有足够的空间来增加和扩大它的馆藏。
- 定期举行关于信息保护问题的会议。

二、加拿大英属哥伦比亚大学图书馆的战略管理

1. 组织领导

加拿大英属哥伦比亚大学（University of British Columbia，简称 UBC）图书馆的战略组织领导是"大学图书馆馆长咨询理事会"（The University Librarian's Advisory Council，ULAC），这一组织由图书馆高级管理者和分支机构的负责人组成，对规划的研发负有首要责任。

咨询理事会下设规划分委员会具体负责编制战略规划。2004－2007 战略规划的 ULAC 规划分委员会图书馆总馆长 Catherine Quinlan 担任主席，成员有两个部分组成，一部分是图书馆各分管的主要负责人包括财务和设施主管 Darrell Bailie、系统主管 Brian Owen、技术服务主任 Maniam Madewan、信息服

务代理主任 Larry Campbell、借书服务代理主任 Maniam Madewan、大学图书馆分管馆藏和技术服务的馆长助理 Janice Kreider、大学图书馆分管公共服务的馆长助理代理 Sandra Wilkins；另一部分是各分馆的负责人包括教育图书馆代理主任 Sheryl Adam、麦克米兰图书馆馆长 Lorna Adcock、法律图书馆副馆长 Mary Mitchell、人文与社会科学学部暂代主任 Margaret Friesen、科学和工程部主任 Bonnie Stableford、大卫林（David Lam）图书馆主任 Jan Wallace、音乐图书馆/美术部主任 Kirsten Walsh、亚洲图书馆主任 Eleanor Yuen、大学图书馆分馆科学图书馆的馆长助理 Lea Starr。

2. 与大学战略紧密结合

图书馆的规划过程不是以孤立的形式出现的，相反地，它是以学校启动的 TREK2000、"学术计划"、"研究点亮知识"等其他学术规划项目有机结合起来的。在 TREK2000 中，学校做出如下关于愿景和目标陈述：

UBC 大学，希望加拿大最好的大学能为学生提供优秀且别具一格的教育，同时指导前沿研究为哥伦比亚大学，加拿大，乃至全世界的人服务。

UBC 大学将为它的学生，教职员工以及工作人员的学习和研究提供尽可能好的资源和条件，创造一种强调完美，平等，相互尊重基础上的工作环境，它将与政府，商店，工厂，其他教育机构和社团合作，通过这种前沿研究来创造新的知识，为他的学生圆满地完成工作做准备和提高生活质量。UBC 大学的毕业生将会形成很强的分析能力，解决问题的能力，和批判性思考的能力。他们会具有优秀的研究和交流技巧。他们会是博学的，灵活的，创新的人。他们会意识到理解社会的重要性而不是他们自己。作为一个有责任心的公民，哥伦比亚大学的毕业生是具有价值多样性的，为他们的社团工作并成为社会正向变革的代言人。

UBC 图书馆规划明确地与这些陈述相联系，因为图书馆对于实现一个大学的学术愿景和目标的达成是至关重要的。

3. 愿景、使命和价值观的详尽阐述

在 1999 年的春天，UBC 图书馆启动了一项旨在在 21 世纪的第一个十年里指导图书馆及其员工的战略方案，这些目标总的来说是形成一种在第一个十年末的图书馆应有的视角，形成对图书馆使命的陈述，鉴别图书馆的组织价值。

（1）愿景

2000 - 2003 战略规划确定的愿景是：

UBC 图书馆在研发、提供和传递优秀信息资源和服务上将要成为一个地区性的、国家性的、国际性的领导者。在哥伦比亚大学乃至更多的地方，这些信息和服务对于学习，研究和知识的创新都是至关重要的。

我们愿景的意义

- "UBC 大学图书馆"——加拿大第二大学术研究图书馆，按照校内与校外划分为 13 个部门和分支来为在校学生和教职人员服务，对公众开放，并把其他学者，公众和公共图书馆的资源补充至 UBC 大学。
- "一个地区性的，国家性的，国际性的领导者"——我们为自己预想了一个适合自己的角色，该角色与哥伦比亚大学为自己预想的角色相适合，我们的工作致力于完美和创新，并且打算成为其他图书馆的楷模；然而，既然我们对于图书馆发展的视角是被资源的可得性、人员水平和基金支持所制约的，我们必须要具有选择性，不可能面面俱到。
- "发展，提供和传递"——我们把自己视为信息的收集者和发行着，作为收集者，我们的工作应该是与师生互动来鉴别他们的信息需求并且提供他们需要的信息资源和服务以便于完成他们的学习和研究的目标。
- "出色的信息资源和服务"——我们的信息资源包括我们自己收集的印刷品，电子制品和其他资源，并且有来自全世界的慈善机构和信息供应者的允许，有权使用并传递这些资源。我们的服务涉及管理，组织和解释这些资源，同时也包括指导与帮助用户来更好的应用这些资源。
- "对学习，研究和知识创造至关重要"——我们明白资源和服务的发展与大学的学术重点和目标是紧密相关的，并且与哥伦比亚大学师生的学习与研究的需求也是息息相关的。
- "在哥伦比亚大学乃至更远的地方"——为了使大学的理念和我们的责任相一致即信息资源的开放共享，我们为世界上的学者及研究组织提供资源。无论何时，我们都不会忘记我们的首要使命是满足哥伦比亚大学师生的信息需求，但是这种开放获取也许会被版权以及许可约束而限制。

2004－2007 战略规划继续全部采用这一愿景描述。2010－2015 战略规划的愿景描述为"我们是一个具有国际影响力的研究型图书馆，促进知识的创新、探索与发现。"

（2）使命

2000－2003 战略规划确定的使命如下：

大学负有发现、表达、存储、传递知识和理解的增进的责任。通过这些努力图书馆成为一个师生和工作人员的活跃的，必不可少的伙伴。它的教职人员所发展、组织和管理的基础设施、服务，和知识、思想、信息的使用权都是为该大学实现特色化学习、出色的教学和前沿研究所必需的因素。图书馆服务于这样的庞大的、多样的团体，并与之合作：首先是 UBC 大学的师生与工作人员；然后，在能力范围内，我们将与整个 UBC，加拿大，乃至全世界的个人和机构合作。

为了实现愿景，图书馆应该：
- 联合教职人员，激发学生终生学习的兴趣。
- 帮助学生培养信息检索和批判性思考的技能以助于他们能在知识密集的社会中取得成功。
- 与师生及学校工作人员一起工作来寻找、发展并有效利用他们所需的用来进行知识创新与传递的信息资源。
- 招募并留住出色的图书馆员，帮助他们获得胜任工作所需的技能，并给他们提供一种有吸引力的环境即工作优秀者是被承认并奖励的。
- 建立并提供一种途径来确保优秀、综合性的出版物，电子信息和其他信息资源能源源不断满足供师生及工作人员当前和以后的需求。
- 为了保证与它的服务方针相一致，要给它的用户提供专家建议和回答性帮助。
- 保持一个广泛的、有效的基础设施，包括物理设施和信息技术，这些可以增强学习及研究能力。
- 在双方都可获利的领域与政府、工商企业、工厂做合伙人。
- 与其他教育机构和社团组织合作。

2004-2007 战略规划将使命调整为"UBC 愿意最大限度地为其学生和教职员工提供学习和研究的资源与条件，为他们创造致力于卓越、平等和相互尊重的工作环境；愿意与政府部门、工商业界、其他教育机构以及一般团体合作，创造新知识，从而为其学生职业生涯做好准备，通过最前沿的研究提高生活质量"。而使命陈述则与 2000-2003 战略规划一致，强调"联合"、"帮助"、"工作"、"招募并留住"、"建立并提供一种途径来确保"、"提供专家建议"、"保持"、"合伙人"、"合作"7 个关键概念。

2010-2015 战略规划将使命简化为"UBC 图书馆通过连接大学内外的社区和世界的知识，促进学术、学习和教学的发展。"

（3）价值观

2000-2003 战略规划确定的价值观如下：

以下是关于图书馆价值的陈述，作为我们执行图书馆任务与理念的指导。

知识自由价值

因此……

- 我们倡导信息自由和公开的交流。
- 我们致力于学术自由。
- 我们尊重知识产权。
- 我们发展并提供获取知识、信息、思想的渠道。
- 我们培养并支持学习、教学和研究。

优质服务价值

因此……

- 我们以读者为中心。
- 我们提供专业的指导。
- 我们有效地并有效率地利用我们的资源。
- 我们注重精准和适时地满足用户需要。
- 我们推动员工的持续发展和成长。
- 我们能识别良好的表现。

创新价值

因此……

- 我们鼓励创造、首创精神和坚定不移的信念。
- 我们愿意尝试冒险和展示领导权。
- 我们学习他人的成功经验。
- 我们为读者信息需求的变化进行预测并为之进行规划。
- 我们意识到持续的回顾、更新和训练的需要。
- 我们将提高组织机构的弹性。

合作价值

因此……

- 我们的工作与师生及工作人员紧密结合。
- 在工作人员中我们培养良好的同事关系并促进合作。
- 我们与其他大学的部门和院系建立联系。
- 我们和其他图书馆和教育机构合作。
- 我们与政府机构和工商企业成为合作伙伴。

社区价值

因此……

- 我们重视多样化和平等。

- 我们倡导宽容、相互尊重和有道德的行为。
- 我们实施一项不只限于为 UBC 大学服务的资源。
- 我们对投资者负有责任。

用户和职员幸福价值

因此……

- 我们为了给用户和员工保持一个安全、干净、符合人类工程学的设施而努力。
- 我们致力于提供更便利的获取条件。
- 我们与校园的其他机构合作来保障我们的用户和员工的私人安全。
- 我们支持公平合理的工作分配。
- 我们培养同志情谊并为实现高度的团队精神而努力。

2004－2007 战略规划继续全部采用这一价值观描述。2010－2015 战略规划将价值观描述调整为：优质服务；知识自由和知识的追求；学校和社区的合作；馆藏和机构资源的管理；创新、创造力和风险承担；一个开放、包容、尊重的工作环境；整个组织内的领导和个人成长机会。

4. 目标体系

2000－2003 战略规划和 2004－2007 战略规划均是在确定原则（Principles)、目标（Goals）和战略（Strategies）时，与学校战略文件保持一致，按"TREK2000"，分"人"、"学习和研究"、"共享和国际化"三大领域。每个领域先阐述学校文件，再阐述图书馆的相应战略和具体目标，2000－2003 战略规划列出到 2003 年末的具体目标，而 2004－2007 战略规划列出到 2007 年末的具体目标。

例如，关于"学习和研究"，2000－2003 战略规划提出到 2003 年末要达到的目标有 5 个：把信息素养整合进图书馆领域的课程里；优化并扩展获取馆藏和信息资源的渠道；保持、开发、保存印刷品，电子制品和其他馆藏来满足学术研究需求；在校内寻求合作伙伴来支持并促进学习和研究；为馆藏、技术、服务和场馆制定一个三年的资金计划。在目标战略之下，分项阐述战略任务。例如，针对"学习和研究"下的目标 1 "把信息素养整合进图书馆领域的课程里"，列出 4 项任务：确认用户需求和每一个教师的教学机会（2003）；评估教学方法并确定所需的员工和资源（2003）；与 AVP/VP 教师、副系主任和 VP 学生合作并取得他们的帮助（2003）；执行最适合的教学方案并对其效果进行评估（2003）。而 2004－2007 战略规划提出到 2007 年末要达到的目标有 5 个：通过一个高效的适宜的在线环境来提供信息资源和信息服务；提高知识产权的保护以支持学习和研究；评价前的服务传递方式执行新的合适的范式；提高和扩展馆藏的访问量；为集成开发，支持和管理确定并执行新的领域和模式。

2010 年 2 月 26 日发布的 2010-2015 战略规划分为"战略方向"（Strategic Directions）——"目标"（Goals）——"行动"（Actions）。确定战略方向 5 个：提高学生的学习；促进研究；在数字化背景下管理馆藏；社区参与；营造优越的工作环境。每个战略方向下列出目标和行动，例如，针对战略方向一的目标和行动列表，如表 12.7。

表 12.7 行动列表

提高学生学习能力
学生不断变化的需要要求我们提供互动的、完整的服务项目并创造个性化的学习研究环境。图书馆广泛的教学项目帮助培养学生在信息密集型社会受益终生的技能。

目标	行动
• 在课程设计、教育重要思维、数字信息素养上，与教师开展积极的合作	• 在课程内部更全面的开展并整合图书馆教学项目
• 无论用户身处何地，都可以提供新技术以提高学生效率及知识创新能力	• 更新和加强 IT 基础设施以为学生提高效率和互动性提供支持 • 使用最新的工具培养学生信息素养和知识管理技巧 • 在校内寻找合作伙伴以在虚拟学习环境中整合图书馆资源
• 开发以用户为中心的空间和服务以促进非正式的学习、研究和互动、合作与对话	• 完成对亚洲、David Lam、Law、Robson Square 和 Woodward 图书馆以及综合研究图书馆设备的资本项目 • 在学生和校内寻找合作伙伴以鉴别和反映图书馆内不断变化的需求 • 在校园和网络上扩大并调整学习共享空间 • 满足不断增多的留学生和研究生的特定需求
• 加大对原住民学生的支持并鼓励所有学生关注原住民问题和观点	• 在项目服务上与原住民教员进行工作合作，以取得新的支持 • 在与土著问题相关的地区提供信息支持

5. 重视实施

在 2000 年的夏天，UBC 图书馆完成了其战略规划，这个规划是为支持 TREK2000、"学术计划"及其他计划性文件而制定的。规划不仅为图书馆开发了愿景、使命和组织价值陈述，而且为 2000 - 2003 年这段时间设定了若干有待完成的专门目标或待完成的任务。图书馆将规划中的一些内容已体现到图书馆的当前项目和活动中，而另一些则代表着未来工作的优先事项。

为图书馆成立了实施常设委员会（ISC），由校图书馆馆长咨询理事会成员构成，开始致力于包括员工和其他资源的配置、工作时间表和成就衡量标准等问题在内的实施战略研发工作。

ISC 的具体工作为：决定相对优先权、整合相关事项为整体项目规划、向各个独立工作小组分配任务、规定项目启动和完成时间、识别重大的里程碑似的突破。

在这个项目进行的全过程中，相关文件和背景资料都被放到员工网页上以便员工查看和进行必要的反馈与互动。ISC 成员定期向"大学图书馆馆长咨询理事会"和图书馆管理团递交报告并听取他们的意见。不仅如此，当员工对于任务和优先项的实施和提出计划对现行图书馆运转的影响等问题发表自己的看法时，我们会召开一系列全体员工大会来进行讨论。会议讨论得到的反馈信息十分重要并会成为实施规划进程的一部分。

实施方案包含了 37 个项目以完成图书馆战略规划的目标。这些项目将由若干工作小组来完成。这些将由任务小组的成员主要是图书馆员、图书馆各部门和分支的协助人员以及来自学校其他机构的员工和教师。这些项目中的一些已经在推进过程中了，其他的项目则会在 2001 或 2002 年启动。和我们正在进行中的许多活动结合在一起，这些项目必将保证 UBC 图书馆成功地完成任务并达到其愿景，那就是"做区域内、全国乃至全球的一个学术研发领导者；为 UBC 乃至全社会提供学习、科研和知识创新所不可缺少的资源和服务。"

6. 关键成功动因

该馆战略管理重视关键成功动因，在 2010 - 2015 年战略规划中列举如表 12.8。

表 12.8 关键成功动因

要为以下这些重要领域提供支持以确保图书馆战略规划的成功。为每个关键动因开发相应的工作计划作为实施优先事项

成功的关键	建议
改变和参与战略 我们要致力于组织变化、参与和创新。其中包括改变服务模式；交流和支持对图书馆、领导者和员工新的期许和新的角色担当；识别工作和识别活动需要停止	制定一个改变和参与战略
IT 基础设施 我们要建立并投资 IT 基础设施,以帮助图书馆可以持续评估技术的使用并确保技术投资和设施与服务目标相一致	根据学校 IT 项目制定 IT 计划
评估文化 我们要开展一个高效、持续和实际的评估项目并在 UBC 大学图书馆中促进评估文化的培养	实施并开展图书馆评估计划和项目
持续的预算和资金开发 正如大学本身一样,图书馆要通过预算支持战略优先的发展。这就改变了我们分配资金的方式并要通过其他来源获得新的资源。 对新建筑物和返修建筑的投资资金将是一大焦点。	密切关注图书馆发展以发现新的资金机会

三、澳大利亚昆士兰大学图书馆的战略管理

1. 战略规划时间安排

澳大利亚昆士兰大学(University of Queensland)图书馆 2013 – 2017 年战略规划的制订过程时间表如表 12.9 所示。

表 12.9 时间安排表

2 月 21 至 3 月 25 日	用"图书馆精灵"收集愿望(截止到 5 月 19 日)
3 月 25 日	启动战略规划过程
3 月 25 日至 5 月 1 日	重启价值 为新口号和新使命收集建议
3 月 19 日至 4 月 30 日	开发情景规划

	续表
5月2-3日	利益相关者焦点小组——促进者 Brett Mayze 5月2日周四12：00—1：30 St Lucia（毕业生）； 5月2日周四2：30—4：00 Herston 健康科学图书馆（昆士兰大学/医院员工）； 5月3日周五10：00—11：00 St Lucia（研究生）； 5月3日周五12：00—1：30 St Lucia（学术职员）
3月24日至4月30日	对图书馆的愿景和使命做出反馈：回答"我们存在的原因"，有利益相关者反馈
4月至5月	探寻使命和新口号的输入和宗旨——已截止
5月28、29、30日	在图书馆会议室举办战略规划会议（包括图书馆管理者）——促进者：Brett Mayze（参见以下"最新情况"）5月28日（半天）； 5月29日（半天）； 5月30日（半天）
整个6月	举办每个分馆全体员工参与的咨询会议 ——促进者：战略规划小组成员
6月30日	完成战略规划
8月至9月	颁布战略规划

资料来源：http：//www.library.uq.edu.au/about-us/library-strategic-planning-2013

2. 启动战略规划

3月25日下午2点，战略规划在图书馆会议室正式启动（见图12.16），

图12.16 战略规划启动会

会议内容有：常务副校长 Deborah Terry 教授致开幕词，报告战略规划进程以及从"图书馆精灵"收集到的反馈，由大学图书馆馆长 Bob Gerrity 讲话，战略规划进程时间安排，重审价值观等。

2. 网络征集读者意见

（1）利用网络征集读者对图书馆的愿望

为制定战略规划作充分的准备，倾听读者呼声，让读者广泛参与到战略规划过程中。从2月21日至5月19日利用网页图标链接（见图12.17）为图书馆精灵收集愿望。

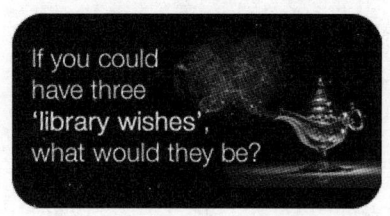

图 12.17　网页图标链接

最后形成274条对于图书馆的愿望（第一、第二、第三愿望），其中的4条如表12.10。

表 12.10　读者对图书馆的愿望举例

	第一愿望 First Wish	第二愿望 Second Wish	第三愿望 Third Wish
1	善交际和沟通自如的领导者	适合使用者工作的工作空间	自由制作和使用更好的在线工具
2	在熟悉领域开展大规模并且细致的项目，特别是与电子书、海峡岛民有关的：地点、文化、身份、健康和教育	将当地的意见融入教学是在易获取的数字媒体资源的条件下进行的。将现有媒体资源数字化并制定一个获取政策以满足本土数字媒体将会取得惊人效果。	有关提高海峡岛民健康水平文献的特色馆藏大多数是文学形式的，而战役文献是多种形式的，如政策、评价、理论和实践

	第一愿望 First Wish	第二愿望 Second Wish	第三愿望 Third Wish
3	要分享更多的决策过程。然而我们应该更有灵活性和适应性,这可以帮助我们思考日程上的计划和事物向特定方向发展的原因	不仅在前台工作时,要保持合作并且紧密关注用户的态度而且在与同事工作和进行跨部门合作时也要持有这种态度。	我们要考虑是否全面参与到昆士兰大学社区中。是否要关注当前趋势,例如图书馆作为"孵化器"的功能是否强于储存功能?是否与校友保持紧密联系?是否利用我们的社会媒体活动?
4	我希望昆士兰大学图书馆可以向校友提供在线资源的全面获取,而不是现今的只能获取一部分资源。我现在是一名博士学生,即将毕业并成为校友。我在毕业论文完成之后发表的成果也算作昆士兰大学的出版物。当我加入到由昆士兰大学学生和校友制作的编译清单中时,我意识到了这一点,但是为了毕业之后的发表成果,对在线资源的全面获取以充实文学存储是十分必要的。我不能确定回国之后该如何克服不能全面获取资源的情况。如果我可以像在校生一样能全面获取资源,就可以对我的深入研究和博士毕业之后的成果有很大帮助。		

(2) 利用网络征集读者对图书馆口号的建议

从 3 月 26 日开始又利用网页图标链接(见图 12.18)为新的图书馆口号收集建议:

最初关闭时间在 5 月 19 日,后因强烈要求于 7 月 4 日重新开放。新口号为"学术合作者"。

第十二章　战略管理案例

图 12.18　网页图标链接

3 月 26 日开始为新的图书馆口号收集建议，通过网上填表的方式（如图 12.19 所示）。

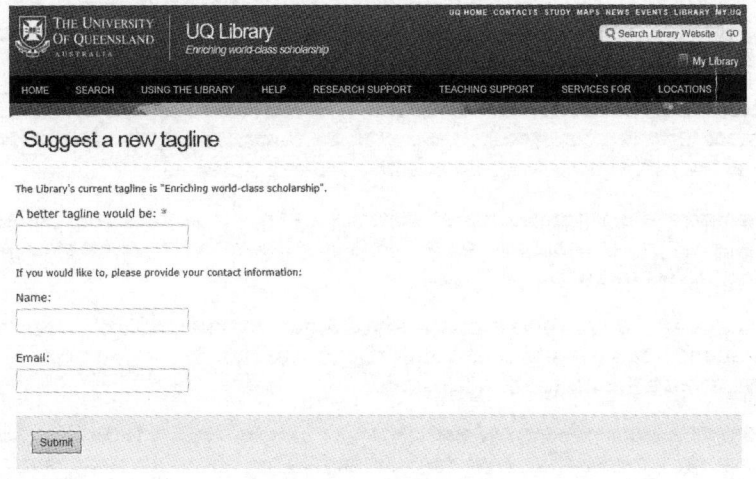

图 12.19　网上收集图书馆口号建议

资料来源：http://www.library.uq.edu.au/forms/suggest-new-tagline

3. 组织读者讨论图书馆情境

5月2日和3日，由图书馆工作人员整理的未来图书馆四个情境（library scenarios）交由四个利益相关者焦点小组会议讨论，People Knowledge Consulting 的 Brett Mayze 促成了研讨会的举办。四个情境（详见：All4SP2013Scenarios）如图 12.20、图 12.21、图 12.22、图 12.23。

四个利益相关者焦点小组会议情况如下：

第一组为大学生焦点小组，5月2日周四中午 12：00-1：30 在 DHESL 图书馆举行，来自科学、新闻学、工程、物理学科的 8 名学生参加了讨论。

Scenario 1

The University of Queensland (UQ) continues to place emphasis on teaching and learning, and research. The Library budget, although restricted, is maintained at a level that can support both activities.

The Library provides a core service to the UQ community in supporting its research, teaching and learning, and scholarly publishing goals.

Library staff offer a range of specialised services including information skills training, research assistance; and assistance with metrics, scholarly publishing, and data management. The Library offers a personalised alert service that is triggered when a UQ student or staff member logs in to the 'My Library' portal online. There, a window opens on the page naming a Library staff member to contact for assistance. Undergraduate and coursework postgraduate students are alerted to a list of information skills, Ask I.T. and learning support classes in which they can enrol. These are divided into introductory, intermediate and advanced levels.

The Library's book collection is built by librarian selection, library user selection, and patron suggestions. Print versions of books and journals are purchased only if an e-version is not available. The multimedia collection is extensive and well-utilised.

Where possible, all significant Australian content in the Fryer Library has been digitised and is available as open access. Focus shifts to expanding digitisation projects to other significant content held within the Fryer library.

Staffed help desks are available in designated branches, and incorporate other services such as Ask I.T., as a one-stop shop. Virtual help via email, online chat and Skype is also available, and is a popular choice with patrons.

Only 50% of the Library's print collection remains on campus – mostly in the social sciences and humanities subject areas. In the sciences, engineering, and health areas, online collections have become the preferred method of access.

Library spaces freed up by the relocation of the print collection are repurposed into student meeting spaces, an innovation lab, and quiet study zones. The latter are free from talking, mobile devices (unless they are in silent mode), and food. They are popular with patrons.

Implications for Library users

- 50% of print collection moved to warehouse
- More Library space available for student use, including quiet zones
- Print is only purchased if electronic version not available
- Significant Australian content from Fryer Library is digitised
- More face-to-face and online services

图 12.20　情境一

第十二章 战略管理案例

Scenario 2

As a result of continuing economic constraints facing higher education, The University of Queensland (UQ) decides to re-focus its institutional attention on Teaching and Learning. This ensures a steady and predictable funding stream based on undergraduate and coursework enrolments. The funding is used to ensure a quality coursework learning environment, based on online learning principles and 'the flipped classroom'. This results in improved student outcomes, as well as enhances the University's world-class status. The student population includes UQ undergraduate and post-graduate students, students from other institutions participating in Massive Open Online Courses (MOOCs) for accreditation, and community users (also accessing MOOCs).

Print materials are largely re-allocated to warehouse facilities, and are available via a document delivery service with a fast turn-around.

The Library tailors its strategic focus to match the University's vision through the establishment of a Teaching and Learning (T&L) team. This specialised team focuses on the delivery of library and research skills to coursework students, and advises teaching academics on resources to support their teaching in an online environment. The T&L team explores cutting edge learning environments such as the application and implementation of MOOCs. It also collaborates with Student Services on a compulsory university-wide library and study skills course for first year undergraduates, and new-to-UQ postgraduates and academics. The T&L team's expertise in online learning principles, MOOCs and the flipped classroom see it sought after for advice by academics transferring their courses online from traditional face-to-face models.

The T&L team designs a MyLibrary app to facilitate student access to personalised course resources and research materials in the predominantly electronic environment. This fully customisable app is downloaded by all new students as part of their enrolment process, and is their main point of access to library services. Librarians in faculty liaison teams deliver these products to the schools, and educate staff and students in their use.

As the collection continues to evolve into a predominantly electronic format, the footprint of the physical collection (and traditional circulation services) contracts, opening further opportunities to turn Library space to flexible, learning focused environments. Students using these environments have ready access to help via physical and virtual library help desks, which remain an important aspect of the library user experience.

Implications for Library users

- Library space becomes flexible learning environments.
- Print collections moved to warehouse
- Collection and service focus is on "On-line learning"
- 80% of Library collection is electronic format
- Face to face service is provided by specialised librarians
- Compulsory online study skills course
- No library support for research-specific services (e.g. bibliometrics, data management etc)

图 12.21 情境二

Scenario 3

The Abbott government caps undergraduate places, and redirects funds to outcomes-based research that deliver measurable impact. Medical, scientific, social and cultural research areas eligible for funding are clearly defined by the federal government. With the focus on research and profits increasing, faculties place increased emphasis on the output of quality research meeting these criteria, resulting in a call for more closely integrated library research support services.

Library operational funding is reduced and redirected to faculties, which determine what type of research support they require in order to meet their strategic aims. This results in faculties hiring their own librarians, who are physically based in the faculties. These faculty-based librarians are used as research assistants as well as data managers, and are required to provide a high level of bibliometrics support for grant applications. Some faculties go as far as taking over specialised print library collections and the buildings that house them. Other print collections are relocated to the faculties for greater access and convenience for researchers.

The Library's physical presence is still maintained; though with fewer staff, greatly reduced workstations, and limited services on offer for undergraduate and walk-in users. Most of the print collection has been relocated to either the faculties or to the warehouse. Undergraduate students become information literate through compulsory online tutorials, benefitting from improved levels of usability of electronic resources. Students purchase their own copies of course materials direct from publishers, downloading them to their mobile devices. Electronic collections are still provided by the Library, with a fee-for-access.

In the push for greater levels of open access, copyright laws have been relaxed and the Library has invested heavily in book scanners that operate 24/7 at the warehouse. Fryer Library collections are digitised as a priority, with the majority then relocated to the warehouse. Material not available electronically is delivered to clients' desktops within 24 hours, for a fee.

Space freed as a result of the relocation of collections is gradually refurbished. It becomes group study space or RHD workstations; or is reclaimed by UQ for commercialisation purposes due to high maintenance costs.

Implications for Library users

- Less space for students
- Library space reclaimed by the University for profit making ventures.
- Library collections are managed at faculty level
- Fee charged for "desktop" delivery of print material.
- 80% of Library collection is electronic format and is heavily weighted towards supporting the areas eligible for government research funding

图 12.22　情境三

Scenario 4

The Federal Government's removal of student quotas and the improved international ranking of The University of Queensland (UQ) have resulted in continued steady growth in the number of local and international students at UQ. There exists ubiquitous, reliable, high-speed Internet access.

The Library web page and My Library have been wholly integrated into a My UQ page, personalised to client groups. All undergraduate and new-to-UQ postgraduate students are required to complete an online information literacy course as a core subject in their degree. Further information and digital literacy sessions are integrated into Blackboard, or are available as part of the Library apps.

Teaching and learning, and Research assistance is provided 24x7 by librarians using virtual technologies. This a service shared across Universities, so the librarians assisting are not necessarily based at UQ.

Library specialists in subject areas, information skills and digital literacies, collection development, metrics, data management and scholarly publishing, work as members of collaborative virtual teams with academics from faculties, schools, institutes and hospitals.

The Library retains one branch library at each of the St Lucia, Ipswich and Gatton campuses. Hospital Libraries have been amalgamated into one branch at Herston. Study and group spaces no longer house computers, as students all have and use mobile devices. Plentiful recharging opportunities exist around each campus.

The Library warehouse at Gatton holds 98% of Library print collections, and material is available either via electronic delivery, print-on-demand, or 24-hour retrieval (in the case of whole book requests) for free.

Textbook materials are produced by commercial suppliers in electronic format, and links are provided in Blackboard courses. The Library no longer holds textbook materials in print. Some print course materials are still scanned by the Library, and links are available in Blackboard. In those areas still requiring print collections, e.g. Art History and Architecture, collections are maintained in the Social Sciences and Humanities Library.

The Fryer Library collection remains housed in the Duhig Building. Its collections are split between those accessible digitally (material and legal restrictions permitting), manuscripts at St Lucia, and materials identified for retention but not for digitisation. The latter are held at Gatton with full descriptions on the web.

The growth of digital humanities, multimedia use and creation, and the need for new research collaboration spaces require Library areas to be adapted to these needs. Gaming has become one of the accepted learning mediums, and the Library has eZones and gZones.

Implications for Library users

- Most of library collection is in electronic format only, for free.
- Library no longer subscribes to journals
- All Library services provided online only (no face-to-face) 24x7 and not necessarily provided by UQ librarians.
- Much less Library space – only eZones and gZones.

图 12.23 情境四

第二组为医院图书馆焦点小组，5月2日周四下午2：30-4：00在Herston图书馆举行，来自护理和助产学院、医学院、澳大利亚国际和热带健康中心—人口健康学院、临床研究中心、在线健康中心—医学院、青年滥用药物研究中心—医学院的8名师生参加了讨论。

第三组为研究生焦点小组，5月3日周五上午10：00-11：30在DHESL图书馆举行，11名研究生参加了讨论，他们来自：法学院、土木工程学院、历史哲学宗教与古典学院、社会学院、英语、媒体研究和艺术史学院、机械与矿业工程学院、分子生物学研究所、化学与分子生物学院、商学院。

第四组为学术职员焦点小组，5月3日周五中午12：00-1：30在DHESL图书馆举行，由来自英语、媒体研究和艺术史学院和化学与分子生物学院的4名职员参加了讨论。

每个焦点小组的讨论大纲一致，大纲针对四个情境提出五个问题：一是以十个刻度标出此情境对于你利用图书馆的影响程度；二是以十个刻度标出此情境对于你的吸引程度；三是此情境对你有吸引力的影响因素有哪些；四是此情境对你无影响力的影响因素有哪些；五是为此情境创建标题以便传递承诺。

四个情境在四个焦点小组的讨论结果可汇总如表12.11、表12.12。

表12.11 四个情境对于你利用图书馆的影响程度

		1	2	3	4	5	6	7	8	9	10	均值
情境1	小组1					1	2	5				6.5
	小组2		1	3	3							4.3
	小组3		2		1	3	2	3				5.09
	小组4			1		2					1	2.09
情境2	小组1				4	1	2		1			4.13
	小组2	1	1	2	2		1					2.88
	小组3	5	2			3						2.36
	小组4			1		2	1					4.75
情境3	小组1		2			2						3.4
	小组2	1	1	1	2	1	1					3.57
	小组3	4			2	1	1	1				2.73
	小组4	2		2								2.0

第十二章　战略管理案例

续表

		1	2	3	4	5	6	7	8	9	10	均值
情境4	小组1			2	2	1						3.8
	小组2				1	5	1	2				5.43
	小组3			1			4	3	1			6.22
	小组4	1	1	1		1						2.75

表 12.12　四个情境对于你的吸引程度

		1	2	3	4	5	6	7	8	9	10	均值
情境1	小组1					3	4	1				5.75
	小组2		1		2	3	1					4.75
	小组3	1	2			2	3	3				4.91
	小组4					2	1	1				5.75
情境2	小组1				4	2	1	1				4.38
	小组2	1	3	2		1	1					3.0
	小组3	9	1	1								1.27
	小组4	2	1			1						2.75
情境3	小组1		2	1								1.4
	小组2	2		3	3							2.88
	小组3	6	2	1								1.18
	小组4	4										1.0
情境4	小组1					2	3					4.6
	小组2	1				1	3	1	2			5.0
	小组3					2	2	2	1	2		6.89
	小组4	2	1			1						2.25

利益相关者认为最有吸引力的情境是情境1（改善传统图书馆）和情境4（包括图书馆内所包含事物），而情境3在参加焦点小组中高度一致地被认为吸引力最低。此后，有关图书馆管理者反馈被吸纳到战略规划之中。

4. 图书馆员工价值观和行为调查

在图书馆战略规划进程中，进行了图书馆员工关于价值观和行为方面的调查，调查报告于2013年9月6日12：02由Majella Pugh发布。

调查围绕价值观行为进行,主要结果如下:
(1) 关于如何对待"尊重",见图12.24。

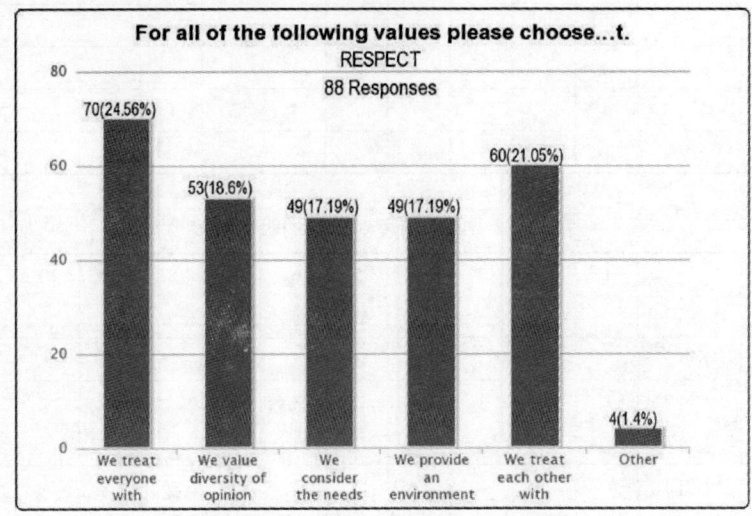

图12.24 有关"尊重"的调查结果

(2) 关于如何对待"团队合作",见图12.25。

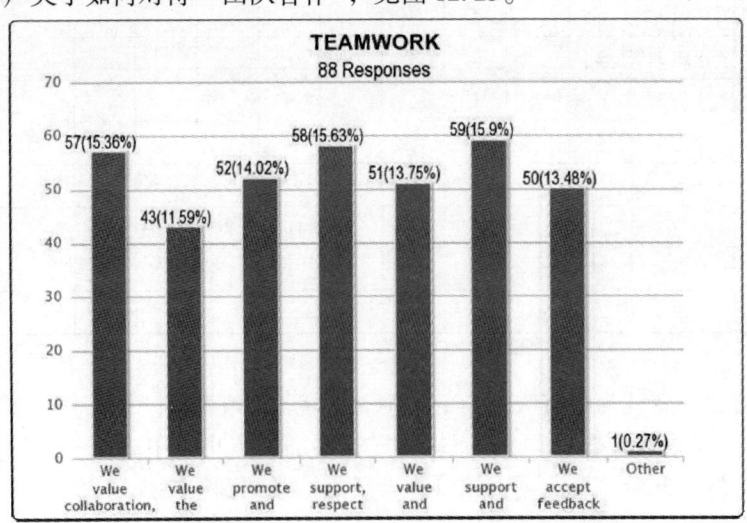

图12.25 有关"团队合作"的调查结果

(3) 关于如何对待"卓越",见图 12.26。

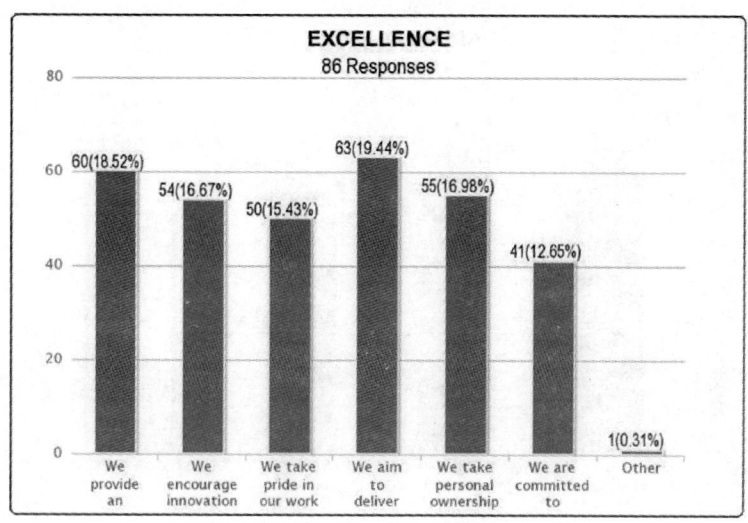

图 12.26　有关"卓越"的调查结果

(4) 关于如何对待"适应性/灵活性",见图 12.27。

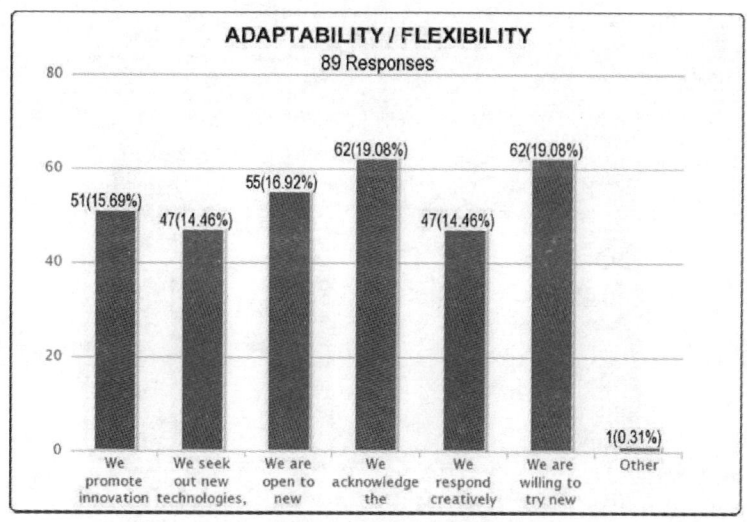

图 12.27　有关"适应性/灵活性"的调查结果

(5) 关于如何对待"可接近性",见图 12.28。

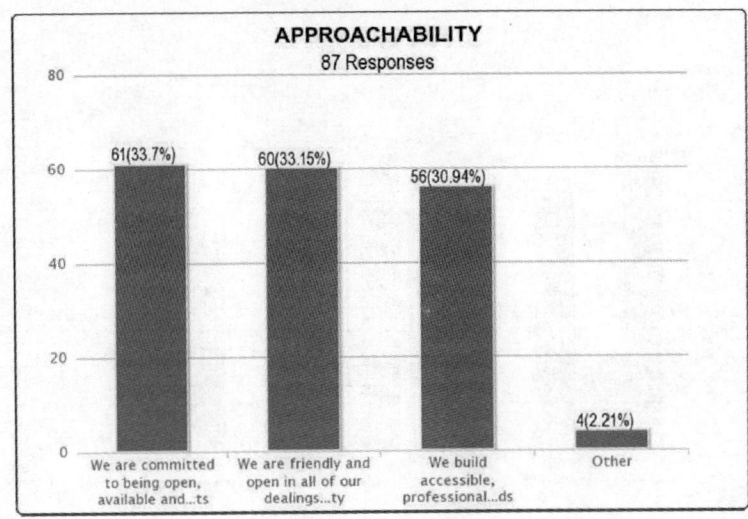

图 12.28　有关"可接近性"的调查结果

(6) 关于如何对待"完整性",见图 12.29。

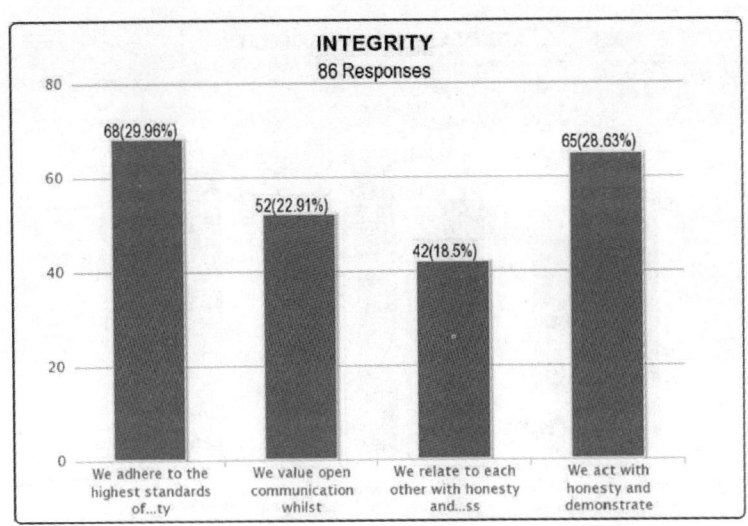

图 12.29　有关"完整性"的调查结果

上述排名前六的特征被列入战略规划的发布版。

5. 研究形成战略规划草案

（1）举办战略规划专题会

5月28－30日，图书馆管理者参加了在昆士兰大学图书馆会议室召开的由 Brett Mayze 主持的持续两天半的战略规划会议。每组6－8名管理者承担起以下其中一个战略主题：学习、发现、参与和治理。通过纸张和谷歌文档，拟稿围绕这些主题的四个战略规划范围的内容。草案中的每一方面经由风险矩阵检测。

观念作为"作业"被提出和捕捉。Brett、LX 和战略规划小组成员的展示是有关通过"图书馆精灵"和基于情境规划焦点小组所收集的截至目前的综合输入数据。环境扫描的完成来自以下文献综述：关于用户趋势；关于 Carol Tenopir 研究课程；最新的图书馆调查，产业趋势回顾以及 Vine 的显示器（一款6秒视频微博的应用）。

每个小组都围绕自己的主题展开讨论，最后所有小组开展大讨论。

战略规划小组会（图12.30）聚集在一起讨论接下来的步骤。这包括与图书馆所有员工分享草案，之后实施到每一步时与相关图书馆员工讨论并完善该草案。

图12.30　战略规划小组讨论

（2）图书馆员工反馈讨论会

7月4日至12日在 Gatton、Ipswich、Herston、Pace 以及 St Lucia 召开了8次图书馆全体员工反馈讨论会。战略规划小组成员介绍了迄今为止的过程，之后与参会的图书馆员工开展交流讨论。每次讨论会讨论热烈，并获得极大支持。图 12.31 为在 Pace 举行的反馈讨论会。

图 12.31　图书馆员工讨论

7月16日，战略规划小组将捕获的反馈吸收进规划草案、价值和使命陈述。这些文件在所有的图书馆员中流传，大学图书馆长预期7月30日完成最终版。

6. 战略规划发布

图书馆于2013年9月16日公开 2013-2017 战略规划，该规划于9月19日 10：00 由 Majella Pugh 正式颁布。

战略规划文本共13页，精心制作，图文并茂（如图 12.32 和图 12.33 所示）。

第十二章 战略管理案例

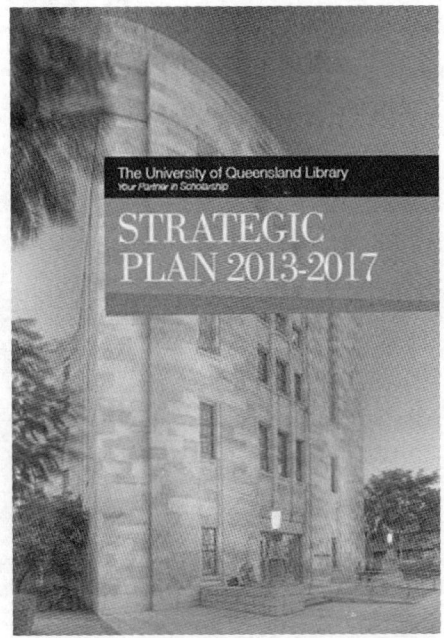

图 12.32 封面

图 12.33 目录

前言既有大学副校长的照片与导语,也有图书馆馆长的照片与导语(如图 12.34 所示)。

图 12.34　前言

第三节 我国图书馆案例

一、广州图书馆的战略管理

1. 以新馆建设为契机启动战略管理

广州图书馆于1982年1月2日开放为公众服务，长期以来，服务读者量、服务效益在全国公共图书馆中位于前列，文献采访、编目、组织管理等基础业务建设日渐规范；软硬件系统建设取得长足进展；普通服务、信息服务、数字资源服务、公益讲座、读者活动等服务效能不断提高。特别是2008年以来，借助广州市事业单位人事制度改革的机会，基本解决了员工待遇问题，至此，图书馆事业发展的两个关键问题：生存问题和基础业务问题得到了有效地解决。

2008年12月国务院批复实施的《珠江三角洲地区改革发展规划纲要（2008－2020年）》赋予广州市国家中心城市的新定位。广州市国家中心城市定位对文化建设提出了更高的要求，市委、市政府把文化事业的发展摆在中心工作的位置，此外广东省确立了建设文化强省的发展目标，于2010年7月印发《广东省建设文化强省规划纲要（2011－2020年）》，其中要求广州市要发挥中心城市的文化引领和辐射作用，建设具有国际一流水准的标志性文化设施和文化服务平台。这些都要求广州图书馆跃升为国家中心城市图书馆并发挥文化作用。

2006年奠基、拟于2012年初开放的广州图书馆新馆是广州市"十一五"重点建设项目。该馆所处的珠江新城核心区是广州市政府着力打造的"城市客厅"，新馆将成为广州市的新地标和"城市客厅"的文化窗口。2010年市委、市政府又批复将广州图书馆现馆舍继续保留作为分馆。在新馆建成之后将形成以新馆为总馆、以现馆舍为分馆、以社区图书馆为延伸的服务格局，使广州图书馆跻身于世界上最大的城市公共图书馆之列。

在新形势下，广州图书馆发展面临两大任务：一是如何与一流的建筑相配套实现服务一流，真正达到"国内一流、国际先进"的新馆建设目标；二是为实现国家中心城市图书馆的定位，应界定在什么领域、什么方面在本区域和全国图书馆界发挥引领作用。

为保障广州图书馆在市政府文化主管部门这一发展目标实现过程中发挥

重要作用，进一步提升图书馆的发展，在文化主管部门政策导向和发展规划的指引下，广州图书馆借新馆建设之机启动五年发展规划制订工作，开展战略思考与战略管理。

2. 采用有效的合作编制模式

根据广州图书馆的实践，在制订发展规划的程序中，核心问题是编制模式的选择问题。广州图书馆选择了馆校合作模式，即与中山大学资讯管理系合作制订发展规划，设置了专项经费予以保障。

合作双方发挥各自的优势，分工合作。广州图书馆提出的研究内容包括：一是收集和汇总图书馆外部环境信息和内部资源、条件信息，具体包括国家、省、市的政治、经济、文化的相关政策和发展规划、经济基础与公共财政投入结构、区域信息化发展水平、服务人口受教育水平与素质、服务人口的知识信息教育文化需求与社会保障方式、公共图书馆行业的发展情况，自身办馆条件、服务水平、业务发展情况、信息资源、人力人才资源、购书经费、科研产出、社会效益等。二是规划前期专题研究，具体包括发展环境研究，发展目标和思路研究，服务架构与改进策略研究，服务公益化、均等化研究，区域图书馆协调协作模式、整体服务保障研究，信息资源保障研究，技术支撑研究，人力人才资源保障与结构优化研究等。馆方侧重结合地区、本馆实际，在保障规划切实可行、确立个性化发展方向等方面进行探讨。

合作方中山大学资讯管理系组成以曹树金教授为负责人、9名教师和博士生担任成员的课题组，围绕规划目标开展研究，负责扎实的资料收集和基础研究工作，包括：搜集了大量文献资料，尤其是国外图书馆的规划文本并翻译了其中一部分；以及调查工作等，提出草案，保证了规划工作的科学性和效率。实践证明，这一模式是成功而有效的。

3. 比较科学的规划过程

2009年11月广州图书馆开始编制2011－2015年战略规划，确定其目标任务为：研究规划期的战略目标、发展思路、发展重点和问题对策，制定一个与国家、省、市经济社会发展规划、行业发展规划同步，专业、高水平、切合实际、可操作的发展规划。

整个过程历时11个月，研究草拟阶段历时近5个半月，其中几乎一半的时间用以进行读者和市民的问卷调查，通过馆校合作的方式共同草拟了战略规划的草案，为战略规划的制定打下了坚实的基础。整个编制流程分为研究草拟（约5个半月）、修改完善（约2个半月）、论证与修改审定（约3个月）三个阶段。

(1) 研究草拟阶段

2009年11月规划工作启动。编制初期设置了领导小组、工作小组，并指定了项目协调员，确定了与中山大学资讯管理系合作研究和草拟规划的工作方案。

2009年12月4日，广州图书馆与中山大学签订发展规划课题委托合同(《技术开发（委托）合同》)。12月25日制定《广州图书馆2010-2015年发展规划（草案）研究计划》，内容包括研究背景及意义；研究目标；战略规划制定依据；研究主要内容；研究方案；广州图书馆需参与或协助事项；课题组构成以及参考文献。

2010年1月28日，规划草案大纲形成。

规划工作组织开展了读者与市民两个层面的问卷调查工作，其中，读者调查在广州图书馆馆内进行，而市民调查在广州市五个商业中心开展。3月18日至20日，开展广州图书馆读者问卷调查、市民利用和认识广州图书馆的问卷调查，其中读者调查在馆内开展，共发放问卷1000份，回收959份，有效问卷727份，市民调查选取了中华广场、北京路、上下九、中山大学（南校区）及周边、天河购书中心及周边五个调查点，共发放问卷815份，回收815份，有效问卷792份。

规划工作是在全面搜集和研究国内外图书馆行业或机构规划基础上展开。考虑到规划是面向公众的，而且要具有行业特点、尽量与国际接轨、可以在国内国际两个范围进行横向比较，课题组参照和采用了国外规划的基本体例，确定了规划体例，草拟了内容框架，规划框架包括愿景、使命、目标、策略、行动方案等部分，如图12.35。

课题组还提出了采用《国际大都市图书馆指标体系》的建议。2010年3月23日，《广州图书馆2011-2015年发展规划（草案）》初稿完成。

(2) 修改完善阶段

这一阶段的重点是广泛征求意见，主要采取专家咨询和公众意见征集，专家咨询的范围包括本地图书馆界和教育、文化、信息技术、媒体等相关领域以及政府主管部门有关人员，咨询方式包括电话、电邮、传真、造访等。公众意见则主要通过在线方式征集。

2010年4月2日举行广州图书馆2011-2015年发展规划（草案）专家研讨会，邀请"2010中美图书馆员专业交流项目——广东省图书馆管理人

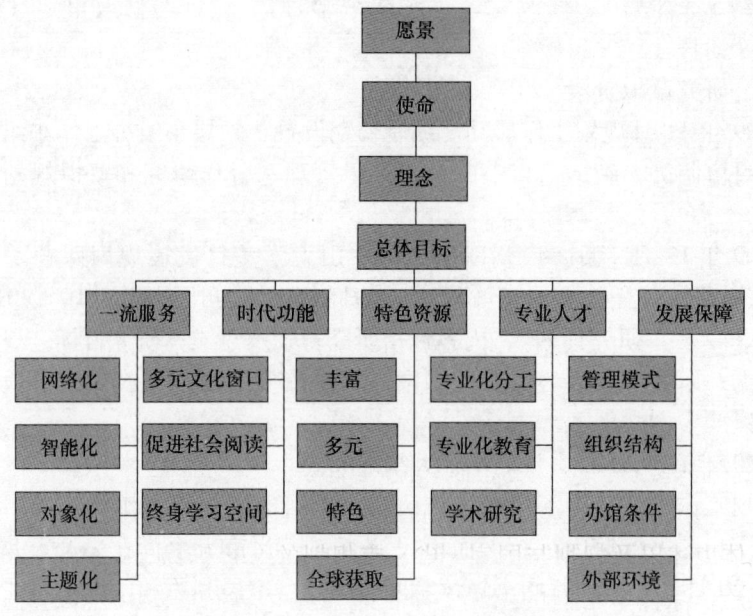

图 12.35　规划内容框架

才高级研修班"的 7 位授课专家包括莫藤森国际交流中心主任杰出教授芭芭拉·傅尔德（Barbara Ford）、俄亥俄大学图书馆院长及退休馆长李华伟博士、俄亥俄州威斯利安大学图书馆副馆长金旭东等对发展规划草案进行研讨，专家们肯定规划草案提出的发展目标、策略、行动方案等内容细致、周全，并就规划目标、发展方向、功能定位等提出意见和建议。会后，中山大学课题组和广州图书馆发展规划编制工作小组根据专家意见和调查问卷结果修改规划。6 月 11 日，形成《广州图书馆 2011 - 2015 年发展规划（征求意见稿）》。

6 月 18 日至 7 月 17 日，规划征求意见稿在广州图书馆网站上公开征求公众意见，于 6 月 25 日形成规划指标体系。"2011—2015 年发展规划指标体系"主要是采用国家社会科学基金重点项目研究成果——《国际大都市图书馆指标体系研究》建立的指标体系，并选取该书分析研究的案例：纽约公共图书馆、香港公共图书馆、上海图书馆作为标杆参照。还参考文化部《省级图书馆评估标准》、住房和城市建设部、国家发展和改革委员会批准实施的《公共图书馆建设标准》（建标 108 - 2008）、中国城市规划设计研究院编制的《公共图书馆建设用地指标》和美国《威斯康星公共图书馆标准》等标准,对其中部分指标进行了调整和修改,最终拟订出符合自身实际的未来 5 年发展目标值。

(3) 论证、修改与审定阶段

自 2010 年 6 月 29 日始,广州图书馆邀请本地专家对《广州图书馆 2011 – 2015 年发展规划(征求意见稿)》进行论证,截至 8 月 12 日,来自图书馆学界、业界和教育、文化等相关领域专家和政府有关部门代表共 15 人针对规划文本的结构、框架和表述、广州地方文献的收藏、对外交流活动的开展等问题提出了意见和建议。7 月 17 日,在广州大厦召开专家论证会,来自国家图书馆、上海图书馆、广东省立中山图书馆、杭州图书馆、深圳图书馆、北京大学信息管理系、中山大学资讯管理系的 8 位专家对征求意见稿进行论证,形成专家意见书。专家认为规划能反映当前城市图书馆所面临的问题,形成了公共图书馆规划编制的特色,并对规划的前言、架构、指标体系、保障措施、具体表述以及规划与国家、省、市规划的衔接等提出了意见和建议。此次论证后,综合专家们的意见,对征求意见稿进行了大幅度的修改,形成《广州图书馆 2011—2015 年发展规划》。

2010 年 10 月 11 日,《广州图书馆 2011 – 2015 年发展规划》在图书馆职代会七届七次会议上通过审议。

此后,文本分两种版本发布,一种是详细版(图 12.36),包括正文和附件两部分,在业界发布;另一种是公众版,只有正文部分,没有附件部分。

3. 内容充实的规划文本

《广州图书馆 2011—2015 年发展规划》详细版文本分正文和附件两部分:

第一部分正文,分"前言"、"愿景、使命与理念"、目标体系三个部分,愿景是"连接世界智慧,丰富阅读生活",使命是"知识信息枢纽、终身学习空间、促进阅读主体、多元文化窗口、区域中心图书馆",理念是"普遍开放,平等服务,服务立馆,效益办馆"。

目标体系中总体目标和具体目标。总体目标为"建设国内一流、国际先进的国家中心城市图书馆"。具体目标分 5 个目标:

目标一:致力于卓越的知识信息和文献服务

目标二:拓展多元文化服务,促进社会阅读和全民终身学习

目标三:建设丰富并具特色的资源体系,提升资源获取能力

目标四:打造专业化的服务团队

图 12.36　规划封面

目标五：建立良好的发展保障

每个目标下设若干策略，每个策略又由若干行动方案贯彻实施。例如，在目标二下：

（一）推进和参与多元文化交流

策略 1：发展地方性专题服务，保存地方文化遗产，弘扬岭南文化

行动方案：

（1）发展商贸与文化交流专题服务。收集"海上丝绸之路"、广交会、近代对外思想文化交流、海外广州与中国研究等多个主题文献，形成本馆特色服务，支撑相关的学术研究，支持广州作为国际商贸中心的城市定位。

（2）发展广州名人专题服务。收集名人和著名家庭之成员的著述、相关文献和个人藏书，保存和展示广州地方文化精华。

（3）拓展地方史专题服务。收集地方史志、家谱族谱、回忆录等，实施地方家谱族谱保护计划，推动与相关机构合作，强化地方家谱服务，满足社

会修谱编志的需求。

（4）发展广府文化专题服务。收集非物质文化遗产保护资料，发展口述历史馆藏，更好地传承和弘扬岭南文化。

（5）与政府侨办、华人华侨研究院所等机构合作，发展"广州荣誉市民"专题服务。

（6）设立"广州之窗"图书专架，方便不同文化背景的读者了解广州概况。

（7）建设"广州数字记忆网"。

该规划形成了由5个目标、31个策略、124个行动方案组成的目标体系，以最终实现总体目标，承担所设计的使命。该体例目标体系中前两个目标下均设有子目标，形成四级，后三个目标下无子目标，只有三级，前后没有统一。

第二部分附件，是《广州图书馆2011—2015年发展规划指标体系》及《广州图书馆2011—2015年发展规划指标体系说明文本》，后者对各指标的描述、计算方法、标杆图书馆的参照值及图书馆的目标值进行了详尽的说明和解释。

4. 重视战略绩效管理

制定发展规划关键在于落实，为改变以往发展规划流于形式，广州图书馆将绩效管理思想引入战略规划中。其特点是：一是采取"投入——产出"的评估逻辑，制定《广州图书馆2011—2015年发展规划指标体系》，具有绩效评估的功能，符合广州图书馆的绩效管理思想；二是指标体系参考了"国际大都市图书馆指标体系研究"成果，该成果运用"标杆分析"的思想，立足于国际大都市的层次，包括资源条件、服务效能、服务成果和影响贡献四大要素，符合广州图书馆的发展定位以及本规划的目标设置。

《广州图书馆2011—2015年发展规划指标体系》层次清晰，指标具体，有很强的针对性和可操作性，具体如表12.13。

表 12.13　广州图书馆 2011—2015 年发展规划指标体系

绩效指标	衡量	目标	公共财政投入测算①
1 资源条件			
1.1 硬件设施			
1.1.1 馆舍面积	目标值	2012 年：新馆 9.8 万平方米 + 分馆 1.77 万平方米	
	当前值	1.77 万平方米	
1.1.2 分馆数量	目标值	2015 年：20 个（其中示范分馆 5 个；总体优化）	
	当前值	45 个	
1.1.3 读者阅览座位数	目标值	2012 年：新馆 4700 个 + 分馆 1000 个	
	当前值	1758 个	
1.1.4 供读者使用的计算机数量	目标值	2012 年：新馆 600 台 + 分馆 50 台（全市共 2400 台，平均每 5000 服务人口一台②）	
	当前值	148 台	
1.2 人力资源			
1.2.1 员工总数	目标值	设正式工编制 450 个（其中新馆 350 个，中山四路分馆 100 个）。辅助工 80 个（其中新馆 50 个，中山四路分馆 30 个）。将根据实际情况，逐步增加事业编制员工至约 420 人	
	当前值	2009 年：185 人	
1.2.2 员工专业素质	目标值	2015 年：88%③	
	当前值	2009 年：87.6%	
1.2.3 员工培训	目标值	85 学时以上	
	当前值	85 学时以上	

---

① 公共财政投入测算的对象指标为，为达到目标值需要财政专项投入的指标。这些指标是现广州图书馆年度正常财政拨款、《广州新图书馆可行性研究报告》涉及各投入项目不包括或不能达到目标值所需经费支持额度的指标。

② 本表所指全市系指市、区、县级市两级公共图书馆及广东省立中山图书馆、广东省科技图书馆。

③ 新馆开放需要陆续增加大量新员工，因此该项目标值与当前值基本相当。

续表

绩效指标	衡量	目标	公共财政投入测算
1.2.4 员工职业生涯设计	目标值	按管理、专业技术、工勤三类岗位设计,其中管理岗位设6档6级;专业技术岗位设5档12级;工勤技能岗位设技术工岗位2档2级。实施"3930业务带头人培养计划"	
	当前值	按管理、专业技术、工勤三类岗位设计,其中管理岗位6档6级;专业技术岗位5档6级;工勤技能岗位只设技术工岗位,设高级工、中级工、初级工3档3级	
1.3 文献资源			
1.3.1 馆藏总量	目标值	2011年:440万册件;2012年:480万册件;2013年:520万册件;2014年:560万册件;2015年:600万册件(全市馆藏总量2400万册件)	2400–2900万元/年
	当前值	2009年:385万册件	
1.3.2 人均藏书量	目标值	2015年:0.5册/人(全市馆藏,人均2册)	
	当前值	2009年:0.38册/人(385万册/1026万人)	
1.3.3 年人均新增馆藏量	目标值	2011年起每年:0.05册/人(全市年人均0.2册)	2500–3000万元/年
	当前值	2009年:0.02册/人(228790册/1026万人)	
1.3.4 文化多样性	目标值	强化外文、港澳台文献入藏;增加国内各地方语言馆藏;网页语种、导引语种为中英双语。	
	当前值	外文、港澳台文献入藏;馆内导引语种为中英双语。	
1.3.5 电子资源	目标值	2015年:21–29%	
	当前值	2009年:16%	
1.4 经费预算			
1.4.1 年经费预算总量	目标值	新馆开放后参照《广州新图书馆可行性研究报告》申请财政经费,同时另行申请核定中山四路分馆运作经费	
	当前值	2009年:3752万元	

续表

绩效指标	衡量	目标	公共财政投入测算
1.4.2 年经费预算增长率	目标值	除专项经费外,正常运作经费与广州市 GDP 同幅增长	
	当前值	2009 年：12.5%（2009 年 3752 万元，2008 年 3334 万元）	
1.4.3 千人年均购书经费	目标值	2015 年：2083－2500 元	
	当前值	2009 年：1072 元（1100 万元/1026 万人）	
1.4.4 人力资源投入	目标值	由财政按在编人数全额划拨；人才发展投入即人员继续教育培训经费达到工资总额的 3－5%	
	当前值	由财政按在编人数划拨（2009 年占总经费的 42%）	
2 服务效能			
2.1 便捷服务			
2.1.1 开放时间	目标值	2012 年：168 小时/周（7 天×24 小时）	
	当前值	72 小时/周（6 天×12 小时）	
2.1.2 远程服务	目标值	2012 年起：远程书目＋远程提供＋网上参考咨询＋电话服务＋手机服务	
	当前值	远程书目＋远程提供＋网上参考咨询＋电话服务	
2.1.3 流动图书馆、示范分馆			
（1）汽车图书馆数量	目标值	2012 年起：3 台	
	当前值	1 台	
（2）汽车图书馆服务点	目标值	2012 年起：66 个（每个点每两周服务一次）	
	当前值	30 个（每个点每月服务 1 至 2 次）	
（3）示范分馆数量	目标值	2011 年起：每年新建 1 个，共 5 个（每馆按 10 万册小型图书馆标准建设）	1575 万元
	当前值	0	
2.2 读者数量			
2.2.1 千人均注册读者数	目标值	2015 年：100 人（全市 300 人）	
	当前值	2009 年：28.7 人（294733 人/1026 万）	

续表

绩效指标	衡量	目标	公共财政投入测算
2.2.2 千人年均到馆次数	目标值	2015 年：600 人次（全市 2400 人次，人均 2 次）	
	当前值	2009 年：312 人次（320 万人次/1026 万）	
2.2.3 图书馆主页点击率	目标值	2015 年：13.8 万次/周（全年 720 万次，同亲身访问图书馆读者量）	
	当前值	2009 年：2.4 万次/周（123 万/52 周）	
2.3 图书流通量			
2.3.1 人均外借馆藏量	目标值	2015 年：0.60 册（全市人均 2 册）	
	当前值	2009 年：0.21 册（216 万册/1026 万）	
2.3.2 外借馆藏的流通量	目标值	2015 年：2.4 次①（720 万外借册次/300 万册可借馆藏（占总馆藏 50%））	
	当前值	2009 年：2.8 次（216 万外借册次/76 万册可借馆藏）	
2.3.3 注册读者一次最多外借量	目标值	2012 年：10 册；2015 年：20 册	
	当前值	5 册	
2.3.4 注册读者数字化文献浏览、下载次数	目标值	2015 年：720 万篇册次（同传统文献外借量）	
	当前值	2009 年：116 万篇册次	
2.4 服务效率			
	目标值	保持当前值	
2.4.1 文献采购进馆平均时间	当前值	中文图书：现货 20 天（历日，下同），非现货（含外地采购）30－90 天 进口图书：现货 20 天，非现货（含外地采购）30－270 天 中外文报刊（报刊出版至到馆所需时间）：根据不同的出版频率进馆，如月刊、季刊、半年刊、年刊等 其他：现货 20 天，非现货（含外地采购）30－90 天	

① 新馆开放后，可供外借馆藏大量增加，因此该项目标值与当前值相比有所调低。

续表

绩效指标	衡量	目标	公共财政投入测算
2.4.2 文献加工处理平均时间	目标值	保持当前值	
	当前值	中文图书：5-10 天（历日，下同） 外文图书：20 天 中文报刊：报纸 1 天；期刊 1-2 天 进口报刊：报纸 1 天；期刊 1-5 天 其他：6-15 天	
2.4.3 馆际互借处理时间	目标值	国内馆际互借：7 天（历日）	
	当前值	未作为日常业务开展	
2.4.4 问题回答平均响应时间及其正确率	目标值	保持当前值	
	当前值	网上咨询2个工作日内回复，实际平均应答时间为12 小时，应答正确率为 99.87%；专题咨询于 5 个工作日内答复。	
3 服务成果			
3.1 投入利用			
3.1.1 注册读者年均进馆次数	目标值	2015 年：3 次	
	当前值	2009 年：2.62 次（772589 人次/294733 证）	
3.1.2 注册读者年均图书资料外借量	目标值	2015 年：6 册①	
	当前值	2009 年：7.33 册（2159830 册/294733 证）	
3.1.3 计算机设备利用率	目标值	待定	
	当前值	未测算	
3.1.4 阅览座位利用率	目标值	待定	
	当前值	未测算	
3.2 读者满意度			
3.2.1 对馆藏的满意度	目标值	保持当前值	
	当前值	93.4%	

① 注册读者只远程利用数字资源者比例加大，图书外借量增幅将有所减少，因此该项目标值与当前值相比有所调低。

续表

绩效指标	衡量	目标	公共财政投入测算
3.2.2 对图书馆环境的满意度	目标值	保持当前值	
	当前值	96.5%	
3.2.3 对馆员的满意度	目标值	保持当前值	
	当前值	95.3%	
3.2.4 对网站的评价反馈	目标值	95%	
	当前值	未测算	
4 影响贡献			
4.1 社会影响			
4.1.1 媒体关注度	目标值	待定	
	当前值	2009年：媒体报道约118次	
4.1.2 图书馆立法	目标值	实现《广州市图书馆条例》立法	
	当前值	2006年起参与《广州市图书馆条例》立法进程	
4.1.3 社会赞助	目标值	积极寻求多种途径，争取社会赞助	
	当前值	香港汉荣书局赠书约12万册，无社会捐款、赞助	
4.1.4 品牌效应	目标值	增加：多元文化服务；社会阅读活动项目；商贸与文化交流专藏；广州市公共图书馆城域网等品牌	
	当前值	"羊城学堂"公益讲座；盲人电子阅览室服务；艺术设计资料室服务；少儿"绘本阅读"项目；人大信息服务	
4.2 社会贡献			
4.2.1 提升城市文化品质和市民文化素养	目标值	待定	
	当前值	2009年：举办3751次展览、讲座、阅读等活动，参加活动读者71万人次；志愿者756人，志愿服务时间共计5600小时	

续表

绩效指标	衡量	目标	公共财政投入测算
4.2.2 促进城市经济和社会发展	目标值	待定	
	当前值	未测算	

注：

①国家社会科学基金重点项目——《国际大都市图书馆指标体系研究》由上海图书馆王世伟主持，2008年8月被全国哲学社会科学规划办公室鉴定为优秀成果。

②关于规划期广州市常住人口数

根据广州统计局公布数据：

2005 年广州市常住人口为 949.68 万人

2006 年广州市常住人口为 975.46 万人（增长率 2.7%）

2007 年广州市常住人口为 1004.58 万人（增长率 2.9%）

2008 年广州市常住人口为 1018.20（增长率 1.36%）

2009 年广州市常住人口为 1025.83 万人（增长率 0.74%）

据推测，2010 年广州市常住人口为：1029.93 万人（增长率 0.4%）

如果保持该增长率不变：

2011 年，常住人口数量为：1034.09 万人

2012 年，常住人口数量为：1038.22 万人

2013 年，常住人口数量为：1042.37 万人

2014 年，常住人口数量为：1046.54 万人

2015 年，常住人口数量为：1050.72 万人

鉴于当前我国城市化进程进一步加快的总体形势，建议本指标体系 2015 年广州市常住人口按 1200 万人计。

③关于广州图书馆在整个区域图书馆体系发展所占权重

广州图书馆作为本地区图书馆体系的中心图书馆之一，其各项发展指标的确定必须置身于区域总体发展目标的背景下，并合理界定自身在整个体系建设中的作用。

当前广州图书馆在本地区公共图书馆体系（含省立中山图书馆、省科技图书馆和市、区、县级市图书馆）中所发挥的实际作用：

2008 年资源条件类指标（馆舍面积、藏书、总经费、购书经费、年购新书、工作人员数量等）占整个体系的比重在 18-25% 之间，服务效能类指标（年服务读者人次、书刊外借册次、注册读者量等）占整个体系的比重在 28-30% 之间。

建议在规划期广州图书馆与整个体系建设相关的指标所占的权重为：资源条件类指标占 25%，服务效能类指标占 30%。

④关于规划期目标值

● 服务效能类指标以纽约公共图书馆为主要参照值。

● 2009 年本地区公共图书馆体系的服务效能类指标占纽约公共图书馆的比重在 16-26% 之间。建议在规划期本地区公共图书馆体系服务效能类指标的目标值达到纽约公共图书馆的 50% 左右，并据此制定广州图书馆的目标值。

⑤按当前工程进度，广州新图书馆将于 2011 年底、2012 年初全面开放。

本案例材料来源：

方家忠. 略论图书馆发展规划的制订——以广州图书馆为例 [J]. 图书馆论坛，2011（2）：58-60，171.

潘拥军. 图书馆规划编制实践研究——以广州图书馆为例 [J]. 四川图书馆学报，2011（5）：22-26.

二、东莞图书馆的战略管理

1. 确立图书馆使命愿景和核心价值观

东莞图书馆高层领导以新馆建设为契机,面对新世纪社会环境、信息技术、公众需求的急剧变化,主动由传统服务向现代服务转型,把握行业发展趋势和东莞社会经济要求,确定了组织使命和愿景,凝练形成"学习成长、智慧奉献、业务创新、服务惠民"的核心价值观(见图12.37),确立了"开放办馆、人才兴馆、技术立馆"的办馆思路和"和谐、高效、认真、愉快"的组织文化八字方针。

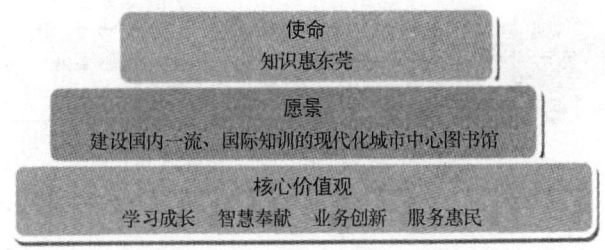

图 12.37 使命、愿景和价值观

2. 组织保障与管理责任

东莞图书馆在常规的部室设置基础上成立了由馆内高层领导牵头、核心部门主任及业务骨干参与的战略规划小组、政府采购小组、绩效评价小组、卓越绩效管理小组及馆外咨询专家组,共同对图书馆运行管理中的重要问题进行规划、审核、决策和推进;在馆长负责制、分管馆长负责制、部门基准制、岗位责任制基础上实施职能部室承担制、首问责任制,引入项目管理理念,实施项目负责制,从个人、团队、部门等多个层面部署和落实岗位与部门责任,调动员工工作和创造的积极性(见图12.38);并通过定期召开馆长办公室会议(每周)、中层干部会议(每季度)、部门绩效分析会(每月)、全馆总结表彰会议(每年)及每周的值班馆长制度、考核小组检查制度来跟进、评审组织管理的落实情况,提出问题和分析问题,对组织目标制定、过程落实、绩效实现起到了重要的作用。

3. 制定规划

东莞图书馆的战略制定经历了一个从馆领导制定—职能部室统筹管理—

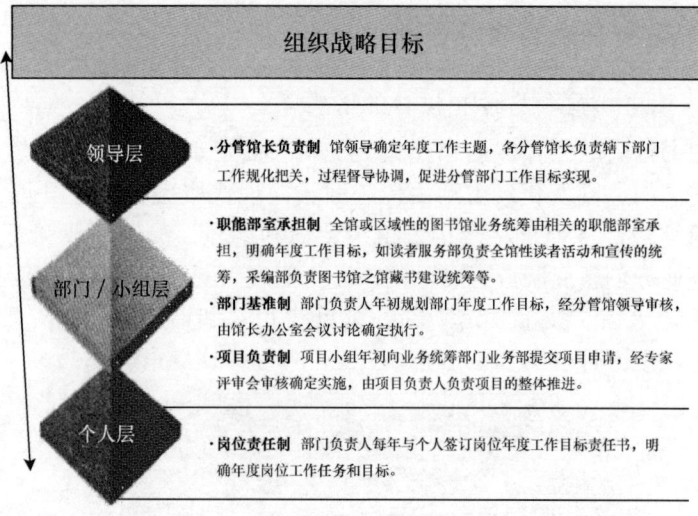

图 12.38 管理责任制

各部门参与—战略小组团队决策的不断发展的过程。图书馆的发展战略制定始于 2002 年新馆建设项目立项，馆领导根据行业发展和东莞城市基础制定了《东莞市图书馆新馆建设与发展规划纲要（2002—2010）》；与战略规划配套，2003 年，成立了新馆规划办公室，负责新馆规划统筹；2005 年，新馆开放，新馆规划办公室调整为业务部，战略规划统筹职能落实到办公室；2010 年，为适应图书馆发展的需要，图书馆成立了战略规划小组作为制定战略的决策机构。2010 年底，综合馆内各部门的业务分析和发展规划，结合图书馆使命与愿景、内部管理、图书馆科研、创新技术水平等要素，充分了解图书馆发展历史及当前现状，在运用 PEST、KSF 等工具对图书馆外部宏观环境、内部资源能力、可持续发展及行业关键因素分析基础上，通过 SWOT 矩阵分析，明确了组织所具有的优势、劣势、面临的机会和挑战，制定了《东莞图书馆"十二五"发展规划》，确定了"十二五"期间的总体战略目标（见图 12.39），并将长期计划区间调整为 5 年，与国家和地方五年规划的时间周期一致。

4. 战略实施

东莞图书馆从战略展开、任务分解、目标监测考核、实施保障 4 个层面来进行战略规划的部署与落实：图书馆"十二五"发展规划分为"城市中心图书馆建设"与"图书馆之城建设"两部分展开，并按照"基础、设施完善

第十二章 战略管理案例 303

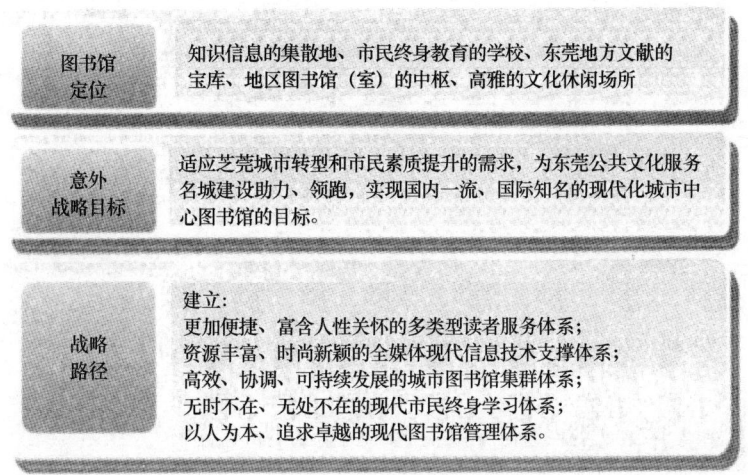

图 12.39 "十二五"战略目标和路途

阶段（2011—2012）"和"服务提升、全面发展阶段（2013—2015）"两个阶段规划具体工作目标和任务；按照单位—部门—个人、长期—短期进行目标任务的逐层分解（见图 12.40）；按照平衡计分法从财务、内部运营、用户服务、学习与成长 4 个维度确立图书馆的关键绩效指标，设定新加坡国家图书馆、佛山市图书馆等作为标杆和同行对比目标，通过月度—季度—半年—年度工作考核分析会跟进组织绩效的完成情况，通过高层—部门—团队—个人不同层面的责任制的实施，完善战略目标任务层层分解落实的管理机制和考核机制。

东莞图书馆从人员、政策、资金 3 个方面保障战略规划的实施：

人员方面，按照"外部引进、内部挖潜"的原则制定了《东莞图书馆"十二五"人力资源发展规划》，建立人才招聘、引进和特聘制度、优秀人才选送制度、新员工入职岗位轮换制度等制度、平台及规范化、科学化的培训体系。开展需求调查，对培训的需求从组织、岗位、人员 3 个方面进行分析，有针对性地制定全馆性培训计划和部门培训计划，包括培训的内容、目标、对象、方式、时间、地点、经费、资源、设施等。对于培训效果，从 3 个方面进行评估：员工对培训的反映、感觉和印象；员工在培训中所达到的认知水平和技能；员工回到工作岗位后的工作业绩的变化。积极创建学习型小组，提高员工学习能力，先后成立了原创书评小组、午间茶沙龙、书法兴趣小组等，形成了浓厚的学习风气。为了提高员工素质，从 2006 年开始，东莞图书

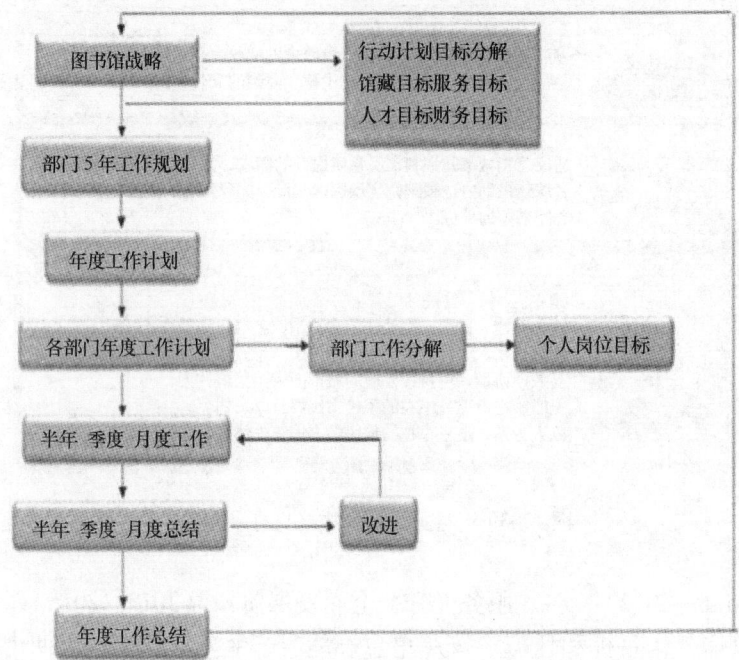

图 12.40　战略规划制度与目标分解

馆组织馆员每个季度共同学习一本图书，设计学习方案，馆员还要提交学习成果，并编辑出版学习专刊。这些年来，东莞图书馆的馆员共同学习了 30 本图书，出版学习专刊 30 期。

政策方面，保持与上级政府机关积极有效的沟通，将图书馆事业纳入东莞公共文化服务体系建设总体规划，争取政策直接支持，十二五期间，图书馆指定的人均藏书计划、公共电子阅览室建设、东莞学习中心建设、自助图书馆镇街全覆盖工程均成功纳入到东莞市文化名城建设、市政府十件实事等文件中，给项目实施经费、推进力度提供了强有力的政策保障。

经费方面，制定了《东莞图书馆"十二五"财务工作规划》，在常规预算基础上，有侧重、分阶段地申请重点项目经费，严格财务管理制度，确保项目支出的完整性、严谨性，提高预算执行效率。

5. 战略调整

东莞图书馆根据环境变化及时进行战略调整，这种调整通常在长短期战略临近结束时进行，由馆办公室对上一阶段全馆规划各部门实施情况及下阶段计划进行汇总分析，提交战略规划小组审议并提出下阶段规划的调整意见。图书馆"十二五"发展规划将战略从上一阶段的重视网点设施建设转向重视服务效益、服务水平的提升；同时，图书馆实施"主题年战略"（见表12.14），每年调整、确定工作重点。2011年，提出图书馆从文献信息中心向学习中心转型，建设东莞学习中心的业务战略，以更好地适应数字城市、学习型城市建设的需要。

表12.14　东莞图书馆主题年战略

年份	主题
2003	培训年
2004	基础建设年
2005	服务年
2006	活动年
2007	管理年
2008	规范年
2009	研究年
2010	微笑年
2011	故事年
2012	交流年
2013	效益年

本案例资料来源：

李东来，奚惠娟. 图书馆卓越绩效管理的驱动——领导力与战略管理. 图书馆建设，2013（7）：2-6.

李正祥，杨晓伟. 关注组织和个人的学习 东莞图书馆人力资源建设实践与思考. 图书馆建设，2013（7）：11-14，24.

三、天津高等教育文献信息中心的战略规划

天津高等教育文献保障体系（TALIS）经过"十五"、"十一五"时期的发展，取得了巨大的经济效益和社会影响力，被誉为国内一流的区域图书馆联盟，创造了"天津模式"。2011年正值"十二五"开局和CALIS三期，TALIS启动"十二五"战略规划的编制研究既抓住了大好时机，又迎合了自身发展的需要。以《中国指南》为指导，TALIS"十二五"战略规划历经9个月，成为国内首部公开可见的比较完整、系统、规范、科学的区域图书馆

联盟发展战略规划。

1. 背景

天津高等教育文献保障体系是借助由天津市财政、天津市教委资助的"天津高校数字图书馆"建设项目、依托天津高校图书馆联盟合力构建的,经过"十五"、"十一五"建设,已经发展成为国内一流的区域图书馆联盟,取得了显著的经济效益和社会效益。

TALIS 在"十一五"期间发布了《天津市教育信息化十一五投资规划方案——高校数字化图书馆建设》,对 TALIS"十一五"建设提出了建设目标和三大重点任务。这份规划方案尽管在"十一五"内对 TALIS 的发展给予了很大程度的指导,但是它实质上是一份五年期工作计划,尚不能算作真正意义上的战略规划。

2011 年是"十二五"开局之年,编制好天津高等教育文献保障体系(TALIS)"十二五"发展规划对天津高校图书馆联盟及 60 余所联盟成员馆未来五年乃至更长久的发展,具有非常重要的方向性指导和引导意义;对在"十二五"期间以整合的资源和服务为天津高等教育的发展乃至天津市的科技创新提供高水平的文献信息保障和支撑具有重要意义。

2. 项目介入模式

天津高等教育文献信息中心(以下简称"TALIS 中心")做了充分的准备工作,战略规划组织建设收效显著。首先,采用内外合作的组织建设模式。TALIS"十二五"战略规划研究作为柯平教授主持的社科重点项目的子项目之一,通过与科研团队合作,突出了理论与实践相结合的组织特色;其次,组织成员的多样化。TALIS 中心邀请了天津市 19 所高校成员馆的馆长和其他馆员代表、研究生加入战略规划委员会,体现了民主和组织结构的多元化。在规划的编制过程中,社科重点项目课题组充分发挥科研优势,为 TALIS 提供了大量国内外图书馆战略规划研究文献和规划文本的原文及部分翻译资料,并对其综合环境进行 SWOT 分析,柯平教授带领课题组成员多次参与 TALIS 战略规划研讨会,介绍社科重点项目的研究成果等,并对 TALIS 战略规划制定提出了很多宝贵的建议。TALIS 战略规划既是在社科重点项目理论成果指导下的实践,又为理论研究提供条件,并在实践中检验了理论研究的成果,达到产生双赢的效果,此种优势互补、资源共享的组织合作方式值得推广。

3. 理论指导

TALIS 参考国家重点项目的研究成果,以科学的流程模型为依据,分三个阶段来制定"十二五"战略规划的。TALIS按照"指南"的流程指导，战略制定过程科学、规范，不但保证了规划制定过程中有章可循，而且保证了规划制定工作的如期完成，最终形成的规划文本得到成员馆的普遍认可和好评。

4. 战略准备与启动阶段

TALIS召开"天津高校'十二五'数字图书馆建设项目"战略规划馆长研讨会，明确了制定规划的动因，组建了规划制定小组，并制定出规划时间表。

5. 战略分析和文本编制阶段

环境扫描与现状分析是战略规划的基础性工作。项目组认真总结"十五"、"十一五"TALIS建设成就与问题，从社会环境、经济环境、技术环境、教学、学术环境方面对外部环境进行了分析，从TALIS建设现状、图书馆发展趋势、用户需求等方面有针对性地对图书馆内部环境进行了详细分析，为规划制定打下良好基础。

TALIS开展了广泛深入的调研，这是其战略规划成功制定的关键。因为只有通过广泛的调研，才能准确把握时局和图书馆事业发展的脉搏，进而保证战略规划的科学性和客观性。TALIS参照"指南"进行了广泛的、多种形式的调查研究，完成了内外部环境扫描、以往发展成就回顾、读者需求调查以及文本搜集整理等工作。

TALIS中心多次召开研讨会，向19所高校图书馆馆长广泛地征集意见、建议，让规划执行者参与规划的制定，使得规划更贴近实际、更具可操作性，一方面增加了执行者对规划的理解、认可和亲近感，另一方面则有利于规划的落实和实施。TALIS对19家成员馆的读者需求调查更是采用一对一、面对面的访谈方法，还回收了17所高校的135份调查问卷，以准确了解读者对信息资源及服务的切实需求，体现了调研的深入程度。这些都是保障战略规划成功制定的关键因素。

国家项目课题组向中心建议按照战略规划体例，必须确定组织的愿景和使命，并整理国内外的典型愿景与使命，和中心人员共同研讨，最终确定了中心的愿景、使命和价值观。将愿景定位为："追求卓越，构建接触的国内外区域'数字图书馆'联盟，为读者提供无障碍信息服务，使馆员得到良好发展"，将使命确定为"构建天津高等教育文献保障体系，以整合的资源、技术、服务为天津高等学校的学科建设、教学和研究提供便捷、高效的文献信息保障。提供有利于发现和制造的环境，通过高品质的知识服务帮助师生取得成功",并把其价值观概述为"合作、奉献、创新、卓越"。

TALIS 在编制其"十二五"战略规划文本时以"指南"中提供的核心要素、备选要素和特色要素为参考,并结合自身组织特色编制了具有创新性的战略规划文本框架体系。该体系在引入国外图书馆战略规划核心体例要素(如愿景、使命、环境扫描、战略目标和任务)的基础上,还涵盖了"指导思想、发展思路、建设原则"等中国特色元素。这种体例结构,一方面在一定程度上体现了规划文本的科学性、规范性以及可操作性,另一方面又有利于 TALIS"十二五"规划文本的国际比较与交流以及国内读者的理解、接受与执行。TALIS"十二五"规划文本体例框架具体如图 12.41 所示。

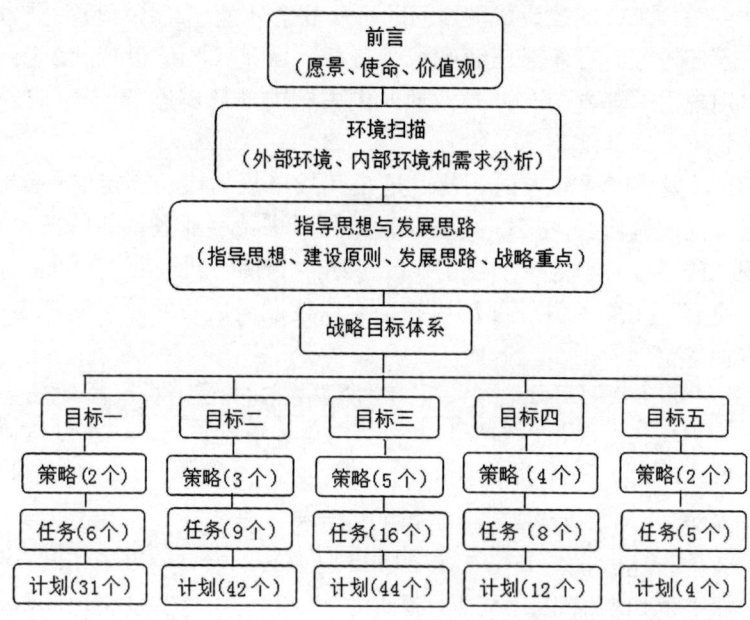

图 12.41　TALIS"十二五"战略规划内容框架

图 12.41 显示了规划文本主要由"前言"、"环境扫描"、"指导思想与发展思路"、"战略目标体系"四大部分组成。

TALIS 战略规划的突出特色是采用了四层级目标体系(战略目标——策略——任务——行动计划)模式,共有 5 大目标、16 个策略、44 个任务、133 个行动计划。每一个战略目标下,按策略、任务、行动计划的逻辑顺序层层细化,将子目标分解,使得可操作性逐渐递增,重点突出,目标也更明确,任务计划一目了然。

五大战略目标及其细化如下：

目标一：打造与需求相适应的天津市 19 所高校师生共享的信息共享平台，见图 12.42。

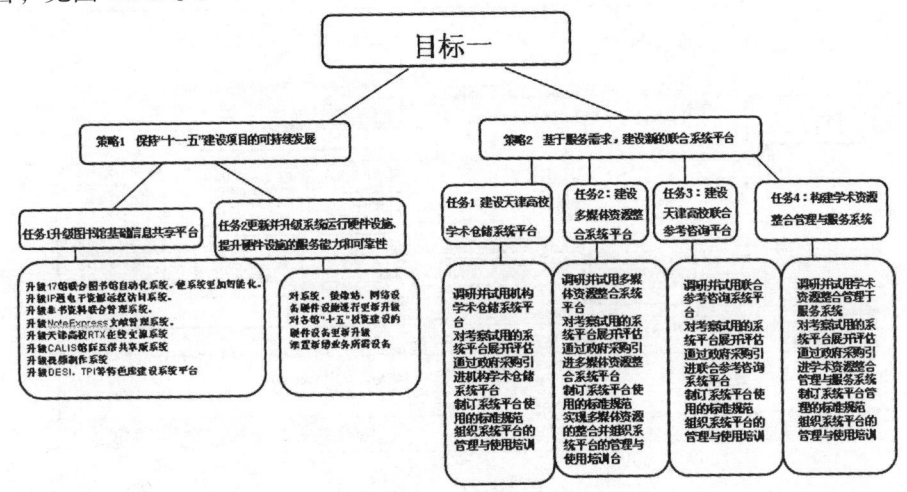

图 12.42　目标一

目标二：提升服务于教学、科研及学科建设的资源保障能力，见图 12.43。

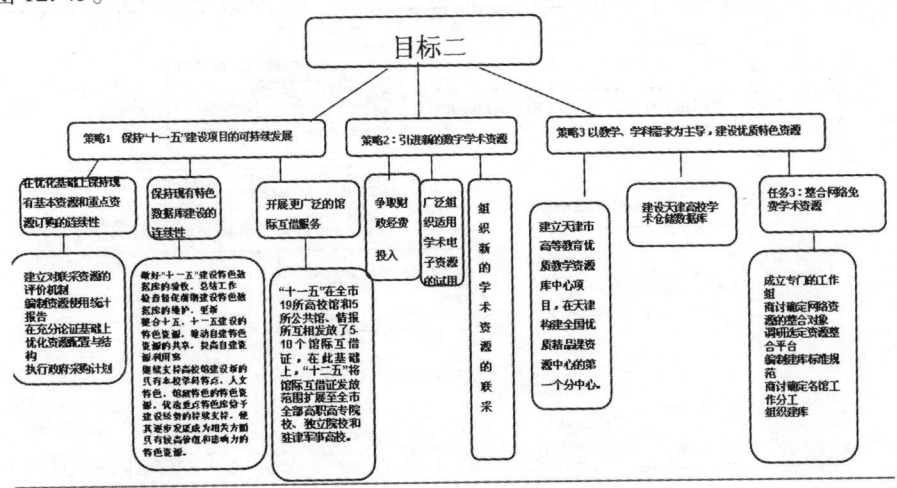

图 12.43　目标二

目标三：建立用户需求主导的"立交桥"式联合图书馆创新服务体系，见图12.44。

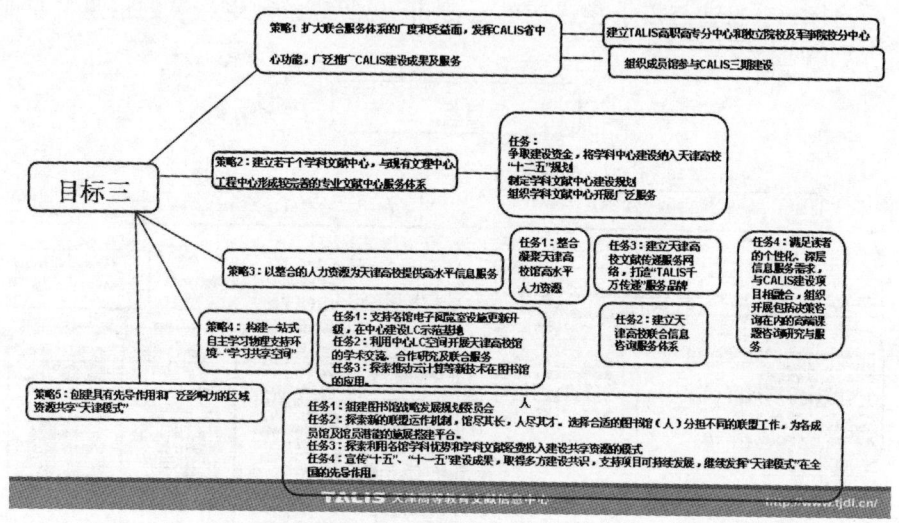

图 12.44　目标三

目标四：构建学习型组织，建设杰出专业队伍，见12.45。

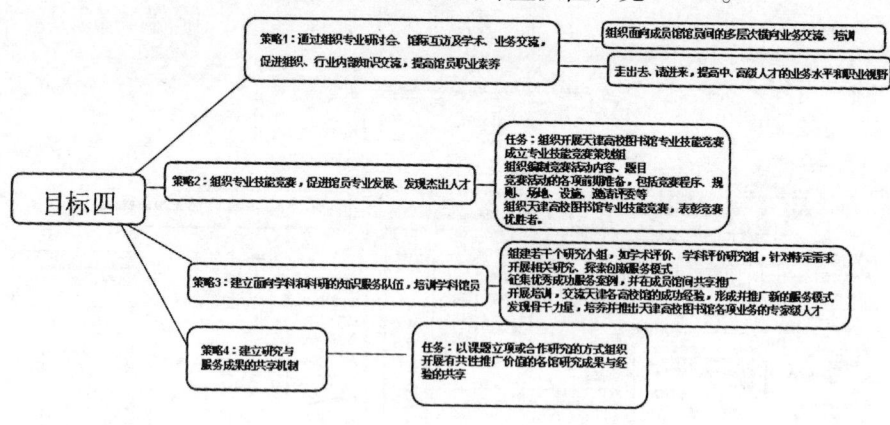

图 12.45　目标四

目标五：多方融洽协作，建立跨行业的资源共享的天津地区联盟，见图 12.46。

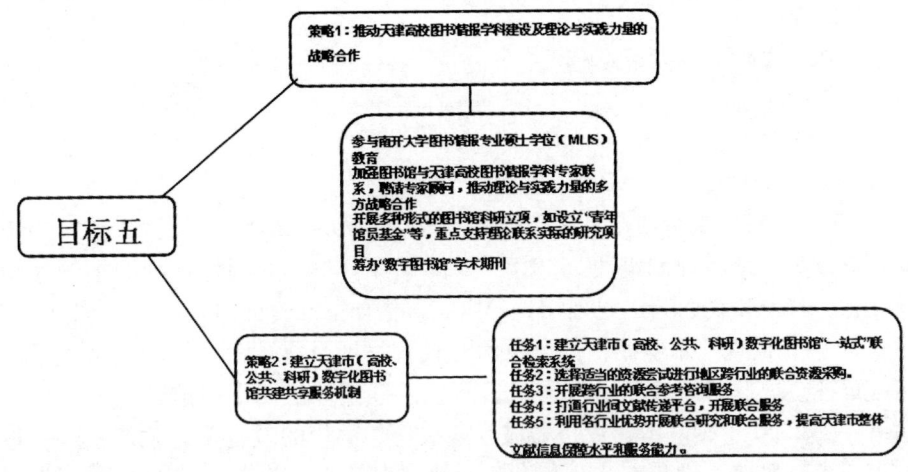

图 12.46　目标五

这一阶段，TALIS 召开过多轮研讨会，组织专家、馆长对每一阶段的研究成果进行广泛讨论，对规划文本草案反复论证修改。

6. 制定发布阶段

战略规划发布后，中心主任和合作方项目负责人通过研讨会、学术交流会、培训讲座和授课等机会广泛宣传 TALIS "十二五"战略规划研究成果，引起业内同行的广泛关注。

附：TALIS "十二五"发展规划全文

天津高等教育文献保障体系（TALIS）
"十二五"发展规划（草案）

1. 前言

1.1 愿景

追求卓越，构建杰出的国内外区域"数字图书馆"联盟，为读者提供无障碍信息服务，为馆员的天赋和潜能发挥及自身价值的实现提供平台。

1.2 使命

构建天津高等教育文献保障体系，以整合的资源、技术、服务为天津高等学校的学科建设、教学和研究提供便捷、高效的文献信息保障。

提供有利于发现和创造的环境，通过高品质的知识服务帮助师生取得成功。

1.3 价值观

合作、奉献、创新、卓越

2. 环境扫描

2.1 外部环境

（1）社会环境

"国家中长期教育改革和发展规划纲要（2010－2020年）"、"天津市中长期教育改革和发展规划纲要（2010－2020年）"是我们制定规划的纲领性指导文件，其中和我们制定规划相关的内容包括如下几方面要点：

- 强化信息技术应用：信息技术对教育发展具有革命性影响，必须予以高度重视。把教育信息化纳入国家信息化发展整体战略，超前部署教育信息网络。到2020年，基本建成覆盖城乡各级各类学校的教育信息化体系，促进教育内容、教学手段和方法现代化。提高教师应用信息技术水平，更新教学观念，改进教学方法，提高教学效果。鼓励学生利用信息手段主动学习、自主学习，增强运用信息技术分析解决问题的能力。

- 质量导向：提高质量是高等教育发展的核心任务，是建设高等教育强国的基本要求。完善以创新和质量为导向的科研评价机制。

- 共享合作：充分发挥高校在国家创新体系中的重要作用，促进高校、科研院所、企业科技教育资源共享。形成协调合作的有效机制，促进教育区域协作。充分发挥现代信息技术作用，建立开放灵活的教育资源公共服务平台，促进优质教育资源普及共享。

- 服务社会：增强高等教育对社会的服务能力，提高教育服务经济社会发展的水平。积极参与决策咨询，主动开展前瞻性、对策性研究，充分发挥智囊团、思想库作用。

- 建立数字图书馆和虚拟实验室。

- 建设公共服务平台：建设有效共享、覆盖各级各类教育的国家数字化教学资源库和公共服务平台；加强优质教育资源开发与应用。引进国际优质数字化教学资源。开发网络学习课程。实施"教育信息化基础设施提升计划"、"教育资源服务体系建设计划"。（天津）

- 争创一流：把争创一流作为教育工作的努力方向，努力创造天津特色、天津模式，使教育发展的主要指标达到国内领先、国际一流的水平。构建终身学习"立交桥"。（天津）

（2）经济环境

温家宝总理在2011年《政府工作报告》中指出："今年国民经济和社会

第十二章 战略管理案例

发展的主要预期目标是：国内生产总值增长 8% 左右；"坚持优先发展教育。推动教育事业科学发展，为人们提供更加多样、更加公平、更高质量的教育。2012 年财政性教育经费支出占国内生产总值比重达到 4%。"

2011 年财政性教育经费支出占国内生产总值比重是 3.13%，这意味着今年教育投入将在 8% 的总体增长基数上，再增长 27%。可以乐观的预期，各校图书馆将会得到更多的资源建设投入。

天津市财政和天津市教委一贯重视"高校数字图书馆"建设，"十五"、"十一五"期间，对"天津高校数字图书馆"建设项目均给予了重点支持。项目建设取得良好效益和广泛影响。预期"十二五"将会继续得到财政支持，并有较大增长。

(3) 技术环境

文献信息服务作为一种社会公共服务体系的一个分支，始终被紧紧包裹于信息技术的环境氛围之中。文献信息服务的进步一方面是思想理念的革新；另一方面体现在信息技术进步带来的服务手段和方法的创新。随着计算机技术的革新，文献信息服务从传统的文献借阅、复制的模式逐步过渡到电子文献的提供和服务；互联网技术的兴起有将文献信息服务推向了网络化，数字图书馆开始出现和繁荣；移动技术（WiFi、3G、CDMA 等）的进步让读者可以使用手机、移动通讯设配在更大的范围内使用文献信息资源；网格、云计算和交互技术的出现又给信息服务提供了新的发展空间。技术的进步同时也改变着读者和用户的使用习惯和思维方式。新的数字秩序正在逐渐成熟，从传统的层级结构和线性结构发展为网状结构；用户的阅读习惯和思维变得越来越碎片化，越来越具有跳跃的特性。微博和各种社交网络（如 Facebook）的出现充分证明了用户对信息的需求模式开始转变为简短、快速和交互。可见，技术环境的变化对文献信息服务的未来具有深刻的影响。

下面是美国市场研究公司 Gartner 评选出的 2011 年最具战略意义的十大技术和趋势：

- 云计算：今后 3 年将会看到介于开放的公开云和封闭的私有云这两种模式之间的一系列云计算服务。
- 移动应用和媒体平板：由于具备强大的处理能力和带宽，移动设备将成为一种独特的电脑。
- 社交交流和协作：到 2016 年，社交技术将整合到多数商业应用中。企业应当将社交 CRM（客户关系管理）、内部通讯和协作以及公共社交网站项目整合为一个协同战略。

- 视频：技术趋势已经到了一个将视频引入主流的重要转折点。到 2013 年，企业员工一天内看到的内容，将有超过 25% 被图片、视频或音频主导。
- 下一代分析技术：电脑以及移动设备不断增强的计算能力，以及连接能力的提升改变了企业对运营决策的支持。通过运行仿真模型来预测未来的产出已经成为可能，而且通过这些实时预测，还可以支持单个的商业活动。
- 社交分析：社交网络分析是从多个来源搜集数据，确定关系，并评估一种关系的影响、质量和效果。社交网络分析工具对于了解社交结构和相关性以及个人、团体和组织的工作状态非常有用。
- 背景感知计算：一个背景感知系统可以预测用户的需求，并主动为其提供最合适的定制内容、产品或服务。到 2013 年，将有超过半数的财富 500 强企业部署背景感知计算项目；到 2016 年，全球三分之一的移动消费市场将以背景感知为基础。
- 存储级内存：闪存为服务器和客户端电脑提供了一个全新的存储层次，并且具备一些关键优势——空间、发热量、性能和耐用性。
- 普适计算：在即将到来的第三次计算机浪潮中，电脑将被无形地嵌入到世界中。随着电脑的激增以及日常事物借助 RFID 标签及其他技术具备了通讯能力，网络将能够达到并超越传统集中化方式所能够管理的规模。这就引发了一种重要的趋势：将计算系统整合到运营技术中。
- 基于结构的基础设施和电脑：一款基于结构的电脑是一种模块化计算模式，在这种情况下，系统可以由独立的模块组装而成，并且通过一个结构或转换底板相互连接。最重要的是，需要通过软件配置并管理最终系统。

（4）教学、学术环境

- 通才本科教育，作为一种更加注重培养学生知识的广度和深度平衡的教育模式而得到广泛认可。在这种教育理念和模式下，学生对文献信息的需求将会更加的宽泛，同时需求的数量也将会增长。
- 技术发展，正在不断修正甚至重塑学习、教育、学术研究的固有形态。教学模式改变，讨论、交流及其所需的"实体社区环境"和"虚拟社区环境"变得更为重要。Y 一代更加依赖网络、追逐新技术，他们更加注重"参与感"。使参与者有机会做出贡献，共享、沟通和协作的互动社区网络能够很快吸引他们的兴趣、并使他们保持关注。
- 互联网技术使得教育资源传播速度加快，中国的大学生已经开始通过互联网"围观"国内外名校的网络公开课、精品课。这种共享的教学资源、自主的学习模式和教学手段，越来越受到学生的喜爱，优良教学资源的共享趋势正在快速形成。

● 学科、学术水平评价指标及其体系工具，成为了事实上引导大学科研行为的"指挥棒"。

上述变化均对图书馆的未来发展具有重要影响。

2.2 内部环境

（1）TALIS"十五"、"十一五"建设回顾

天津高等教育文献保障系统建设始于"十五"的天津高校信息化综合投资"数字化图书馆"项目，"十一五""数字化图书馆"项目是"十五"投资项目的延续和发展。连续十年的"数字化图书馆"项目的建设实施，已取得显著成效。它构建了基于共建共享理念的天津高校文献信息保障体系，为天津高校学科建设和教学科研的快速发展提供了有力支持，为天津高校本科教学及本科教学的评估评优提供了重要的资源保障。同时，"十五"、"十一五"数字图书馆投资规划的成功实施全面推动了天津市高校图书馆数字化建设的进程。它的标志性成果是：

● 建立了具有广泛影响力和知名度的高校数字图书馆联盟运作模式——"天津模式"；

● 建立了全国唯一的区域性高校图书馆联合自动化集成管理系统；

● 以地区高校联盟的方式成功引进了 50 余个中外文数据库，联合自建 30 余个特色数据库，实现了电子资源共建基础上的共享。

TALIS 的"十五"、"十一五""数字化图书馆"建设成果可以如下"数字"进行简单概括：

● 惠及 19 所高校 32 万读者；

● 节省上亿元人民币，投资效益达 300%；

● 联合引进 50 个中外文电子资源系统，158 个数据库，提供了百余个数据库的试用；

● 建设了超过 20TB 的公共数据中心；

● Unicorn 图书馆管理系统联合管理 17 所高校馆馆藏、近 1000 万册图书、年借阅图书达 400 余万册，年增新书 110 余万册；

● 文献传递年均 3 万余篇，年递增 40%；

● 电子资源利用：检索 3690 余万次/年，下载电子图书 290 余万册/年，下载论文全文 3200 余万篇/年，查阅页面信息 2400 余万次/年；

● 投资立项建设了 14 个特色数据库；

● 投资建设了 15 个高校电子阅览室；

- 建设了拥有 36 万件随书光盘、VCD、DVD 等非书资源联合系统，年下载量达 20 余万盘次；
- 年均组织 60 余次业务培训与业务交流、学习等活动；
- 提供每周 7×24 小时系统服务。

2006 年，中国高等教育文献保障系统（CALIS）管理中心授予 TALIS "'十五'省中心建设奖"一等奖；同年，TALIS 中心荣获天津市教育委员会、天津市财政局授予的"天津市高等学校'十五'综合投资规划工作先进集体"。

2010 年在天津市财政组织的绩效考评中 TALIS 建设成果获得专家一致肯定和好评。

（2）图书馆发展趋势

这里借用 ACRL 发布的 2010 年大学与研究图书馆未来发展 10 大趋势：①用户需求驱动学术图书馆资源增长，并增添新的资源类型；②持续的预算压力和图书馆的改变；③大教育变革要求馆员具备多样化技能；④统计和绩效考评需求增加；⑤特藏数字化推动更广泛资源共享；⑥移动设备指数增长将驱动新的服务；⑦逐渐扩大的合作将提升图书馆在本机构内外的作用；⑧图书馆将继续引领学术交流和知识产权服务；⑨技术仍将改变服务并提升技能；⑩随着物理空间重塑和虚拟空间扩大，图书馆定义可能重写。

从图书馆整体而言，未来的图书馆必须紧密围绕用户的需求，紧密跟踪用户的需求变化，以用户为中心，增强图书馆的社会功能，将复合图书馆作为图书馆的基本形态，充分利用 Web2.0 和 Web3.0，重视图书馆的泛在性，加强跨界合作，加强图书馆联盟建设，将知识管理与知识服务作为图书馆的核心竞争力 [1]。

2.3 需求分析

（1）天津高校图书馆资源需求分析

经过十五建设，天津高校图书馆资源共知共建共享联盟（TALIS）已经形成，为天津高等教育文献资源保障体系的建设打下了坚实的基础。在此基础上，十一五期间，天津高校文献保障体系建设重点发展电子资源，兼顾纸质资源。总的资源规划布局调整为："以 TALIS 共建共享电子资源为基础，提供具有共性需求的基础性资源和重要核心资源的基本保障；以各校自购自建资源为主干，提供个性化重点学科资源的高水平保障及纸质资源保障；以区域资源及其他可依托外部资源为外延，通过文献传递等开放的、与服务融合的资源建设方式，提供高满足率的覆盖教学科研需求的整体保障。"

在电子资源建设规划布局中,"具有共性需求的基础性资源和重要核心资源"的基本保障部分,中文资源的保障基础已在逐渐夯实,但仍有待进一步丰富充实,外文资源的基本保障尚弱,需大力加强。

具体而言,中文图书、期刊、学位论文、会议、报纸等文献类型资源建设已较为成熟,应在对现有资源充分评估的基础上尽量保持资源保障的连续性。中文专利、多媒体教学资源、人文素质教育类资源、工具型资源等需要丰富充实。对于外文资源,十五期间重点发展了检索类资源,十一五期间兼顾了部分外文全文电子资源,但由于经费原因,实时到桌面的外文文献保障率还有待提高。

另一方面,需要加大馆际互借、文献传递服务的力度,通过实施免费获取或其他优惠政策变服务为资源,使之作为前面二级资源保障的有利补充,形成充分利用外延资源的第三级保障。通过第三级保障,解决前二级保障遗漏的30%资源的获取,使重点学科资源保障率通过三级保障体系最终达到98%以上。

(2)天津高校读者信息服务需求分析

为制订"十二五"规划,深入了解用户的真正需求,尤其是信息服务方面的深层次需求,建立科学合理的资源配置和创新服务方式,2010年底,Talis中心组织天津各高校面向学科带头人、做过或正在进行大项目研究的科研人员、引进的人才、学校行政管理人员等进行了"信息资源需求深度调查",通过面对面的访谈,了解他们面临的问题和困扰。

天津14所高校图书馆共提交了100余份访谈报告,访谈报告中所涉及的主要信息需求重点可归纳为如下五个方面:

- 资源本体需求,包括信息资源的整合与揭示需求

"购买一批教学科研所需的数字资源,如＊＊＊电子期刊数据库、工具书、技术手册、标准等资源","搜集学术会议论文集"。

"现在很多研究机构都在建立机构仓储或学科仓储平台,即将本学科、本机构的相关学术资源整合在一个平台上,供本领域学生、学者参考、阅读和使用,可以由图书馆的学科馆员负责平台的维护和更新";"中外文文献资源越来越多,逐一检索费时费力,希望图书馆在资源整合方面下些工夫,即将图书馆的现有馆藏资源进行'一站式'检索整合,打破数据库、出版社的界限,因为有时读者在查找文献时,不过多关注是哪个数据库、哪个出版社的期刊,只要将所需文献找到即可,可以按学科查找,也可以按字母顺序查找期刊,这样查找起来很方便、快捷。"

"在课程建设中，尤其是精品课建设中需要很多视频和音像资料，特别是相关的国内外知名学者的视频讲座。这类的资料查找起来很困难，希望图书馆能够帮助搜集，下载下来，或者帮忙提供相关的网站链接，有利于教学工作的开展。"

"开放获取资源的收集。外文原版图书、港台版图书、老旧绝版图书、古籍、民国图书和民国期刊都是文史研究重要的资料，也是稀缺资源。随着纸本资源的数字化，上述不少资源都可以通过网络开放获取，个人搜集下载要耗费大量精力。图书馆是否可以根据重点学科需要下载此类资源，建立特色数据库，为文史哲学科提供文献保障。"

"有时候方便是最大赢家。"

- 决策性信息服务需求

如"为引进人才、学术评价提供信息服务"；"开展文献分析，筛选出一些可能的关乎天津市未来发展（跨学科）的研究领域"；"图书馆要走高端服务路线即学术引领与科研引路"；"深层次开展基于重大科研项目的战略情报服务"；"要建立发布制度，数字要客观"。

- 科研、教学的融入性知识服务需求

"目前各高校和高校教师、科研人员面临的主要问题应当都是大型或重要科研项目的课题立项压力；我们不仅需要了解大量相关专业的发展趋势，以及它们的现状和历史；更要了解同行研究的相关情报；要掌握相关市场需求、动态；要了解相关政策、法律、专利信息等。困扰我们的是面对形形色色的信息源和海量的信息。我们希望图书馆能利用自身的专业优势帮助我们在信息分析和情报分析方面做些工作"；"提供前沿追踪、文献整合、分析、甚至预测"；"与科研人员联手，发掘注释中医药经典，并利用网站向公众加以普及"；"嵌入信息培训嵌入到我的课堂中，是理想的一种授课模式"；"往往能搜集到的信息较多，在其中挑选到有效信息是个问题。"

- 信息咨询与信息素养的提升需求

"开题报告前，集中做培训"；"为老师发表论文提供咨询服务，包括如何鉴定合法正规出版物"；"如果能提供一些学科的投稿信息就更好了"；"提供各个专业的国内外学术会议信息"；"建立一个论坛，有专人能提供在线咨询等类似服务"；"提供 SSCI 及 A&HCI 的收录通知"；"建议周四下午进学院（利用院会）开展有专业针对性的信息培训"。

- 基础设施需求

"提供无线访问"；"提供移动数字（手机）图书馆服务"；"解决网速过

慢问题"。

3. 指导思想与发展思路

3.1　指导思想

天津高等教育文献保障体系"十二五"发展规划，要围绕国家中长期教育改革和发展规划纲要的目标，坚持"资源、技术、服务"三位一体全面、协调、可持续的发展思路。在坚持"十一五"建设项目可持续发展的基础上，利用中国高等教育文献保障系统（CALIS）三期建设契机，实现与全国文献保障系统的对接融合，以整合的资源、技术、服务为天津高校教学、学科建设和科研提供强大高效的文献信息保障。

3.2　建设原则

根据天津高等教育文献保障体系"十二五"发展规划指导思想确定总体建设原则如下：

本着全面、协调的原则，"十二五"期间天津高等教育文献保障系统，以建设国内一流的高校图书馆联盟为目标，从单纯的文献信息共享向软件共享、设备共享、人力共享、知识共享的多层次共享发展，着重整合资源，优化配置形成合力，共同构建天津数字图书馆。

本着普遍服务的原则，全面推进包括本科高校、高职高专、独立学院在内的各类高校信息服务整体化建设，提升高校图书馆文献资源总体保障率及深层次信息服务的能力与水平。

本着科学发展的原则，构建面向教学、科研的资源共建共享服务平台，支持本科教学，开展面向学科发展的知识服务，为天津高等教育又好又快发展做出贡献。

3.3　发展思路

根据指导思想和总体目标，在"十二五"期间，天津高等教育文献保障系统总体发展思路如下：

第一，于可持续发展中求提升。在"十二五"发展期间，要保持"十一五"建设项目的可持续发展。

第二，与全国联盟对接融合以借势。"十二五"期间，天津高等教育文献保障系统要充分利用中国高等教育文献保障系统（CALIS）三期建设契机，实现与CALIS项目的对接融合，以此促进TALIS的快速发展。

第三，创新发展求卓越。在"十二五"期间，天津高等教育文献文献保障系统建设要坚持创新服务模式，引用新技术，变革中求发展，使天津高等教育文献保障体系建设继续走在全国前列。

3.4 战略重点

根据指导思想、建设原则以及发展思路，中心战略重点确定为：
- 构建面向教学和科研的资源共建共享服务平台
- 开展面向学科发展和高端决策的知识服务
- 培养卓越知识服务人才

4. 具体战略目标与任务（做任务与目标的分解表）

目标一：建立与需求相适应的信息共享系统平台

策略1：保持"十一五"建设项目的可持续发展

任务1：升级图书馆基础信息共享平台

行动计划：
- 升级17馆联合图书馆自动化系统，提高系统的管理水平和应用能力，解决小语种编目问题，使系统更加智能化
- 升级IP电子资源远程访问系统
- 升级非书资料联合管理系统
- 升级NoteExpress文献管理系统
- 升级天津高校RTX在线交流系统
- 升级CALIS馆际互借共享版系统
- 升级视频制作系统
- 升级DESI、TPI等特色库建设系统平台

任务2：更新并升级系统运行硬件设施、添置新增业务所需设备，提升硬件设施的服务能力和可靠性

行动计划：
- 对系统、镜像站、网络设备硬件设施进行更新升级
- 对各馆"十五"投资建设的硬件设备更新升级
- 添置新增业务所需设备

策略2：基于服务需求，建设新的联合系统平台

任务1：建设天津高校学术仓储系统平台

行动计划：
- 调研并试用机构学术仓储系统平台
- 对考察试用的系统平台展开评估
- 通过政府采购引进机构学术仓储系统平台
- 制订系统平台使用的标准规范
- 组织系统平台的管理与使用培训

任务2：建设多媒体资源整合系统平台
行动计划：
- 调研并试用多媒体资源整合系统平台
- 对考察试用的系统平台展开评估
- 通过政府采购引进多媒体资源整合系统平台
- 制订系统平台使用的标准规范
- 实现多媒体资源的整合并组织系统平台的管理与使用培训

任务3：建设天津高校联合参考咨询系统平台
行动计划：
- 调研并试用联合参考咨询系统平台
- 对考察试用的系统平台展开评估
- 通过政府采购引进联合参考咨询系统平台
- 制订系统平台使用的标准规范
- 组织系统平台的管理与使用培训

任务4：构建学术资源整合管理与服务系统

为读者提供"一站式"资源服务平台：包括电子资源的全方位导航、统一检索、各种类型资源间的无缝链接、资源与服务（包括文献传递系统、虚拟咨询系统）的无缝链接。

行动计划：
- 调研并试用学术资源整合管理于服务系统
- 对考察试用的系统平台展开评估
- 通过政府采购引进学术资源整合管理与服务系统
- 制订系统平台管理的标准规范
- 组织系统平台的管理与使用培训

目标二：提升服务于教学、科研及学科建设的资源保障能力

策略1：保持"十一五"建设项目的可持续发展

任务1：在优化基础上保持现有基本资源和重点资源订购的连续性
行动计划：
- 建立对联采资源的评价机制
- 编制资源使用统计报告
- 在充分论证基础上优化资源配置与结构
- 执行政府采购计划

任务2：保持现有特色数据库建设的连续性

行动计划：
- 做好"十一五"建设特色数据库的验收、总结工作
- 检查督促前期建设特色数据库的维护、更新
- 整合十五、十一五建设的特色资源，推动自建特色资源的共享，提高自建资源利用率
- 继续支持高校馆建设新的具有本校学科特点、人文特色、馆藏特色的特色资源。优选重点特色库给予建设经费的持续支持，使其逐步发展成为相关方面具有较高价值和影响力的特色资源
- 集成员馆之力，以用户需求为主导，联合建设数个有较高使用价值和影响力的特色数据库
- 开展特色数据库建设的标准化问题研究，建立统一的规范和标准，要上水平、上规模，形成特色产品，使其达到商业化数据库水平

任务3：开展更广泛的馆际互借服务

行动计划：
- "十一五"在全市19所高校馆和5所公共馆、情报所互相发放了5-10个馆际互借证，在此基础上，"十二五"将馆际互借证发放范围扩展至全市全部高职高专院校、独立院校和驻津军事高校

策略2：引进新的数字学术资源

任务1：争取财政经费投入

行动计划：
- 做好前期引进资源的效益自评，突出资金节省效益和利用效益
- 广泛收集师生对资源利用的效益反馈，开展"成功使用图书馆电子学术资源案例征集活动"
- 广泛征集师生对教学、科研及学科建设资源的需求
- 重点开展外文核心学科资源保障率现状研究
- 选取对比组，做天津高校与对比组高校资源建设经费投入和电子资源建设情况的对比分析
- 向决策机构反馈需求，提交增加经费预算请求

任务2：广泛组织适用学术电子资源的试用

行动计划：
- 组织对试用资源的揭示、评价
- 提供试用资源的使用培训
- 要求数据库商提供试用资源使用统计报告

- 注意征集、收集师生对试用资源的反馈意见与建议

任务3：组织新的学术资源的联采

行动计划：
- 征集各高校图书馆对联采学术资源的建议
- 分别征集教师、研究生、本科生等不同用户群对联采学术资源的建议
- 开展数字化资源评价方法和评价标准研究，提高资源选择的科学性
- 联系数据库商提供资源联采方案
- 召集馆长联席会讨论并形成初步联采方案
- 按政府采购流程实施资源联合采购

策略3：以教学、学科需求为主导，建设优质特色资源

任务1：建立天津市高等教育优质教学资源库中心项目，在天津构建全国优质精品课资源中心的第一个分中心

行动计划：
- 通过政府采购引进优质教学资源平台
- 成立专门的工作组，组织部分资源进行试建库
- 编制天津市高等教育优质教学资源库建设规范草案，多方征求意见、修订并完成建设规范
- 取得有关方面的配合，汇总建立天津市高等教育优质教学资源目录
- 组织培训、组织建库
- 建立质量审核机制
- 编制用户使用培训教程
- 组织开展广泛宣传培训、推动天津市高等教育优质教学资源库的利用与共享
- 实现与国内外开放优质教学资源的整合、链接

任务2：建设天津高校学术仓储数据库

任务3：整合网络免费学术资源

任务4：创建一个或若干个免费网络资源数据库。

集中各馆力量，分工收集不同学科的开放获取资源，统一资源收集与质量控制标准，统一建设、成果共享。

行动计划：
- 成立专门的工作组
- 商讨确定网络资源的整合对象
- 调研选定资源整合平台

- 编制建库标准规范
- 商讨确定各馆工作分工
- 组织建库

目标三：建立用户需求主导的"立交桥式"图书馆创新服务体系

策略1：扩大联合服务体系的广度和受益面，发挥CALIS省中心功能，广泛推广CALIS建设成果及服务

任务1：建立TALIS高职高专分中心和独立院校及军事院校分中心（以下简称分中心）

行动计划：
- 制定分中心章程
- 建立分中心的组织架构
- 建立分中心成员联络网
- 召开分中心成立大会

任务2：组织成员馆参与CALIS三期建设

行动计划：
- 组织成员馆与CALIS及TALIS签署CALIS三期建设合作协议
- 组织面向成员馆的文献传递服务培训
- 组织面向成员馆的e读、外文期刊网使用推广培训
- 组织参加CALIS三期特色数据库建设等项目的申报
- 组织参加CALIS三期联合参考咨询服务体系建设
- 组织参加CALIS三期课题服务体系建设
- 组织参加CALIS三期读者信息素养教育体系建设
- 组织参加CALIS三期标准规范与评估体系建设

策略2：建立若干个学科文献中心，与现有文理中心、工程中心形成较完善的专业文献中心服务体系

任务：
- 争取建设资金，将学科中心建设纳入天津高校"十二五"规划
- 制定学科文献中心建设规划
- 组织学科文献中心开展广泛服务

策略3：以整合的人力资源为天津高校提供高水平信息服务

任务1：整合凝聚天津高校馆高水平人力资源

行动计划：
- 组建TALIS网络计算机技术支援工作组

- 组建 TALIS 联合参考咨询工作组
- 组建 TALIS 知识服务工作组
- 组建 TALIS 信息素养教育工作组
- 组建 TALIS 馆际互借工作组
- 组建 TALIS 文献传递服务工作组
- 组建 TALIS 资源建设工作组
- 发现、培养天津高校图书馆相应业务的骨干力量和杰出人才

任务 2：建立天津高校联合信息咨询服务体系

行动计划：

- 构建联合参考咨询知识库
- 充分利用 TALIS 信息咨询中心的力量，采用多种扩展虚拟参考咨询系统服务手段，组织开展联合咨询服务，提高用户服务质量和满意度
- 建立学科首席咨询员制度，培养卓越咨询馆员
- 加强和扩展图书馆信息素养项目，开展信息周活动、积极加入、联系学校相关组织，如教学委员会、学生会等，与教师和学生社团合作，提供嵌入式信息能力培训课程

任务 3：建立天津高校文献传递服务网络

- 升级部署 CALIS 文献传递共享版平台
- 面向文献传递馆员开展广泛的多种形式培训
- 开展广泛的宣传推广活动，打造文献传递品牌

任务 4：满足读者的个性化、深层信息服务需求，与 CALIS 建设项目相融合，组织开展包括决策咨询在内的高端课题咨询研究与服务

行动计划：

- 开展个性化、深层信息服务需求调研
- 组建若干个研究小组，如学术评价、学科评价研究组，针对特定需求开展相关研究、探索创新服务模式
- 组织开展面向学科和决策的高端课题咨询服务
- 组织开展联合查新及查收查引服务
- 组织开展直接面向天津经济发展的信息服务
- 征集优秀服务案例，推动馆际成功经验交流，形成并推广新的服务模式
- 做好相关宣传工作

策略 4：构建一站式自主学习物理支持环境——"知识共享空间"

以各馆搬迁新址和电子阅览室升级改造为契机，推动建设"知识共享空

间（KC – knowledge commons）"。将培训读者的信息检索、信息识别与分析处理能力、使用相关软件及设备设施、对信息进行加工处理技能、知识的表达展示等整个信息获取与知识创造的过程连接起来，即将资源、技术支持、合作与制作集合于"知识共享空间"，以服务创新辅助知识创新。

任务1：支持各馆电子阅览室设施更新升级，在中心建设 KC 示范基地

任务2：利用中心 KC 空间开展天津高校馆的学术交流、合作研究及联合服务

行动计划：

- 为信息共享空间配置家具，营造一个有吸引力、舒适的学术研究支持环境
- 为读者配置必要的计算机及计算机外围设备，包括：自助式复印机、激光打印机与彩色打印机、扫描仪、投影仪、数码照相机、数码摄像机、光盘刻录和录制音像设备等
- 为读者配置必要的及支持特定学科教学科研的国际高水平的软件
- 为信息共享空间建立无线网络系统
- 组建咨询团队、招聘学生自愿者
- 在信息共享空间设置 IT 体验区，为读者配置最新的信息产品，激发师生的创新灵感和创新意识

任务3：探索推动云计算等新技术在图书馆的应用

行动计划：

- 借助 CALIS 三期建设契机，利用云计算技术实现与外部资源更多更好的共享
- 组织技术人员跟踪新信息技术图书馆应用前沿，探索新的应用
- 推动 3G、WAP 技术在高校图书馆服务中的应用，让图书馆与读者如影随形。开发适合移动终端浏览的 WAP 网站，开设移动数字图书馆频道，开展移动阅读服务；开通短信咨询平台，提供书目查询、新书推荐、预约、借书归还提醒、续借等传统业务的移动服务
- 开发桌面应用工具，将图书馆的服务和资源嵌入读者的电脑桌面

策略5：创建具有先导作用和广泛影响力的区域资源共享"天津模式"

任务1：组建图书馆战略发展规划委员会

任务2：探索新的联盟运作机制，馆尽其长，人尽其才。选择合适的图书馆（人）分担不同的联盟工作，为各成员馆及馆员潜能的施展搭建平台

任务3：探索利用各馆学科优势和学科文献经费投入建设共享资源的模式

任务4：宣传"十五"、"十一五"建设成果，取得多方建设共识，支持项目可持续发展，继续发挥"天津模式"在全国的先导作用

目标四：构建学习型组织，建设杰出专业队伍

策略1：通过组织专业研讨会、馆际互访及学术、业务交流，促进组织、行业内部知识交流，提高馆员职业素养

任务1：组织面向成员馆馆员间的多层次横向业务交流、培训
- 组织天津高校图书馆流通工作研讨会
- 组织天津高校图书馆信息工作研讨会
- 组织天津高校图书馆数字图书馆技术研讨会
- 开展业务培训及专业资格认证，交流各高校馆的成功经验，形成并推广新的工作与服务模式
- 发现骨干力量，培养并推出天津高校图书馆各项业务的专家级人才

任务2：走出去、请进来，提高中、高级人才的业务水平和职业视野
- 支持赞助天津高校馆与国内外图书馆之间的互访、交流
- 推动天津高校馆间、及与国内外先进图书馆建立交换馆员制度
- 邀请国内外专家到津开展各种形式的学术讲座、交流与研讨培训

策略2：组织专业技能竞赛，促进馆员专业发展、发现杰出人才

任务：组织开展天津高校图书馆专业技能竞赛
- 成立专业技能竞赛策划组
- 组织编制竞赛活动内容、题目
- 竞赛活动的各项前期准备，包括竞赛程序、规则、场地、设施、邀请评委等
- 组织天津高校图书馆专业技能竞赛，表彰竞赛优胜者

策略3：建立面向学科和科研的知识服务队伍，培训学科馆员
- 组建若干个研究小组，如学术评价、学科评价研究组，针对特定需求开展相关研究、探索创新服务模式
- 征集优秀成功服务案例，并在成员馆间共享推广
- 开展培训，交流天津各高校馆的成功经验，形成并推广新的服务模式
- 发现骨干力量，培养并推出天津高校图书馆各项业务的专家级人才

策略4：建立研究与服务成果的共享机制

任务：以课题立项或合作研究的方式组织开展有共性推广价值的各馆研究成果与经验的共享

目标五：多方融合协作，建立跨行业的资源共建共享的天津地区联盟

策略1：推动天津高校图书情报学科建设及理论与实践力量的战略合作行动计划：
- 参与南开大学图书情报专业硕士学位（MLIS）教育
- 加强图书馆与天津高校图书情报学科专家联系，聘请专家顾问，推动理论与实践力量的多方战略合作
- 开展多种形式的图书馆科研立项，如设立"青年馆员基金"等，重点支持理论联系实际的研究项目
- 筹办"数字图书馆"学术期刊

策略2：建立天津市（高校、公共、科研）数字化图书馆共建共享服务机制

任务1：建立天津市（高校、公共、科研）数字化图书馆"一站式"联合检索系统

任务2：选择适当的资源尝试进行地区跨行业的联合资源采购

任务3：开展跨行业的联合参考咨询服务

任务4：打通行业间文献传递平台，开展联合服务

任务5：利用各行业优势开展联合研究和联合服务，提高天津市整体文献信息保障水平和服务能力

参考文献

[1] 柯平等著.图书馆战略规划:理论、模型与实证[M].北京:国家图书馆出版社,2013.

[2] 卢秀菊.图书馆规划之研究[M].台北:台湾学生书局,1988.

[3] 唐震,张阳,李明芳.西方战略管理理论[M].北京:科学出版社,2008.

[4] 任淑美主编.战略管理[M].北京:经济管理出版社,2005.

[5] (美)罗杰·法米萨诺著,郑明等译.战略管理[M].北京:机械工业出版社,2005.

[6] (美)杰克·特劳特著,火华强译.什么是战略[M].北京:中国财政经济出版社,2004.

[7] (英)理查德·科克著,李欣,李景华译.企业战略[M].北京:中国大百科全书出版社,2004.

[8] (英)格里·约翰逊,斯万·斯科尔斯.战略管理(第6版)[M].王军等译.北京:人民邮电出版社,2004.

[9] Stueart, Robert D., and Moran, Barbara B. Library and Information Center Management [M]. 6th ed. Englewood: Libraries Unlimited, 2002.

[10] Riggs, Donald E. Strategic Planning for Library Managers [M]. Phoenix: Oryx Press, 1984.

后 记

写这本书伊始，就确定了两条原则。一条是把图书馆战略管理讲清楚是什么，说明白为什么，这样就要减少过多的理论铺陈和原理赘述；另一条是指出图书馆应该怎么做，这样就要结合我国图书馆的实际，重视过程、步骤与方法、措施，细化到具体操作，这对于图书馆和学习者来说至关重要。按照这两条原则，把重点放在了战略制定和战略实施上，通过简明原理，详细操作，案例示范，力求使本书达到较强的指导性和实用性。

本书的编写是建立在笔者主持的科研项目成果及相关文献基础上，关于图书馆战略的理论研究、关于图书馆战略管理的问卷调查、关于图书馆战略规划模型的构建以及关于我国图书馆战略规划指南的编制等，都为本书提供了理论依据。在框架上，笔者颇费心思，各章内容循序渐进，犹如让读者进入战略管理长廊，浏览战略规划长卷，不断提升战略认识和战略管理能力。在选材上，笔者精心挑选，国内外典型案例详细，犹如让读者进入战略管理大观园，欣赏与借鉴各家特色，以达到示范作用和参考价值。

笔者所在的研究团队从 2008 年开始战略管理的系统深入研究并建立了"图书馆战略管理案例库"。本书的案例部分是从案例库 435 个案例中选出的，翻译了国外部分公共图书馆和高校图书馆的案例，研究生周玮璐和唐澈参与了该部分的翻译和编写工作。

如果读者在阅读之后，能够树立战略观，并将本书的知识运用到实际工作中，那么，本书的基本目标就会达到。如果图书馆能够创造性地运用战略管理理论与方法，改善管理与服务，促进图书馆的建设与发展，将图书馆管理推向一个新水平，那么，图书馆的更高目标就会实现。

让行动见证，让事实说话。

柯平

2014 年 1 月 2 日于南开大学龙兴里